Recursos Administrativos e Judiciais Previdenciários

Teoria, Processo e Prática

Luciano Dalvi

Formado em Direito pela UVV-ES. Especialista em Direito Público e Processual Público pela CONSULTIME/Unives. Advogado.

Recursos Administrativos e Judiciais Previdenciários

Teoria, Processo e Prática

LTr®

EDITORA LTDA.

Rua Jaguaribe, 571
CEP 01224-001
São Paulo, SP — Brasil
Fone (11) 2167-1101
www.ltr.com.br
Julho, 2015

Produção Gráfica e Editoração Eletrônica: R. P. TIEZZI
Projeto de Capa: FABIO GIGLIO
Impressão: BARTIRA GRÁFICA

Versão impressa — LTr 5300.3 — ISBN 978-85-361-8517-0
Versão digital — LTr 8760.4 — ISBN 978-85-361-8504-0

Dados Internacionais de Catalogação na Publicação (CIP)
(Câmara Brasileira do Livro, SP, Brasil)

Dalvi, Luciano

Recursos administrativos e judiciais previdenciários : teoria, processo e prática / Luciano Dalvi. — São Paulo : LTr, 2015.

Bibliografia

1. Direito previdenciário — Brasil 2. Processo administrativo — Brasil I. Título.

15-05410 CDU-34:368.4:35.077.3(81)

Índice para catálogo sistemático:

1. Brasil : Processo administrativo previdenciário : Direito 34:368.4:35.077.3(81)

Sumário

Capítulo 1
O Processo Administrativo Previdenciário

Capítulo 2
Recursos no Processo Administrativo Previdenciário

Capítulo 1

O Processo Administrativo Previdenciário

1. *Processo administrativo na previdência comum*

Na previdência comum (RGPS), o processo administrativo previdenciário tem as suas regras delimitadas na Instrução Normativa n. 45/10. Vejamos alguns conceitos referentes a elas:

a) *Processo administrativo previdenciário:*

> Considera-se processo administrativo previdenciário o conjunto de atos administrativos praticados através dos Canais de Atendimento da Previdência Social, iniciado em razão de requerimento formulado pelo interessado, de ofício pela Administração ou por terceiro legitimado, e concluído com a decisão definitiva no âmbito administrativo. (art. 563 da Instrução Normativa n. 45/10)

b) *Diretrizes do processo administrativo previdenciário:*

O art. 564 da Instrução Normativa n. 45/10 destaca:

Art. 564. Nos processos administrativos previdenciários serão observados, entre outros, os seguintes preceitos:

I — presunção de boa-fé dos atos praticados pelos interessados;

II — atuação conforme a lei e o Direito;

III — atendimento a fins de interesse geral, vedada a renúncia total ou parcial de poderes e competências, salvo autorização em lei;

IV — objetividade no atendimento do interesse público, vedada a promoção pessoal de agentes ou autoridades;

V — atuação segundo padrões éticos de probidade, decoro e boa-fé;

VI — condução do processo administrativo com a finalidade de resguardar os direitos subjetivos dos segurados, dependentes e demais interessados da Previdência Social, esclarecendo-se os requisitos necessários ao benefício ou serviço mais vantajoso;

VII — o dever de prestar ao interessado, em todas as fases do processo, os esclarecimentos necessários para o exercício dos seus direitos, tais como documentação indispensável ao requerimento administrativo, prazos para a prática de atos, abrangência e limite dos recursos, não sendo necessária, para tanto, a intermediação de terceiros;

VIII — publicidade dos atos praticados no curso do processo administrativo restrita aos interessados e seus representantes legais, resguardando-se o sigilo médico e dos dados pessoais, exceto se destinado a instruir processo judicial ou administrativo;

IX — adequação entre meios e fins, vedada a imposição de obrigações, restrições e sanções em medida superior àquelas estritamente necessárias ao atendimento do interesse público;

X — fundamentação das decisões administrativas, indicando os documentos e os elementos que levaram à concessão ou ao indeferimento do benefício ou serviço;

XI — identificação do servidor responsável pela prática de cada ato e a respectiva data;

XII — adoção de formas e vocabulário simples, suficientes para propiciar adequado grau de certeza, segurança e respeito aos direitos dos usuários da Previdência Social, evitando-se o uso de siglas ou palavras de uso interno da Administração que dificultem o entendimento pelo interessado;

XIII — compartilhamento de informações com órgãos públicos, na forma da lei.

XIV — garantia dos direitos à comunicação, à apresentação de alegações finais, à produção de provas e à interposição de recursos, nos processos de que possam resultar sanções e nas situações de litígio;

XV — proibição de cobrança de despesas processuais, ressalvadas as prevista em lei;

XVI — impulsão, de ofício, do processo administrativo, sem prejuízo da atuação dos interessados; e

XVII — interpretação da norma administrativa da forma que melhor garanta o atendimento do fim público a que se dirige, vedada aplicação retroativa de nova interpretação.

c) <u>Garantia do benefício mais vantajoso para o segurado</u>:

O art. 621 da Instrução Normativa n. 45/10 destaca:

Art. 621. O INSS deve conceder o melhor benefício a que o segurado fizer jus, cabendo ao servidor orientar nesse sentido.

O Enunciado n. 5 do Conselho de Recursos da Previdência Social consigna:

A Previdência Social deve conceder o melhor benefício a que o segurado fizer jus, cabendo ao servidor orientá-lo nesse sentido.

d) <u>Legitimados do processo administrativo previdenciário</u>:

Os legitimados no processo administrativo previdenciário estão previstos no art. 565 da Instrução Normativa n. 45/10:

Art. 565. São legitimados como interessados no processo administrativo os usuários da Previdência Social, podendo o requerimento do benefício ou serviço ser realizado:

I — pelo próprio segurado, dependente ou beneficiário;

II — por procurador legalmente constituído;

III — por representante legal, tutor, curador ou administrador provisório do interessado, quando for o caso; e

IV — pela empresa, o sindicato ou a entidade de aposentados devidamente legalizada, na forma do art. 117 da Lei n. 8.213, de 1991.

Regra especial: A Súmula Vinculante n. 21 do STF proíbe a exigência de depósito prévio para a admissibilidade de recurso administrativo. Vejamos:

> Súmula Vinculante n. 21: É inconstitucional a exigência de depósito ou arrolamento prévios de dinheiro ou bens para admissibilidade de recurso administrativo.

Vejamos também a regra descrita na Súmula Vinculante n. 3 do STF relativa ao processo administrativo perante o tribunal de contas da União. Vejamos:

> Súmula Vinculante n. 3: Nos processos perante o Tribunal de Contas da União assegu- ram-se o contraditório e a ampla defesa quando da decisão puder resultar anulação ou revogação de ato administrativo que beneficie o interessado, excetuada a apreciação da legalidade do ato de concessão inicial da aposentadoria, reforma e pensão.

O art. 126 da Lei n. 8.213/91 dispõe sobre o processo administrativo previdenciário. Vejamos:

> Art. 126. Das decisões do Instituto Nacional do Seguro Social — INSS nos processos de interesse dos beneficiários e dos contribuintes da Seguridade Social caberá recurso para o Conselho de Recursos da Previdência Social, conforme dispuser o Regulamento.

O processo administrativo previdenciário é formado pelas seguintes fases:

— fase inicial;

— fase instrutória;

— fase decisória;

— fase recursal;

— fase de cumprimento das decisões administrativas.

O processo administrativo se inicia com o requerimento do benefício. A partir do pedido, gera-se um procedimento para verificação dos requisitos para o atendimento da pretensão administrativa. O art. 573 da Instrução Normativa do INSS n. 45/10 destaca:

> Art. 573. Todo pedido de benefício ou serviço, CTC, pedido de revisão, validação e acerto de dados do CNIS, deverá ser protocolado no sistema informatizado da previdência social, na data da apresentação do requerimento ou comparecimento do interessado.

O art. 572 da Instrução Normativa do INSS n. 45/10 destaca:

> Art. 572. O requerimento ou agendamento de benefícios e serviços poderão ser solicitados pelos seguintes canais de atendimento:
>
> I — internet, pelo endereço eletrônico <www.previdencia.gov.br>;
>
> II — telefone, pela Central 135; e
>
> III — Unidades de Atendimento:
>
> a) APS;
>
> b) APS Móvel — PREVmóvel; e
>
> c) PREVcidade.

A apresentação do requerimento do benefício pode ser feita em qualquer unidade de atendimento do INSS. O art. 575 da Instrução Normativa do INSS n. 45/10 destaca:

> Art. 575. O requerimento do benefício ou serviço poderá ser apresentado em qualquer Unidade de Atendimento da Previdência Social, independentemente do local de seu domicílio, exceto APS de Atendimento a Demandas Judiciais — APSADJ e Equipes de Atendimento a Demandas Judiciais — EADJ.

O art. 576 da referida Instrução Normativa, em comunhão com o art. 176[1] do Decreto n. 3.048/99, garante que a documentação incompleta do segurado no momento do requerimento não constitui motivo para recusa do requerimento do benefício.

Importante destacar que a formalização processual é essencial na fase inicial do processo administrativo previdenciário. O art. 578 da Instrução Normativa do INSS n. 45/10 dispõe:

> Art. 578. Realizado o requerimento dos benefícios ou serviços, o processo administrativo será formalizado, obrigatoriamente, com os seguintes documentos:
>
> I — requerimento formalizado e assinado, na forma do § 1º do art. 572;
>
> II — procuração ou documento que comprove a representação legal, se for o caso;
>
> III — comprovante de agendamento, quando cabível;
>
> IV — cópia do documento de identificação do requerente e do representante legal, quando houver divergência de dados cadastrais;
>
> V — declaração de não emancipação do dependente, se for o caso;
>
> VI — extrato das informações extraídas de outros órgãos, obtidas por meio de convênios, que contribuam para a decisão administrativa;
>
> VII — contagem do tempo de contribuição utilizado para decisão, informação sobre salários de contribuição e resumo de benefício, vedada a inclusão no processo de simulações, sem que esta hipótese esteja devidamente ressalvada; e
>
> VIII — informações dos membros do grupo familiar, quando se tratar de processo relacionado a benefício assistencial de prestação continuada e nos requerimentos formulados por segurado especial.

Em relação à formalização do processo administrativo no INSS, temos algumas considerações essenciais. Vejamos:

Consideração n. 1: Na formalização do processo, será suficiente a apresentação dos documentos originais ou cópias autenticadas em cartório ou por servidor do INSS, podendo ser solicitada a apresentação do documento original para verificação de contemporaneidade ou outras situações em que esse procedimento se fizer necessário.

Consideração n. 2: O servidor, após conferir a autenticidade dos documentos apresentados, deverá devolver os originais ao requerente, mediante recibo, e providenciar, quando necessário, a juntada das cópias por ele autenticadas no processo.

Consideração n. 3: A reprografia (cópia) dos documentos, para fins de juntada ao processo, ficará a cargo do INSS.

---

(1) Art. 176 do Decreto n. 3.048/99. A apresentação de documentação incompleta não constitui motivo para recusa do requerimento de benefício.

Consideração n. 4: O requerente deve apresentar à Unidade de Atendimento todos os documentos solicitados para que sejam validados e possam constar no processo administrativo. O art. 580 da Instrução Normativa do INSS n. 45/10 dispõe:

Art. 580. O requerente deverá apresentar à Unidade de Atendimento o seu documento de identificação original com foto, bem como os demais documentos solicitados quando do requerimento, a fim de que se proceda à validação dos dados no momento da formalização do processo administrativo.

§ 1º Verificada, a qualquer tempo, a falsificação de assinatura ou de autenticação de documento público ou particular, bem como qualquer outra conduta fraudulenta, a Unidade de Atendimento considerará não satisfeita a exigência documental respectiva, registrando a ocorrência no processo administrativo, e dará conhecimento imediato à chefia que, no prazo máximo de cinco dias, remeterá à autoridade competente para adoção das providências administrativas, civis e penais cabíveis.

§ 2º Salvo imposição legal, o reconhecimento de firma somente será exigido quando houver dúvida de autenticidade.

A carta de exigências é pedida no momento em que o servidor constata a falta de algum documento indispensável. O prazo mínimo para a emissão dessa carta é de 30 dias. O prazo poderá ser ampliado com um pedido fundamentado do requerente. Vejamos algumas considerações relativas à carta de exigências:

Consideração n. 1: Após ser emitida a carta de exigências (no momento do atendimento), deverá ser colhida a assinatura de ciência na via a ser anexada no processo administrativo, com entrega obrigatória de cópia ao requerente.

Consideração n. 2: Se o prazo mínimo (30 dias) da emissão da carta de exigências for prorrogado poderá ser agendado novo atendimento, sendo imediatamente comunicado ao requerente a nova data e horário agendados.

Consideração n. 3: Caso não seja atendida a exigência no prazo fixado, ou se o requerente não comparecer na data agendada, o fato será registrado no processo, não eximindo o servidor de proferir a decisão, após observados os procedimentos para instrução do processo de ofício.

A instrução para a verificação e a comprovação dos requisitos legais para o exercício do direito ao benefício previdenciário serão realizadas pelo servidor competente no órgão do INSS. O art. 587 da Instrução Normativa do INSS n. 45/10 dispõe que a iniciativa para essa verificação pode ser do próprio requerente e do servidor responsável pela condução do processo. Vejamos a citada norma:

Art. 587. As atividades de instrução destinadas a averiguar e comprovar os requisitos legais para a concessão dos benefícios e serviços da Previdência Social serão realizadas por provocação do requerente ou pelo servidor responsável pela condução do processo.

Parágrafo único. O não cumprimento de um dos requisitos legais para a concessão de benefício ou serviço não afasta o dever do servidor de instruir o processo quanto aos demais.

A prova no processo administrativo previdenciário tem como objetivo geral esclarecer a existência do direito de recebimento do benefício ou do serviço. O art. 588 da Instrução Normativa do INSS n. 45/10 consigna:

Art. 588. São admissíveis no processo administrativo todos os meios de prova que se destinem a esclarecer a existência do direito ao recebimento do benefício ou serviço, salvo se a lei exigir forma determinada.

A pesquisa externa tem como objetivo a verificação dos documentos apresentados, a realização de visita técnica e o atendimento de outras solicitações pelo INSS. O art. 618 da Instrução Normativa do INSS n. 45/10 dispõe:

> Art. 618. Entende-se por Pesquisa Externa, as atividades externas exercidas pelo servidor do INSS, previamente designado para atuar nas empresas, nos órgãos públicos ou em relação aos contribuintes em geral e beneficiários, que tem por objetivo:
>
> I — a verificação da veracidade dos documentos apresentados pelos requerentes, bem como a busca pelos órgãos do INSS de informações úteis à apreciação do requerimento formulado à Administração;
>
> II — a conferência e o incremento dos dados constantes dos sistemas, dos programas e dos cadastros informatizados;
>
> III — a realização de visitas necessárias ao desempenho das atividades de Serviço Social, perícias médicas, de habilitação, de reabilitação profissional e o acompanhamento da execução dos contratos com as unidades pagadoras pelo Serviço de Acompanhamento ao Atendimento Bancário — SAAB, ou para a adoção de medidas, realizada por servidor previamente designado;
>
> IV — o atendimento de programas revisionais de benefícios previdenciários e de benefícios assistenciais previstos em legislação; e
>
> V — o atendimento das solicitações da PFE junto ao INSS e demais órgãos de execução da Procuradoria Geral Federal e do Poder Judiciário para coleta de informações úteis à defesa do INSS.

Importante consignar que na pesquisa externa poderão ser examinadas folhas de pagamento, livros ou fichas de registro de empregados e outros documentos ou elementos para os quais a lei não assegure sigilo, verificando-se, na oportunidade, a contemporaneidade dos documentos, bem como a ordem cronológica de emissão ou outros elementos que configurem a autenticidade.

Vale registrar que, quando for necessária a prestação de informações ou a apresentação de documentos por terceiros, poderá ser expedida comunicação para esse fim, mencionando-se data, prazo, forma e condições de atendimento. No entanto, caso não seja atendida a solicitação, o servidor deverá buscar as informações ou documentos solicitados por meio de Pesquisa Externa.

A Resolução INSS/PRES n. 120/10 destaca as regras fundamentais da pesquisa externa. Primeiramente, cumpre destacar que as agências da Previdência Social tem necessidade constante de realização de atividades externas junto a beneficiários para a etapa analítica e decisória do processo administrativo previdenciário.

O art. 1º da resolução INSS/PRES n. 120/10 estabelece:

> Art. 1º Fica definido que Pesquisa Externa — PE é o serviço externo que visa a elucidar fato verificado por meio de documentação apresentada pelo cidadão, bem como a realização de visitas necessárias ao desempenho das atividades de serviço social, perícia médica, reabilitação profissional e o acompanhamento da execução dos contratos com as instituições financeiras pagadoras de benefícios.

A Justificação Administrativa é o procedimento destinado a suprir a falta de documento ou fazer prova de fato ou circunstância de interesse do beneficiário perante o INSS. O art. 108 da Lei n. 8.213/91 consigna:

> Art. 108. Mediante justificação processada perante a Previdência Social, observado o disposto no § 3º do art. 55 e na forma estabelecida no Regulamento, poderá ser suprida a falta de documento ou provado ato do interesse de beneficiário ou empresa, salvo no que se refere a registro público.

O requerimento apresentado pelo interessado, contendo de forma clara e minuciosa os pontos que pretende justificar, será lido em voz alta pelo processante, para que a testemunha ou o depoente se inteirem do conteúdo do processo. Vejamos algumas considerações essenciais sobre o processamento da justificativa administrativa:

Consideração n. 1: Nos termos de depoimentos deverá constar, inicialmente, a qualificação da testemunha, consignando-se o nome completo, a nacionalidade, a naturalidade, o estado civil, a profissão, especificando o cargo ou a função, a idade e o endereço residencial, à vista do seu documento de identificação, que será mencionado.

Consideração n. 2: Se o justificante estiver presente no ato da indagação da testemunha, poderá formular perguntas, as quais serão dirigidas ao processante, que as formulará à testemunha, podendo indeferir as que entender impertinentes, fazendo constar do termo a ocorrência.

Consideração n. 3: Terminada a oitiva de cada depoente, o termo será lido em voz alta pelo processante ou pelo próprio depoente, sendo colhida a assinatura do depoente, a do justificante ou seu procurador, se presentes, e a do processante, que deverão, também, obrigatoriamente, rubricar todas as folhas de depoimento das testemunhas. Observação: Quando o depoente não for alfabetizado, deverá, em lugar da assinatura, apor a impressão digital, na presença de duas testemunhas. Observação1: Na hipótese de a testemunha residir em localidade distante ou em localidade de abrangência de outra APS, o processo será encaminhado para essa Agência, a fim de convocar a testemunha e realizar a oitiva, devendo ser observada a competência para efetuar o relatório, a conclusão e o julgamento. Observação 2: A pedido do justificante, a oitiva da testemunha que residir em localidade pertencente a outra jurisdição poderá ser feita na agência da previdência social onde foi requerida a justificação administrativa, salvo quando a autoridade competente julgar inconveniente, em razão do assunto que se pretende comprovar.

Consideração n. 4: A homologação da justificativa administrativa, quanto à forma, é de competência de quem a processou, devendo este fazer relatório sucinto dos fatos colhidos, mencionando sua impressão a respeito da idoneidade das testemunhas e opinando conclusivamente sobre a prova produzida, de forma a confirmar ou não os fatos alegados, não sendo de sua competência analisar o início de prova material apresentado. Observação: A homologação da justificativa administrativa quanto ao mérito é de competência da autoridade que autorizou o seu processamento.

Consideração n. 5: Não caberá recurso da decisão da autoridade competente do INSS que considerar eficaz ou ineficaz a Justificativa administrativa.

Consideração n. 6: Se, após homologada a JA, ficar evidenciado que a prestação de serviço deu-se sem relação de emprego, será feito o reconhecimento da filiação na categoria correspondente a uma das demais espécies de segurado, com obrigatoriedade do recolhimento das contribuições, quando for o caso.

Consideração n. 7: Se, após a conclusão da justificação administrativa, o segurado apresentar outros documentos contemporâneos aos fatos alegados que, somados aos já apresentados e ao exposto nos depoimentos, levem à convicção de que os fatos ocorreram em período mais extenso do que o já homologado, poderá ser efetuado termo aditivo, desde que autorizado por quem de competência.

Consideração n. 8: Na hipótese de os documentos apresentados para a justificação administrativa não serem aceitos por não se constituírem em início de prova material, deverá o segurado ser cientificado do fato, para que possa recorrer, se for de seu interesse. (Ver art. 615 da Instrução Normativa do INSS n. 45/10).

O art. 616 da Instrução Normativa do INSS n. 45/10 trata sobre o retorno dos processos em fase recursal. Vejamos:

Art. 616. No retorno dos processos em fase recursal, com decisão da Junta de Recursos ou da Câmara de Julgamento para o INSS processar JA, esta deverá ser entendida como diligência, procedendo-se da seguinte forma:

I — independentemente de existir documentos como início de prova material, será cumprida a Diligência;

II — a homologação quanto ao mérito será de responsabilidade do gerente da APS ou o do chefe de benefício desta;

III — se o processante entender que não estão presentes os requisitos necessários para a homologação quanto à forma, poderá deixar de homologar a JA, consignando as razões através de relatório sucinto;

IV — caso a autoridade competente entenda que não cabe a homologação quanto ao mérito, por faltar algum requisito que impossibilite a análise, tal como início de prova material, processamento somente com depoimento de testemunhas, entre outros, poderá optar pela não homologação, justificando sua decisão por meio de relatório sucinto, porém fundamentado nos motivos que resultaram nessa decisão; e

V — não será considerada cumprida a diligência que versar sobre processamento de JA, se não houver manifestação quanto à homologação de forma e mérito, conforme os incisos anteriores.

Registra-se que não será admitido um novo pedido de justificação administrativa para prova de fato já alegado e não provado, e também a reinquirição das testemunhas não será admitida.

Descomplicando: O processamento de justificativa administrativa no caso de impossibilidade de apresentação de algum dos documentos mencionados anteriormente observará as seguintes regras:

Regra n. 1: tratando-se de empresa legalmente extinta, para fins de comprovação da atividade exercida em condições especiais, será dispensada a apresentação do formulário de reconhecimento de períodos alegados como especiais para fins de aposentadoria;

Regra n. 2: para períodos até 28 de abril de 1995, véspera da publicação da Lei n. 9.032, de 1995, a justificação administrativa deverá ser instruída com base nas informações constantes da CP (Carteira Profissional) ou da CTPS (Carteira de Trabalho) em que conste a função exercida, verificada a correlação entre a atividade da empresa e a profissão do segurado, salvo nos casos de exposição a agentes nocivos passíveis de avaliação quantitativa;

Regra n. 3: a partir de 29 de abril de 1995, data da publicação da Lei n. 9.032, de 1995, e em qualquer época, nos casos de exposição a agentes nocivos passíveis de avaliação quantitativa, a JA deverá ser instruída, obrigatoriamente, com laudo de avaliação ambiental, coletivo ou individual, nos termos dos §§ 1º e 2º do art. 256.

O INSS deve conceder o direito requerido após a comprovação de que os requisitos legais para a concessão dos benefícios estão satisfeitos. A decisão será comunicada ao requerente. O art. 622 da Instrução Normativa do INSS n. 45/10 destaca:

Art. 622. Se por ocasião do atendimento, sem prejuízo da formalização do processo administrativo, estiverem satisfeitos os requisitos legais, será imediatamente reconhecido o direito, comunicando ao requerente a decisão.

Ressalta-se que, não evidenciada a existência imediata do direito, o processo terá prosseguimento para a fase de instrução probatória e decisão.

A Administração previdenciária deve emitir decisão dos processos administrativos, reclamações ou solicitações que forem do seu âmbito de competência.

> **Regra especial**: Se por ocasião do despacho for verificado que na data de entrada do requerimento o segurado não satisfazia as condições mínimas exigidas para a concessão do benefício pleiteado, mas que as completou em momento posterior ao pedido inicial, será dispensada nova habilitação, admitindo-se, apenas, a reafirmação da data de entrada do requerimento. Essa regra se aplica a todas as situações que resultem em um benefício mais vantajoso ao segurado, desde que haja sua manifestação escrita.

Importante consignar que a decisão administrativa deverá conter:

— Despacho sucinto do objeto do requerimento administrativo;

— Fundamentação com análise das provas constantes nos autos;

A motivação deve ser clara e coerente, indicando quais os requisitos legais que foram ou não atendidos, podendo fundamentar-se em decisões anteriores, bem como notas técnicas e pareceres do órgão consultivo competente, os quais serão parte integrante do ato decisório. Todos os requisitos legais necessários à análise do requerimento devem ser apreciados no momento da decisão, registrando-se no processo administrativo a avaliação individualizada de cada requisito legal.

— A conclusão (deferindo ou indeferindo o pedido formulado). Obs.: Neste caso, é insuficiente a mera justificativa do indeferimento constante no sistema corporativo da Previdência Social.

> **Regra especial**: Concluída a instrução do processo administrativo, a unidade de atendimento do INSS tem o prazo de até 30 dias para decidir, salvo prorrogação por igual período expressamente motivada. Obs.: Considera-se concluída a instrução do processo administrativo quando estiverem cumpridas todas as exigências, se for o caso, e não houver mais diligências ou provas a serem produzidas.

Registra-se que o requerente será comunicado da decisão administrativa, da qual caberá recurso no prazo de 30 dias. Obs: No caso de indeferimento, a comunicação ao requerente deverá conter os motivos e a fundamentação legal da decisão administrativa e do prazo para recurso.

> **Regra especial**: O art. 626 da Instrução Normativa n. 45/10 destaca: "Tratando-se de segurado empregado, após a concessão de qualquer espécie de aposentadoria, o INSS cientificará o respectivo empregador sobre a data de início do benefício".

Aqueles que não se conformarem com a decisão administrativa poderão interpor recurso ordinário às juntas de Recursos do CRPS. Vejamos algumas regras:

Regra n. 1: Os titulares de direitos e interesses têm legitimidade para interpor recurso administrativo.

Regra n. 2: Os recursos serão interpostos pelo interessado, preferencialmente, perante o órgão do INSS que proferiu a decisão sobre o seu benefício, que deverá proceder a sua regular instrução.

Regra n. 3: O recurso interpõe-se por meio de requerimento no qual o recorrente deverá expor os fundamentos do pedido de reexame, podendo juntar os documentos que julgar convenientes.

Regra n. 4: Os segurados, as empresas e os órgãos do INSS poderão interpor recurso especial às Câmaras de julgamento em relação às decisões proferidas no julgamento do recurso ordinário (ressalvadas as matérias de alçada das Juntas de Recursos).

Observação: Não caberá interposição de recurso para as Câmaras de Julgamento em relação às matérias de alçada da Junta de Recursos.

O art. 631 da Instrução Normativa n. 45/10 trata sobre a reanálise do processo pela autarquia. Vejamos:

> Art. 631. Havendo interposição de recurso do interessado contra decisão do INSS, o processo deverá ser reanalisado pela autarquia, sendo que:
>
> I — **se a decisão questionada for mantida**, o recurso deverá ser encaminhado à Junta de Recursos;
>
> II — **em caso de reforma total da decisão**, deverá ser atendido o pedido formulado pelo recorrente e o recurso perderá o seu objeto; e
>
> III — **em caso de reforma parcial da decisão**, o recurso deverá ter prosseguimento quanto à matéria controvertida.

Observação: Identificada a existência de outro benefício indeferido da mesma espécie, deverão ser analisadas as razões do seu indeferimento, e caso se tratar do mesmo assunto, será juntada cópia integral ao processo quando do encaminhamento à Junta de Recursos.

O prazo para interposição de recursos é de 30 dias. Este mesmo prazo se aplica para o oferecimento das contrarrazões. O art. 633 da Instrução Normativa do INSS n. 45/10 destaca:

> Art. 633. É de trinta dias o prazo comum às partes para a interposição de recurso e para o oferecimento de contrarrazões, contados:
>
> I — para o segurado e para a empresa, a partir da data da intimação da decisão; e
>
> II — para o INSS, a partir da data da protocolização do recurso ou da entrada do recurso pelo interessado ou representante legal na unidade do INSS que proferiu a decisão, devendo esta ocorrência ficar registrada nos autos, prevalecendo a data que ocorrer primeiro.

Destaca-se que, expirado o prazo de 30 dias da data em que foi interposto o recurso pelo segurado ou pela empresa, sem que haja contrarrazões, os autos serão imediatamente encaminhados para julgamento pelas Juntas de Recursos ou Câmara de Julgamento do CRPS, conforme o caso, sendo considerados como contrarrazões do INSS os motivos do indeferimento.

Regra especial: O recurso intempestivo do interessado não gera qualquer efeito, mas deve ser encaminhado ao respectivo órgão julgador com as devidas contrarrazões do INSS, onde deve estar apontada a ocorrência da intempestividade. Observação 1: O não conhecimento do recurso pela intempestividade não impede a revisão de ofício pelo INSS quando verificada a incorreção da decisão administrativa. Observação 2: A intempestividade do recurso só poderá ser invocada se a ciência da decisão observar estritamente as regras de intimação contidas no § 2º do art. 28 da Portaria MPS n. 323/07, devendo tal ocorrência ficar devidamente registrada nos autos. Vejamos essa norma:

> Art. 28.
>
> [...]
>
> § 2º Considera-se feita a intimação:

I — se pessoal, na data da ciência do interessado ou de seu representante legal ou, caso haja recusa ou impossibilidade de prestar a nota de ciente, a partir da data em que for dada a ciência, declarada nos autos pelo servidor que realizar a intimação;

II — se por via postal ou similar, na data do recebimento aposta no comprovante, ou da nota de ciente do responsável;

III — se por edital, quinze dias após sua publicação ou afixação.

Quando apresentadas as contrarrazões pelo interessado fora do prazo regulamentar, serão estas remetidas ao local onde o processo se encontra para que seja feita a juntada.

Registra-se que o INSS deve cumprir todas as diligências solicitadas pelo Conselho de Recursos da Previdência Social. Esta regra está prevista no art. 636 da Instrução Normativa do INSS n. 45/10. Vejamos:

Art. 636. É vedado ao INSS escusar-se de cumprir diligências solicitadas pelo CRPS, bem como deixar de dar efetivo cumprimento às decisões definitivas daquele colegiado, reduzir ou ampliar o seu alcance ou executá-las de maneira que contrarie ou prejudique o seu evidente sentido.

§ 1º É de trinta dias, contados a partir da data de recebimento do processo na origem, o prazo para cumprimento das decisões do CRPS, sob pena de responsabilização funcional do servidor que der causa ao retardamento.

§ 2º A decisão da instância recursal, excepcionalmente, poderá deixar de ser cumprida se, após o julgamento, for demonstrado pelo INSS ao interessado que foi deferido outro benefício mais vantajoso, desde que haja opção expressa do interessado, na forma do art. 642.

Quando o INSS verifica a existência de matéria controvertida, deve realizar as seguintes atividades:

— fazer um relatório circunstanciado da matéria, juntando cópias das decisões que comprovem a controvérsia entre o Conselho de Recursos da Previdência Social e o INSS;

— no relatório deverá constar o entendimento do INSS devidamente fundamentado, demonstrando a divergência encontrada; e

— após, encaminhar à Procuradoria local para providências a seu cargo.

Observação: Será considerada como matéria controvertida a divergência de interpretação de lei, decreto ou pareceres da Consultoria Jurídica do MPS, bem como do Advogado-Geral da União, entre órgãos ou entidades vinculadas ao MPS. O art. 309 do Decreto n. 3.048/99 trata do tema da matéria controvertida. Vejamos:

Art. 309. Havendo controvérsia na aplicação de lei ou de ato normativo, entre órgãos do Ministério da Previdência e Assistência Social ou entidades vinculadas, ou ocorrência de questão previdenciária ou de assistência social de relevante interesse público ou social, poderá o órgão interessado, por intermédio de seu dirigente, solicitar ao Ministro de Estado da Previdência e Assistência Social solução para a controvérsia ou questão.

§ 1º A controvérsia na aplicação de lei ou ato normativo será relatada *in abstrato* e encaminhada com manifestações fundamentadas dos órgãos interessados, podendo ser instruída com cópias dos documentos que demonstrem sua ocorrência.

§ 2º A Procuradoria Geral Federal Especializada/INSS deverá pronunciar-se em todos os casos previstos neste artigo.

Regra especial: O exame de matéria controvertida só deverá ser evocado em tese de alta relevância, *in abstracto*, não sendo admitido para alterar decisões recursais em casos concretos já julgados em única ou última e definitiva instância.

Importante consignar que o INSS pode suscitar junto ao Conselho Pleno do CRPS a uniformização em tese da jurisprudência administrativa previdenciária. Essa previsão se encontra no art. 638 da Instrução Normativa do INSS n. 45/10. Vejamos:

Art. 638. O INSS poderá suscitar junto ao Conselho Pleno do CRPS a uniformização em tese da jurisprudência administrativa previdenciária, mediante a prévia apresentação de estudo fundamentado sobre a matéria a ser uniformizada, no qual deverá ser demonstrada a existência de relevante divergência jurisprudencial ou de jurisprudência convergente reiterada, nos termos do Regimento Interno do CRPS.

O art. 639 da referida norma também trata do tema. Vejamos:

Art. 639. Quando a decisão da Câmara de Julgamento do CRPS, em matéria de direito, for divergente da proferida por outra unidade julgadora em sede de recurso especial, a parte interessada poderá requerer, no caso concreto, mediante encaminhamento do processo ao Presidente da Câmara de Julgamento, após indicação do acórdão divergente, proferidos nos últimos cinco anos, que a jurisprudência seja uniformizada pelo Conselho Pleno, nos termos do Regimento Interno do CRPS.

Ressalta-se que a matéria definitivamente julgada pelo CRPS não será objeto de novas discussões no mérito por parte do INSS. Não terá sequência eventual pedido de revisão, feita pelo segurado, de decisão definitiva de benefício confirmada por única ou última instância do CRPS.

Regra especial: No caso de pedido de revisão de acórdão sem novos elementos, deverá o INSS, em despacho fundamentado, apontar o não cabimento por ter encerrado o trâmite do processo, remetendo os autos ao CRPS. Sendo o pedido de revisão de acórdão acompanhado de novos elementos, será considerado e processado como novo pedido de benefício.

Vejamos algumas considerações na parte recursal do processo administrativo previdenciário:

Consideração n. 1: Constatada a existência de outro benefício concedido ao recorrente e havendo o reconhecimento do benefício recorrido após decisão de única ou última e definitiva instância, a agência da previdência social deverá facultar ao beneficiário o direito de optar, por escrito, pelo benefício mais vantajoso. Observação 1: Se, após a apresentação dos cálculos do benefício reconhecido em fase recursal, o segurado optar pelo benefício que estiver recebendo, deverá apresentar desistência do recurso por escrito, e após assinada, será juntada ao processo recursal e comunicado o fato à instância julgadora; Observação 2: Se depois de efetuado demonstrativo dos cálculos do benefício reconhecido em fase recursal o segurado optar pelo recebimento deste, deverá a agência da previdência social proceder aos acertos financeiros.

Consideração n. 2: Ocorrendo óbito do interessado, a tramitação do recurso não será interrompida e, se a decisão lhe for favorável, os efeitos financeiros vigorarão normalmente, nos termos da decisão final. Registra-se que os valores serão pagos na forma do art. 417 da Instrução Normativa do INSS n. 45/10. Vejamos a referida norma:

Art. 417. O valor devido até a data do óbito mas não recebido em vida pelo segurado somente será pago aos seus dependentes habilitados à pensão por morte ou, na falta deles, aos seus sucessores, na forma da lei civil, independentemente de inventário ou de arrolamento.

§ 1º Havendo mais de um herdeiro, o pagamento poderá ser efetuado a apenas um deles, mediante declaração de anuência dos demais.

§ 2º Inexistindo dependentes habilitados à pensão por morte, na forma do *caput*, o pagamento será realizado mediante autorização judicial ou pela apresentação de partilha por escritura pública, observadas as alterações implementadas na Lei n. 5.869, de 11 de janeiro de 1973 e alterada pela Lei n. 11.441, de 4 de janeiro de 2007.

Consideração n. 3: Se o interessado apresentar recurso das decisões de matérias de alçada das Juntas de Recursos, a petição será recebida pela agência da previdência social e juntada ao processo, registrando-se que a decisão da Junta de Recursos se trata de matéria de alçada, remetendo-se para a Câmara de Julgamento, para fins de conhecimento.

Consideração n. 4: Vale consignar que o art. 647 da Instrução Normativa do INSS n. 45/10 trata sobre a ausência de cobrança administrativa referente ao período em que o beneficiário recebeu valores correspondentes a benefício que foi concedido ou reativado em grau de recurso, mas que por força de sentença foi cessado. Vejamos a citada norma:

Art. 647. Não será efetuada cobrança administrativa referente ao período em que o beneficiário recebeu valores correspondentes a benefício que foi concedido ou reativado em grau de recurso, mas que, por força de revisão de acórdão foi cessado, exceto nos seguintes casos:

I — se a decisão de revogação do acórdão de primeira instância se der em decorrência de fraude, dolo ou má-fé por parte do segurado, com conivência ou não do servidor; e

II — se, depois de notificado sobre a revogação da decisão de última e definitiva instância, o beneficiário continuar recebendo valores referentes ao benefício.

Analisando o artigo percebemos que existem duas exceções referente à regra de ausência de cobrança administrativa referente ao período em que o beneficiário recebeu valores correspondentes a benefício que foi concedido ou reativado em grau de recurso, mas que por força de sentença foi cessado. Vejamos:

1ª exceção: se a decisão de revogação do acórdão de primeira instância se der em decorrência de fraude, dolo ou má-fé por parte do segurado, com conivência ou não do servidor;

2ª exceção: se, depois de notificado sobre a revogação da decisão de última e definitiva instância, o beneficiário continuar recebendo valores referentes ao benefício.

Consideração n. 5: Em se tratando de processo de benefício suspenso por determinação da Auditoria/Monitoramento Operacional de Benefícios, em razão de irregularidade constatada no benefício, com decisão final desfavorável ao interessado, deverá a agência da previdência social, após a comunicação a este, proceder de acordo com as normas pertinentes.

Consideração n. 6: Nos casos de recursos de interessados abrangidos por Acordos Internacionais, a instrução do recurso à Junta de Recursos ficará a cargo da agência da previdência social que concedeu ou indeferiu o benefício. Observação: Quando se tratar de recurso à Câmara de Julgamento, na forma estabelecida na legislação, compete ao Organismo de Ligação Brasileiro das Gerências Executivas a instrução e fundamentação do recurso, cabendo ao Serviço/Seção de Reconhecimento de Direitos dessa Gerência-Executiva a tramitação do processo àquela instância julgadora.

Registra-se que o processo administrativo é concluído com a decisão administrativa não mais passível de recurso. Importante consignar que, transcorridos mais de 10 anos da data da concessão do benefício, não poderá haver sua suspensão ou cancelamento na hipótese de o interessado não mais possuir a documentação que instruiu o pedido, exceto em caso de fraude ou má-fé (ver o Enunciado n. 19 do CRPS).

O deferimento do requerimento ao INSS encerra e arquiva o processo. No entanto, o indeferimento do pedido possibilita que o segurado recorra à Junta de Recursos do CRPS. O art. 29 do Regimento Interno do CRPS dispõe:

> Art. 29. Denomina-se recurso ordinário aquele interposto pelo interessado, segurado ou beneficiário da Previdência Social, em face de decisão proferida pelo INSS, dirigido às Juntas de Recursos do CRPS, observada a competência.
>
> Parágrafo único. Considera-se decisão de primeira instância recursal os acórdãos proferidos pelas Juntas de Recursos, exceto na matéria de alçada, definida pelo art. 18 deste Regimento, hipótese em que a decisão será de única instância.

O art. 18 do Regimento Interno do Conselho de Recursos da Previdência Social trata da alçada exclusiva das juntas de recursos. Vejamos:

> Art. 18. Constituem alçada exclusiva das Juntas de Recursos, não comportando recurso à instância superior, as seguintes decisões colegiadas:
>
> I — fundamentada exclusivamente em matéria médica, quando os laudos ou pareceres emitidos pela Assessoria Técnico-Médica da Junta de Recursos e pelos Médicos Peritos do INSS apresentarem resultados convergentes; e
>
> II — proferida sobre reajustamento de benefício em manutenção, em consonância com os índices estabelecidos em lei, exceto quando a diferença na Renda Mensal Atual — RMA decorrer de alteração da Renda Mensal Inicial — RMI.

O recurso ordinário é interposto perante o órgão do INSS que proferiu a decisão e direcionado às Juntas de Recursos do CRPS. O prazo comum às partes para a interposição de recurso e para oferecimento de contrarrazões é de 30 dias, contados:

— para o segurado e para a empresa, a partir da data da intimação da decisão;

— para o INSS, a partir da data da protocolização do recurso ou da entrada do recurso pelo interessado ou representante legal na unidade do INSS que proferiu a decisão, devendo esta ocorrência ficar registrada nos autos, prevalecendo a data que ocorrer primeiro.

Registra-se expirado o prazo de 30 dias da data em que foi interposto o recurso pelo segurado ou pela empresa, sem que haja contrarrazões, os autos serão imediatamente encaminhados para julgamento pelas Juntas de Recursos do CRPS, conforme o caso, sendo considerados como contrarrazões do INSS os motivos do indeferimento.

O art. 631 da Instrução Normativa do INSS n. 45/10 consigna uma regra especial:

> Art. 631. Havendo interposição de recurso do interessado contra decisão do INSS, o processo deverá ser reanalisado pela autarquia, sendo que:
>
> I — se a decisão questionada for mantida, o recurso deverá ser encaminhado à Junta de Recursos;
>
> II — em caso de reforma total da decisão, deverá ser atendido o pedido formulado pelo recorrente e o recurso perderá o seu objeto; e
>
> III — em caso de reforma parcial da decisão, o recurso deverá ter prosseguimento quanto à matéria controvertida.

Sendo assim, após o protocolo do recurso ordinário dirigido à junta de recursos ocorre uma prévia reanálise pelo INSS antes do prosseguimento para o órgão de primeira instância recursal (Junta de Recursos). Nesta reanálise, serão proferidas três tipos de decisões:

1ª situação: A decisão inicial do INSS é mantida. Nesse caso, o recurso ordinário é remetido diretamente à Junta de Recursos.

2ª situação: O INSS reforma totalmente a sua decisão inicial. Nesse caso, atende-se o pedido e encerra-se o processo.

3ª situação: O INSS reforma parcialmente a sua decisão inicial. Nessa hipótese haverá o prosseguimento do recurso quanto à matéria controvertida. Esta pode ser compreendida como a realidade fática e jurídica que não encontra concordância entre o INSS e o segurado.

Destaca-se que, quando o INSS confirma a decisão de indeferimento, ou ainda, quando se abstém de reanalisá-la, ocorre o envio direto dos documentos (requerimento do interessado, recurso protocolado e outras documentações) para a Junta de Recursos do CRPS. O art. 634 da Instrução Normativa do INSS n. 45/10 destaca:

> Art. 634. Expirado o prazo de trinta dias da data em que foi interposto o recurso pelo segurado ou pela empresa, sem que haja contrarrazões, os autos serão imediatamente encaminhados para julgamento pelas Juntas de Recursos ou Câmara de Julgamento do CRPS, conforme o caso, sendo considerados como contrarrazões do INSS os motivos do indeferimento.

O processo administrativo previdenciário, após chegar à junta de Recursos, é recebido no SIPPS (Sistema de Protocolo da Previdência Social) e cadastrado no sistema CRPS/*Web*. Nesse momento, se efetua uma análise prévia para a verificação da documentação. Nesse caso podem ocorrer duas situações:

1ª situação: Processo administrativo sem instrução completa. Nesse caso, o processo volta para o INSS para a devida complementação. Após a completude ocorre o encaminhamento por matéria.

2ª situação: Processo administrativo com instrução completa. O processo é encaminhado de acordo com a matéria.

Matéria médica. Nessa situação o processo será enviado para a avaliação da Assessoria Técnico-Médica que pode tomar as seguintes decisões:

Decisão n. 1: Solicitar diligência preliminar. Nessa situação o processo volta para o INSS para completar a instrução no prazo de 30 dias, podendo ser prorrogado por mais 30 dias.

O art. 53, § 6º, da Portaria MPS n. 548/11 destaca:

> § 6º Em se tratando de matéria médica deverá ser ouvida a Assessoria Técnico-Médica Especializada, prestada por servidor lotado na instância julgadora que, na qualidade de perito do colegiado, se pronunciará, de forma fundamentada e conclusiva, no âmbito de sua competência, hipótese em que será utilizado encaminhamento interno por meio de despacho.

Importante consignar que este artigo está suspenso pela portaria MPS n. 591/12 enquanto perdurar os efeitos da MPS n. 1.474/12 que versa:

> Art. 1º Ficam interrompidas, temporariamente, as cessões de Médicos do Quadro de Pessoal do Instituto Nacional do Seguro Social — INSS, efetivadas para o Conselho de Recursos da Previdência Social — CRPS, bem como aos demais órgãos da Previdência Social, até que se normalize a rotina das perícias médicas agendadas.

Essa portaria causou uma dificuldade para a Junta de Recursos atender à demanda de análise médica. O órgão citado tem pedido uma diligência preliminar para que seja analisado pela perícia médica do

INSS. No Processo n. 44232.013091/2013-18[(2)], esse pedido foi feito, mas não teve resposta e retornou automaticamente ao Relator da Junta de Recursos. A resposta do relator foi a seguinte:

> Após análise dos dados apresentado nos autos, considerando a falta de atendimento da diligência constante dos EVENTOS-DESP1, a falta de Assessor Médico nesta 9ª Junta de Recursos e a concessão do NB 91/530.392.806-0 com patologia semelhante a que originou a concessão do benefício ora em recurso e tendo em vista os elementos juntados pelo recorrente, nos autos, entendemos que o mesmo faz jus a transformação da espécie do benefício previdenciário, para o de espécie B/91 acidentária, devendo ser observado o dispositivo legal abaixo:
>
> § 3º do art. 337 do Decreto n. 3.048/99 que assim preceitua: considera-se estabelecido o nexo ente o trabalho e o agravo quando se verificar nexo técnico epidemiológico entre a atividade da empresa e a entidade mórbida motivadora da incapacidade, elencada na Classificação Internacional de Doenças (CID), em conformidade com o disposto na Lista B do Anexo II deste Regulamento, assim voto pelo conhecimento do recurso, para no mérito **DAR-LHE PROVIMENTO**, com a transformação do Benefício de **Espécie B/31 auxílio-doença Previdenciário para B/91 acidentário**.

Decisão n. 2: Emitir julgamento: Emite o julgamento e distribui para o conselheiro. Este emite relatório e restitui para a Junta solicitando inclusão em pauta. O processo é incluído em pauta para julgamento. Da pauta de julgamento constará a identificação dos processos a serem apreciados, da seguinte forma:

1º) identificação do órgão julgador;

2º) dia e hora do início da sessão de julgamento;

3º) nome do relator;

4º) nome das partes;

5º) número de protocolo dos recursos;

6º) número de benefício.

> **Descomplicando:** Quando a **matéria não é médica**, o processo é distribuído para o conselheiro e segue o mesmo rito da matéria médica.

Para cada sessão será elaborada pauta de julgamento, sendo os processos incluídos por solicitação do relator. O número de processos por pauta será fixado por ato do Presidente do Conselho de Recursos da Previdência Social.

As pautas de julgamento das Câmaras de Julgamento e das Juntas de Recursos serão afixadas nas dependências do órgão julgador, em local visível e de fácil acesso ao público, bem como divulgadas na página oficial do Ministério da Previdência Social na rede mundial de computadores — internet, com antecedência mínima de três dias úteis à sessão em que o processo deva ser julgado.

Os Presidentes das Juntas de Recursos e Câmaras de Julgamento deverão encaminhar as pautas de julgamento à Divisão de Assuntos Administrativos do CRPS com antecedência mínima de cinco dias úteis ao da respectiva sessão, sob pena de incorrer em falta funcional.

Os órgãos colegiados do CRPS obedecerão à seguinte ordem de trabalho:

1º) abertura da sessão;

2º) verificação de quórum;

---

(2) Disponível em: <https://200.152.40.110/documento.php?hash=NzcxMzY1Njk4MjY5NDY4OTQwNjIwMDAwMDAwMDIx>.

3º) leitura, discussão e aprovação da ata da sessão anterior;

4º) julgamento dos recursos;

5º) comunicações diversas.

Terão prioridade de julgamento na sessão os processos em que houver sustentação oral ou quando a parte estiver presente. O processo será julgado pelo Colegiado. O Presidente da Junta de Recursos divulga o processo a ser julgado. As Juntas de Recursos, presididas e administradas por representante do governo, são integradas por quatro membros, denominados Conselheiros, nomeados pelo Ministro de Estado da Previdência Social obedecendo-se a seguinte composição de julgamento:

— um Conselheiro Presidente da respectiva Câmara ou Junta, que presidirá a composição de julgamento;

— um Conselheiro representante do governo;

— um Conselheiro representante dos trabalhadores;

— um Conselheiro representante das empresas.

O mandato dos Conselheiros das Câmaras de Julgamento e das Juntas de Recursos é de dois anos, a contar da publicação do ato de nomeação, sendo permitida a recondução.

O exercício da função de Conselheiro do CRPS será considerado serviço público relevante, não gerando qualquer espécie de vínculo de natureza empregatícia, estatutária ou contratual, sendo que o mandato não caracteriza relação de trabalho.

Os Conselheiros representantes do governo continuarão sendo remunerados pelos órgãos e entidades de origem, sem prejuízo dos direitos e vantagens dos respectivos cargos, enquanto que os representantes classistas de trabalhadores e empresas, bem como os representantes do governo, quando inativos, farão jus ao recebimento de gratificação por processo relatado com voto, na forma prevista pelo Regulamento da Previdência Social.

Regra especial: Até o anúncio do início dos trabalhos de julgamento, a parte ou seu representante poderão formular pedido para realizar sustentação oral ou para apresentar alegações finais em forma de memoriais.

Apregoado o processo, o Presidente do órgão **julgador dará a palavra ao Conselheiro relator, que apresentará o seu relatório,** após o que será facultada ao recorrente e ao recorrido, sucessivamente, a oportunidade de sustentar suas razões, pelo tempo de até quinze minutos para cada um, nessa ordem, **prosseguindo-se o voto**.

Observação 1: O Conselheiro pode pedir vista dos autos antes de proferir seu voto, observada a ordem de votação. Quando da retomada do julgamento após o pedido de vista, o processo voltará a ser apreciado pelos mesmos integrantes da composição julgadora original, salvo em caso de impossibilidade regulamentar de algum dos Conselheiros.

Observação 2: A sessão de julgamento será pública, ressalvado à Junta o exame reservado de matéria protegida por sigilo, admitida a presença das partes e de seus procuradores.

Após o voto do relator, os demais Conselheiros poderão usar a palavra e debater sobre questões pertinentes ao processo, proferindo seus votos na seguinte ordem de votação:

1º) representante do governo;

2º) representante dos trabalhadores;

3º) representante das empresas; e

4º) presidente da composição de julgamento.

Regras especiais: O relator do acórdão será o Conselheiro cujo voto divergente seja vencedor. Em caso de empate, o Presidente proferirá voto de desempate. Os Conselheiros presentes à sessão de julgamento não poderão abster-se de votar, exceto em caso de impedimento.

Após a apuração dos votos ocorrerá a finalização do julgamento. O relatório, os votos e a decisão final serão transcritos integralmente no processo e deles dar-se-á ciência às partes. Deverá constar dos autos o voto divergente vencido, bem como as declarações de voto. O art. 51 do Regimento Interno do CRPS destaca:

Art. 51. Da sessão será lavrada ata sucinta contendo:

I — número e natureza da sessão;

II — data, hora e local de abertura;

III — verificação de *quorum* e o nome dos ausentes, se houver;

IV — resultado de matéria administrativa;

V — remissão à pauta, indicando-se quantos processos foram julgados e os retirados de pauta, desde que haja motivo;

VI — os fatos ocorridos na sessão de julgamento, inclusive a presença das partes ou de seus representantes para fins de sustentar suas razões; e

VII — assinatura dos Conselheiros presentes.

As decisões proferidas pelas Câmaras de Julgamento e Juntas de Recursos poderão ser de:

a) **conversão em diligência**: Esta medida é utilizada para sanar alguma lacuna no processo. Exemplo: encaminhamento do processo para o INSS realizar a perícia médica caso haja falta de médicos na respectiva Junta de Recursos. Importante consignar que a conversão em diligência não dependerá de lavratura de acórdão e se dará para complementação da instrução probatória, saneamento de falha processual, cumprimento de normas administrativas ou legislação pertinente à espécie e adotará preferencialmente a diligência prévia, sem que haja prejulgamento. É de trinta dias, prorrogáveis por mais trinta dias, o prazo para que o INSS restitua os autos ao órgão julgador com a diligência integralmente cumprida.

b) **não conhecimento**: O art. 54 do regimento interno do CRPS trata das razões de não conhecimento do recurso. Vejamos:

Art. 54. Constituem razões de não conhecimento do recurso:

I — a intempestividade;

II — a ilegitimidade ativa ou passiva de parte;

III — a renúncia à utilização da via administrativa para discussão da pretensão, decorrente da propositura de ação judicial;

IV — a desistência voluntária manifestada por escrito pelo interessado ou seu representante;

V — qualquer outro motivo que leve à perda do objeto do recurso; e

VI — a preclusão processual;

III — conhecimento e não provimento;

IV — conhecimento e provimento parcial;

V — conhecimento e provimento;

VI — anulação; e

VII — extinção do processo com resolução do mérito por reconhecimento do pedido.

c) **conhecer o recurso e negar provimento**: O indeferimento do recurso ocorre quando a Junta de Recursos entende que a decisão do INSS está correta. O segurado pode ingressar com recurso especial na Câmara de julgamento. O art. 30 do regimento interno do CRPS destaca:

> Art. 30. Das decisões proferidas no julgamento do recurso ordinário caberá recurso especial dirigido às Câmaras de Julgamento, órgãos de última instância recursal administrativa, ressalvada a competência exclusiva das Juntas de Recursos definida no art. 18 deste Regimento.

d) **conhecer e dar provimento**: Quando a Junta de Recursos dá provimento, dá-se ciência ao interessado para que possa exercer o seu direito ao benefício.

e) **conhecer e dar provimento parcial**: O provimento parcial se verifica quando alguma questão é rejeitada pela Junta de Recursos. Nesse caso, o interessado pode interpor recurso especial à Câmara de Julgamento para buscar uma decisão diferente sobre o ponto controvertido.

f) **anulação acórdão**: Ocorre sempre que há revisão da decisão anterior. Pode ser feita por inciativa da Junta de Recursos ou mediante provocação das partes.

Após a decisão, o processo segue para o INSS. Este não poderá escusar-se de cumprir, no prazo regimental, as diligências solicitadas pelas unidades julgadoras do CRPS, bem como deixar de dar efetivo cumprimento às decisões do Conselho Pleno e acórdãos definitivos dos órgãos colegiados, reduzir ou ampliar o seu alcance ou executá-lo de modo que contrarie ou prejudique seu evidente sentido. O INSS deve cumprir as decisões em 30 dias, contados a partir da data do recebimento do processo na origem, o prazo para o cumprimento das decisões do CRPS, sob pena de responsabilização funcional do servidor que der causa ao retardamento.

Se o interessado apresentar recurso das decisões de matérias de alçada das Juntas de Recursos, a petição será recebida pela agência da Previdência Social e juntada ao processo, registrando-se que a decisão da Junta de Recursos se trata de matéria de alçada, remetendo-se para a Câmara de Julgamento, para fins de conhecimento.

O indeferimento do recurso pela Junta de Recursos permite que o segurado possa ingressar com o recurso especial junto às Câmaras de Julgamento. O art. 629 da Instrução Normativa do INSS n. 45/10 destaca:

> Art. 629. Das decisões proferidas no julgamento do recurso ordinário, ressalvadas as matérias de alçada das Juntas de Recursos, poderão os segurados, as empresas e os órgãos do INSS, quando não conformados, interpor recurso especial às Câmaras de Julgamento, na forma do Regimento Interno do CRPS.

O art. 30 do regimento interno do CRPS dispõe:

> Art. 30. Das decisões proferidas no julgamento do recurso ordinário caberá recurso especial dirigido às Câmaras de Julgamento, órgãos de última instância recursal administrativa, ressalvada a competência exclusiva das Juntas de Recursos definida no art. 18 deste Regimento.

Regra especial: Cabe ao Presidente do CRPS decidir sobre conflito de competência estabelecido entre Câmaras de Julgamento ou entre Câmara de Julgamento e Junta de Recursos.

O Recurso Especial é dirigido à Câmara de Julgamento do CRPS e protocolado junto ao INSS. O interessado deve fundamentar o seu recurso especial justificando os motivos de discordância da decisão da Junta de Recursos. O INSS encaminha o processo para a Câmara de julgamento para ser cadastrado no "Registra-se", e a interposição tempestiva do recurso especial suspende os efeitos da decisão de primeira instância e devolve à instância superior o conhecimento integral da causa.

Regra especial: Os recursos em processos que envolvam suspensão ou cancelamento de benefícios resultantes do programa permanente de revisão da concessão e da manutenção dos benefícios da Previdência Social, ou decorrentes de atuação de auditoria, deverão ser julgados no prazo máximo de sessenta dias após o recebimento pelo órgão julgador.

A Câmara de Recursos também julga os recursos do INSS referente à discordância das decisões da Junta de Recursos. Os arts. 16 e 17 do regimento interno do CRPS dispõem:

Art. 16. Compete às Câmaras de Julgamento julgar os Recursos Especiais interpostos contra as decisões proferidas pelas Juntas de Recursos. Parágrafo único. O INSS poderá recorrer das decisões das Juntas de Recursos somente quando:

I — violarem disposição de lei, de decreto ou de portaria ministerial;

II — divergirem de súmula ou de parecer do Advogado Geral da União, editado na forma da Lei Complementar n. 73, de 10 de fevereiro de 1993;

III — divergirem de pareceres da Consultoria Jurídica do MPS ou da Procuradoria Federal Especializada — INSS, aprovados pelo Procurador-Chefe;

IV — divergirem de enunciados editados pelo Conselho Pleno do CRPS;

V — tiverem sido fundamentadas em laudos ou pareceres médicos divergentes emitidos pela Assessoria Técnico-Médica da Junta de Recursos e pelos Médicos peritos do INSS;

VI — contiverem vício insanável, considerado como tal as ocorrências elencadas no § 1º do art. 60.

Art. 17. Compete às Juntas de Recursos julgar os Recursos Ordinários interpostos contra as decisões do INSS nos processos de interesse dos beneficiários do Regime Geral de Previdência Social, nos processos referentes aos benefícios assistenciais de prestação continuada previstos no art. 20 da Lei n. 8.742, de 7 de dezembro de 1993 e, nos casos previstos na legislação, nos processos de interesse dos contribuintes do Regime Geral de Previdência Social.

O INSS envia o processo para a Câmara de Recursos. Ele é recebido no SIPPS (Sistema de Protocolo da Previdência Social) e cadastrado no sistema CRPS/Web. Nesse momento, se efetua uma análise prévia para a verificação da documentação. Nesse caso, podem ocorrer duas situações:

1ª Situação: Processo administrativo sem instrução completa. Nesse caso, o processo volta para o INSS para a devida complementação. Após a completude ocorre o encaminhamento por matéria.

2ª Situação: Processo administrativo com instrução completa. O processo é encaminhado de acordo com a matéria. Nesse caso terá duas possibilidades:

1ª Possibilidade: Matéria médica. O processo será enviado para a avaliação da Assessoria Técnico-Médica que pode tomar as seguintes decisões:

a) Solicitar diligência preliminar. Nessa situação o processo volta para o INSS para completar a instrução no prazo de 30 dias, podendo ser prorrogado por mais 30 dias.

O art. 53, § 6º, da Portaria MPS n. 548/11 destaca:

"§ 6º Em se tratando de matéria médica deverá ser ouvida a Assessoria Técnico-Médica Especializada, prestada por servidor lotado na instância julgadora que, na qualidade de perito do colegiado, se pronunciará, de forma fundamentada e conclusiva, no âmbito de sua competência, hipótese em que será utilizado encaminhamento interno por meio de despacho."

Importante consignar que esse artigo está suspenso pela Portaria MPS n. 591/12 enquanto perdurar os efeitos da MPS n. 1.474/12 que versa:

Art. 1º Ficam interrompidas, temporariamente, as cessões de Médicos do Quadro de Pessoal do Instituto Nacional do Seguro Social — INSS, efetivadas para o Conselho de Recursos da Previdência Social — CRPS, bem como aos demais órgãos da Previdência Social, até que se normalize a rotina das perícias médicas agendadas.

2ª Possibilidade: Não é matéria médica. Nesse caso, emite o julgamento e distribui para o conselheiro. Este emite relatório e restitui para a Junta solicitando inclusão em pauta. O processo é incluído em pauta para julgamento. Da pauta de julgamento constará a identificação dos processos a serem apreciados, da seguinte forma:

1º) identificação do órgão julgador;

2º) dia e hora do início da sessão de julgamento;

3º) nome do relator;

4º) nome das partes;

5º) número de protocolo dos recursos;

6º) número de benefício.

Para cada sessão será elaborada pauta de julgamento, sendo os processos incluídos por solicitação do relator. O número de processos por pauta será fixado por ato do Presidente do Conselho de Recursos da Previdência Social.

As pautas de julgamento das Câmaras de Julgamento serão afixadas nas dependências do órgão julgador, em local visível e de fácil acesso ao público, bem como divulgadas na página oficial do Ministério da Previdência Social na rede mundial de computadores — internet, com antecedência mínima de três dias úteis à sessão em que o processo deva ser julgado.

Os Presidentes das Câmaras de Julgamento deverão encaminhar as pautas de julgamento à Divisão de Assuntos Administrativos do CRPS com antecedência mínima de cinco dias úteis ao da respectiva sessão, sob pena de incorrer em falta funcional.

Os órgãos colegiados do CRPS obedecerão à seguinte ordem de trabalho:

1º) abertura da sessão;

2º) verificação de quórum;

3º) leitura, discussão e aprovação da ata da sessão anterior;

4º) julgamento dos recursos;

5º) comunicações diversas.

Terão prioridade de julgamento na sessão os processos em que houver sustentação oral ou quando a parte estiver presente. O processo será julgado pelo Colegiado. O Presidente da Junta de Recursos divulga o processo a ser julgado. As Juntas de Recursos, presididas e administradas por representante do governo, são integradas por quatro membros, denominados Conselheiros, nomeados pelo Ministro de Estado da Previdência Social obedecendo-se a seguinte composição de julgamento:

— um Conselheiro Presidente da respectiva Câmara, que presidirá a composição de julgamento;

— um Conselheiro representante do governo;

— um Conselheiro representante dos trabalhadores;

— um Conselheiro representante das empresas;

O mandato dos Conselheiros das Câmaras de Julgamento é de dois anos, a contar da publicação do ato de nomeação, sendo permitida a recondução.

Regra especial: Até o anúncio do início dos trabalhos de julgamento, a parte ou seu representante poderá formular pedido para realizar sustentação oral ou para apresentar alegações finais em forma de memoriais.

Apregoado o processo, o Presidente do órgão **julgador dará a palavra ao Conselheiro relator, que apresentará o seu relatório,** após o que será facultada ao recorrente e ao recorrido, sucessivamente, a oportunidade de sustentar suas razões, pelo tempo de até quinze minutos para cada um, nessa ordem, **prosseguindo-se o voto**.

Observação 1: O Conselheiro pode pedir vista dos autos antes de proferir seu voto, observada a ordem de votação. Quando da retomada do julgamento após o pedido de vista, o processo voltará a ser apreciado pelos mesmos integrantes da composição julgadora original, salvo em caso de impossibilidade regulamentar de algum dos Conselheiros.

Observação 2: A sessão de julgamento será pública, ressalvado à Junta o exame reservado de matéria protegida por sigilo, admitida a presença das partes e de seus procuradores.

Após o voto do relator, os demais Conselheiros poderão usar a palavra e debater sobre questões pertinentes ao processo, proferindo seus votos na seguinte ordem de votação:

1º) representante do governo;

2º) representante dos trabalhadores;

3º) representante das empresas; e

4º) presidente da composição de julgamento.

Regras especiais: O relator do acórdão será o Conselheiros cujo voto divergente seja vencedor. Em caso de empate, o Presidente proferirá voto de desempate. Os Conselheiros presentes à sessão de julgamento não poderão abster-se de votar, exceto em caso de impedimento.

Após a apuração dos votos ocorrerá a finalização do julgamento. O relatório, os votos e a decisão final serão transcritos integralmente no processo e deles dar-se-á ciência às partes. Deverá constar dos autos o voto divergente vencido, bem como as declarações de voto. O art. 51 do Regimento Interno do CRPS destaca:

Art. 51. Da sessão será lavrada ata sucinta contendo:

I — número e natureza da sessão;

II — data, hora e local de abertura;

III — verificação de quórum e o nome dos ausentes, se houver;

IV — resultado de matéria administrativa;

V — remissão à pauta, indicando-se quantos processos foram julgados e os retirados de pauta, desde que haja motivo;

VI — os fatos ocorridos na sessão de julgamento, inclusive a presença das partes ou de seus representantes para fins de sustentar suas razões; e

VII — assinatura dos Conselheiros presentes.

As decisões proferidas pelas Câmaras de Julgamento poderão ser de:

a) **conversão em diligência**: esta medida é utilizada para sanar alguma lacuna no processo. Exemplo: encaminhamento do processo para o INSS realizar a pericia médica caso haja falta de médicos na respectiva Junta de Recursos. Importante consignar que, a conversão em diligência não dependerá de lavratura de acórdão e se dará para complementação da instrução probatória, saneamento de falha processual, cumprimento de normas administrativas ou legislação pertinente à espécie e adotará preferencialmente a diligência prévia, sem que haja prejulgamento. É de trinta dias, prorrogáveis por mais trinta dias, o prazo para que o INSS restitua os autos ao órgão julgador com a diligência integralmente cumprida.

b) **não conhecimento**: o art. 54 do regimento interno do CRPS trata das razões de não conhecimento do recurso. Vejamos:

Art. 54. Constituem razões de não conhecimento do recurso:

I — a intempestividade;

II — a ilegitimidade ativa ou passiva de parte;

III — a renúncia à utilização da via administrativa para discussão da pretensão, decorrente da propositura de ação judicial;

IV — a desistência voluntária manifestada por escrito pelo interessado ou seu representante;

V — qualquer outro motivo que leve à perda do objeto do recurso;

VI — a preclusão processual;

III — conhecimento e não provimento;

IV — conhecimento e provimento parcial;

V — conhecimento e provimento;

VI — anulação; e

VII — extinção do processo com resolução do mérito por reconhecimento do pedido.

c) **conhecer o recurso e negar provimento**: o indeferimento do recurso ocorre quando a Câmara de Recursos entende que a decisão do INSS está correta. O segurado pode ingressar com recurso especial na Câmara de julgamento. O art. 30 do regimento interno do CRPS destaca:

Art. 30. Das decisões proferidas no julgamento do recurso ordinário caberá recurso especial dirigido às Câmaras de Julgamento, órgãos de última instância recursal administrativa, ressalvada a competência exclusiva das Juntas de Recursos definida no art. 18 deste Regimento.

d) **conhecer e dar provimento**: quando a Câmara de Recursos dá provimento, dá-se ciência ao interessado para que possa exercer o seu direito ao benefício.

e) **conhecer e dar provimento parcial**: o provimento parcial se verifica quando alguma questão é rejeitada pela Junta de Recursos. Nesse caso, o interessado pode interpor recurso especial à Câmara de Julgamento para buscar uma decisão diferente sobre o ponto controvertido.

f) **anulação acórdão**: ocorre sempre que há revisão da decisão anterior. Pode ser feita por iniciativa da Câmara de Recursos ou mediante provocação das partes.

Após a decisão, o processo segue para o INSS. Este não poderá escusar-se de cumprir, no prazo regimental, as diligências solicitadas pelas unidades julgadoras do CRPS, bem como deixar de dar efetivo cumprimento às decisões do Conselho Pleno e acórdãos definitivos dos órgãos colegiados, reduzir ou ampliar o seu alcance ou executá-lo de modo que contrarie ou prejudique seu evidente sentido. O INSS deve cumprir as decisões em 30 dias, contados a partir da data do recebimento do processo na origem, o prazo para o cumprimento das decisões do CRPS, sob pena de responsabilização funcional do servidor que der causa ao retardamento.

A decisão da Câmara de Recursos é enviada para que o INSS dê ciência ao interessado.

> Novidade sobre o tema: O conflito de competência ocorre quando dois ou mais órgãos julgadores se declaram competentes para julgar o mesmo processo, ou quando nenhum deles assume a competência.
>
> Os conflitos de competência entre Juntas de Recursos serão dirimidos pelos Presidentes das Câmaras de Julgamento, segundo distribuição alternada, e nos demais casos, pelo Presidente do CRPS.
>
> Em qualquer hipótese, o conflito será resolvido por decisão monocrática irrecorrível.

Vejamos algumas regras especiais do processo administrativo no CRPS:

Regra n. 1: Quando as Câmaras de Julgamento entenderem pela necessidade de anulação do julgamento anterior, poderão devolver os autos à unidade de origem para reexame da matéria e nova decisão sobre o mérito da causa ou, atendendo ao princípio de economia processual, se não houver prejuízo para a instrução da matéria ou para a defesa das partes, poderão, elas próprias, pronunciar-se em caráter definitivo sobre o mérito da controvérsia no âmbito administrativo.

Regra n. 2: Os pareceres da Consultoria Jurídica do MPS, quando aprovados pelo Ministro de Estado, vinculam os órgãos julgadores do CRPS à tese jurídica que fixarem, sob pena de responsabilidade administrativa quando da sua não observância.

Regra n. 3: Os órgãos julgadores do CRPS não podem afastar a aplicação, por inconstitucionalidade ou ilegalidade, de tratado, acordo internacional, lei, decreto ou ato normativo ministerial em vigor, ressalvados os casos em que:

a) já tenha sido declarada a inconstitucionalidade da norma pelo Supremo Tribunal Federal, em ação direta, após a publicação da decisão, ou pela via incidental, após a publicação da resolução do Senado Federal que suspender a sua execução;

b) haja decisão judicial, proferida em caso concreto, afastando a aplicação da norma, por ilegalidade ou inconstitucionalidade, cuja extensão dos efeitos jurídicos tenha sido autorizada pelo Presidente da República.

Regra n. 4: Caberá às autoridades do CRPS prestar as informações solicitadas em mandados de segurança impetrados contra os seus atos, com o auxílio institucional da Advocacia Geral da União, bem como, quando necessário, solicitar a inclusão do INSS no feito judicial como litisconsorte passivo necessário, além de encaminhar à Advocacia Geral da União as notificações, citações e decisões proferidas pelo Poder Judiciário, entre elas, concedendo ou negando liminar em mandado de segurança impetrado contra os seus atos, bem assim, as decisões de mérito nos mandados de segurança, no prazo de 48 horas;

Regra n. 5: Caberá às autoridades do CRPS solicitar ao Presidente do CRPS, por intermédio de procedimento próprio, a instauração de sindicância e de processo administrativo disciplinar no âmbito dos respectivos órgãos colegiados.

Vejamos alguns recursos administrativos previdenciários especiais:

a) Recurso ordinário

O recurso ordinário administrativo previdenciário está previsto no art. 29 do Regimento interno do Conselho de Recursos da Previdência Social. Vejamos:

Art. 29. Denomina-se recurso ordinário aquele interposto pelo interessado, segurado ou beneficiário da Previdência Social, em face de decisão proferida pelo INSS, dirigido às Juntas de Recursos do CRPS, observada a competência prevista no art. 17 deste Regimento.

Parágrafo único. Considera-se decisão de primeira instância recursal os acórdãos proferidos pelas Juntas de Recursos, exceto na matéria de alçada, definida pelo art. 18 deste Regimento, hipótese em que a decisão será de única instância.

O art. 628 da Instrução Normativa do INSS n. 45/10 destaca:

Art. 628. Das decisões proferidas pelo INSS poderão os interessados, quando não conformados, interpor recurso ordinário às Juntas de Recursos do CRPS.

§ 1º Os titulares de direitos e interesses têm legitimidade para interpor recurso administrativo.

§ 2º Os recursos serão interpostos pelo interessado, preferencialmente, perante o órgão do INSS que proferiu a decisão sobre o seu benefício, que deverá proceder a sua regular instrução.

§ 3º O recurso interpõe-se por meio de requerimento no qual o recorrente deverá expor os fundamentos do pedido de reexame, podendo juntar os documentos que julgar convenientes.

O recurso ordinário deve ser dirigido à Junta de Recurso da Previdência Social do CRPS. No recurso deve constar o nome do segurado, do recorrente, do recorrido. Lembre-se: de acordo com o art. 54, II, do Regimento Interno[3] do CRPS, constitui razão para o não conhecimento do recurso a ilegitimidade

(3) Art. 54. Constituem razões de não conhecimento do recurso: I — a intempestividade; II — a ilegitimidade ativa ou passiva de parte; III — a renúncia à utilização da via administrativa para discussão da pretensão, decorrente da propositura de ação judicial; IV — a desistência voluntária manifestada por escrito pelo interessado ou seu representante; V — qualquer outro motivo que leve à perda do objeto do recurso; e VI — a preclusão processual.

ativa ou passiva da parte. O recurso ordinário deve conter também o endereço para a correspondência, o motivo do recurso e também as informações pertinentes ao indeferimento do recurso, à cessação do benefício e a decisão proferida que indeferiu o pedido no INSS. A questão essencial na formulação do recurso é a fundamentação das razões do recurso. Um recurso deve ser fundamentado na verdade e na coerência. Ao final do requerimento deve-se colocar o local e a data. A assinatura no recurso é daquele que recorre ou do seu representante legal.

b) Embargos de declaração

O art. 48 do regimento interno do CRPC destaca o tema dos embargos de declaração. Vejamos:

Art. 48. Caberão embargos de declaração quando na decisão houver obscuridade, ambiguidade ou contradição entre o resultado do julgamento e os seus fundamentos, ou quando for omitida manifestação quanto a questão ou ponto sobre o qual deveria pronunciar-se o colegiado, cuja omissão seja determinante para integrar o julgado.

§ 1º Os embargos serão interpostos pelo interessado, mediante petição fundamentada dirigida ao Presidente da CRPC, no prazo de cinco dias úteis contados da publicação da decisão no *Diário Oficial da União.*

§ 2º A decisão proferida nos embargos poderá, em casos excepcionais, modificar o conteúdo da decisão impugnada, alterando-lhe o sentido.

§ 3º Aplicam-se aos embargos de declaração, no que for compatível, as regras do procedimento ordinário para apreciação dos recursos, estabelecidas neste Regimento.

§ 4º Observado o disposto no § 3º, não haverá sustentação oral na apreciação e no julgamento dos embargos de declaração.

c) Revisão por erro material

O art. 49 do regimento interno do CRPC destaca o tema da revisão por erro material. Vejamos:

Art. 49. As inexatidões materiais constantes de decisões da CRPC, decorrentes de erros de grafia, numéricos, de cálculo ou, ainda, de outros equívocos semelhantes, serão saneadas em sessão do colegiado, de ofício ou a requerimento das partes, ou pelo seu Presidente, *ad referendum* do colegiado.

Parágrafo único. As inexatidões materiais podem ser corrigidas a qualquer tempo.

Observação: O art. 50 do regimento interno do CRPC trata sobre um tema bem interessante. Vejamos:

Art. 50. É expressamente vedada a retirada dos autos da repartição pelas partes, sendo facultado ao recorrente ou seu representante, ou ainda ao terceiro que comprovar perante o colegiado legítimo interesse no processo, a vista dos autos ou o fornecimento de cópias de peças processuais, salvo se o processo estiver com o relator, exigindo-se, para tanto, a apresentação de pedido por escrito assinado pelo requerente, o qual deverá ser anexado aos autos, juntamente com o comprovante do recolhimento das custas devidas.

§ 1º Os documentos originais apresentados para instrução do processo, quando de natureza pessoal das partes, poderão ser restituídos, a pedido, e substituídos por cópias cuja autenticidade seja declarada pela Secretaria-Executiva, salvo quando houver indício de irregularidade.

§ 2º Ressalvado o disposto no § 1º, não poderão ser retirados dos autos quaisquer documentos, podendo ser fornecida cópia autêntica ou certidão.

Importante consignar que em qualquer fase do processo o recorrente poderá, voluntariamente, desistir do recurso interposto. A desistência será manifestada de maneira expressa, por petição ou termo firmado nos autos do processo.

Uma vez interposto o recurso, o não cumprimento pelo interessado de exigência ou providência que a ele incumbiria, e para a qual tenha sido devidamente intimado, não implica em desistência tácita, devendo o processo ser julgado no estado em que se encontra, arcando o interessado com o ônus de sua inércia.

d) Recurso especial

O recurso especial é aquele dirigido às Câmaras de Julgamento em face das decisões proferidas em recurso ordinário. O art. 629 da Instrução Normativa do INSS n. 45/10 consigna:

Art. 629. Das decisões proferidas no julgamento do recurso ordinário, ressalvadas as matérias de alçada das Juntas de Recursos, poderão os segurados, as empresas e os órgãos do INSS, quando não conformados, interpor recurso especial às Câmaras de Julgamento, na forma do Regimento Interno do CRPS.

O recurso especial para a Câmara de Julgamento não é cabível para as matérias de alçada da Junta de Recursos.

Regra especial: a interposição tempestiva do recurso especial suspende os efeitos da decisão de primeira instância e devolve à instância superior o conhecimento integral da causa.

O prazo para a interposição de recurso especial e para o oferecimento de contrarrazões é de 30 dias, contados da data da ciência da decisão e da data da intimação da interposição do recurso, respectivamente.

Os recursos serão interpostos pelo interessado, preferencialmente, junto ao órgão do INSS que proferiu a decisão sobre o seu benefício, que deverá proceder a sua regular instrução com a posterior remessa do recurso à Junta ou Câmara, conforme o caso.

O prazo para o INSS interpor recursos terá início a partir da data do recebimento do processo na unidade que tiver atribuição para a prática do ato e, para oferecer contrarrazões, iniciará a contagem a partir da data da protocolização ou da entrada do recurso pelo beneficiário ou pela empresa na unidade que proferiu a decisão, de forma que tal ocorrência deverá ficar registrada nos autos, prevalecendo a data que ocorrer primeiro.

Expirado o prazo de 30 dias para contrarrazões, os autos serão imediatamente encaminhados para julgamento pelas Juntas de Recursos ou Câmaras de Julgamento do CRPS, hipótese em que serão considerados como contrarrazões do INSS os motivos do indeferimento inicial.

O órgão de origem prestará nos autos informação fundamentada quanto à data da interposição do recurso, não podendo recusar o recebimento ou obstar-lhe o seguimento do recurso ao órgão julgador com base nessa circunstância.

O recurso especial é dirigido à Câmara de Julgamento do CRPS. Nessa peça recursal devem constar o nome do segurado, o nome do recorrente, o nome do recorrido (no caso o INSS e a referida junta de recursos), o endereço para a correspondência, o motivo do recurso (o motivo do indeferimento pelo INSS e pela Junta) e as razões do recurso (fundamentos para que a Câmara de Recursos possa atender ao seu pedido). Também é necessário colocar o local, a data e a assinatura do recorrente ou de seu representante legal.

e) Revisão de ofício

As Câmaras de Julgamento e Juntas de Recursos deverão rever suas próprias decisões, de ofício, enquanto não ocorrer a decadência. Vejamos o art. 60 do Regimento Interno do CRPS:

> Art. 60. As Câmaras de Julgamento e Juntas de Recursos deverão rever suas próprias decisões, de ofício, enquanto não ocorrer a decadência de que trata o art. 103-A da Lei n. 8.213, de 24 de julho de 1991, quando:
>
> I — violarem literal disposição de lei ou decreto;
>
> II — divergirem dos pareceres da Consultoria Jurídica do MPS, aprovados pelo Ministro de Estado da Previdência Social, bem como do Advogado-Geral da União, na forma da Lei Complementar n. 73, de 10 de fevereiro de 1993;
>
> III — divergirem de enunciado editado pelo Conselho Pleno; e
>
> IV — for constatado vício insanável.
>
> § 1º Considera-se vício insanável, entre outros:
>
> I — o voto de Conselheiro impedido ou incompetente, bem como condenado, por sentença judicial transitada em julgado, por crime de prevaricação, concussão ou corrupção passiva diretamente relacionado à matéria objeto de julgamento do colegiado;
>
> II — a fundamentação baseada em prova obtida por meios ilícitos ou cuja falsidade tenha sido apurada em processo judicial;
>
> III — o julgamento de matéria diversa da contida nos autos;
>
> IV — a fundamentação de voto decisivo ou de acórdão incompatível com sua conclusão.
>
> § 2º O Conselheiro relator ou, na sua falta, o designado para substituí-lo, deverá reduzir a termo as razões de seu convencimento e de terminar a intimação das partes do processo, com cópia do termo lavrado, para que se manifestem no prazo sucessivo de trinta dias, antes de submeter o seu entendimento à apreciação da unidade julgadora.
>
> § 3º A revisão de ofício terá andamento prioritário nos órgãos do CRPS.

O INSS pode revisar os seus atos. Nesse sentido, temos a regra da Súmula ns. 346 e 473 do STF:

Súmula n. 346 do STF:

> A Administração pública pode declarar a nulidade dos seus próprios atos.

Súmula n. 473 do STF:

> A Administração pode anular seus próprios atos, quando eivados de vícios que os tornem ilegais, porque deles não se originem direitos; ou revoga-los, por motivo de conveniência ou oportunidade, respeitados os direitos adquiridos, e ressalvada, e todos os casos, a apreciação judicial.

Os arts. 53 e 54 da Lei n. 9.784/99 destacam:

Art. 53. A Administração deve anular seus próprios atos, quando eivados de vício de legalidade, e pode revogá-los por motivo de conveniência ou oportunidade, respeitados os direitos adquiridos.

Art. 54. O direito da Administração de anular os atos administrativos de que decorram efeitos favoráveis para os destinatários decai em cinco anos, contados da data em que foram praticados, salvo comprovada má-fé.

f) Reclamaçao ao Conselho Pleno

A reclamação ao Conselho Pleno poderá ocorrer, no caso concreto, por requerimento das partes do processo, dirigido ao Presidente do CRPS, somente quando os acórdãos das Juntas de Recursos do CRPS, em matéria de alçada, ou os acórdãos de Câmaras de Julgamento do CRPS, em sede de recurso especial, infringirem os pareceres da Consultoria Jurídica do MPS, aprovados pelo Ministro de Estado da Previdência Social, bem como do Advogado-Geral da União e os enunciados editados pelo Conselho Pleno.

O prazo para o requerimento da Reclamação ao Conselho Pleno é de trinta dias, contados da data da ciência da decisão infringente, e suspende o prazo para o seu cumprimento.

Caberá ao Presidente do CRPS fazer o juízo de admissibilidade da Reclamação ao Conselho Pleno verificando se estão presentes os pressupostos de admissibilidade (infringir parecer da Consultoria Jurídica do MPS ou os enunciados editados pelo pleno). O Presidente do CRPS pode:

— indeferir por decisão monocrática irrecorrível, quando verificar que não foram demonstrados os pressupostos de admissibilidade;

— distribuir o processo ao Conselheiro relator da matéria no Conselho Pleno quando verificar presentes os pressupostos de admissibilidade.

Os processos poderão ser preliminarmente submetidos pelo Presidente do CRPS ao órgão julgador que prolatou o acórdão infringente, para facultar-lhe a revisão de ofício.

O resultado do julgamento da Reclamação pelo Conselho Pleno será objeto de notificação ao órgão julgador que prolatou o acórdão infringente.

As reuniões do Conselho Pleno serão abertas por seu Presidente, após verificada a presença de, no mínimo, metade mais um dos seus membros. O Presidente do CRPS designará o relator nos procedimentos aplicáveis ao Conselho Pleno.

Após a leitura do relatório e do voto do Conselheiro relator, será iniciado o processo de votação, no qual os conselheiros poderão:

— acompanhar o relator;

— divergir do relator;

— pedir vista dos autos.

Encerrada a votação, o Presidente do Conselho Pleno proclamará a decisão. O pedido de vista por um dos Conselheiros aproveita aos demais, que deverão apresentar seus votos, caso divirjam do relator, na sessão seguinte, sendo disponibilizadas cópias das principais peças dos autos aos Conselheiros que solicitarem.

O Presidente do CRPS proferirá seu voto nas reuniões do Conselho Pleno quando for necessário o desempate e quando for o propositor da uniformização em tese da jurisprudência.

Quando a decisão do Conselho Pleno for editada em forma de Resolução para o caso concreto será exigida a maioria simples.

2. *Processo administrativo previdenciário das entidades fechadas da Previdência Complementar*

O Decreto n. 4.942 trata do processo administrativo das entidades fechadas da previdência complementar. O art. 2º desse decreto destaca:

Art. 2º O processo administrativo tratado neste Decreto é o instrumento destinado a apurar responsabilidade de pessoa física ou jurídica, por ação ou omissão, no exercício de suas atribuições ou competências, e terá início com a lavratura do auto de infração ou a instauração do inquérito administrativo.

Parágrafo único. O inquérito administrativo decorrerá da decretação de intervenção ou liquidação extrajudicial, nos termos do art. 61 da Lei Complementar n. 109, de 29 de maio de 2001, do oferecimento de denúncia e representação, bem como de atividade de fiscalização levada a efeito pela Secretaria de Previdência Complementar.

Importante consignar que os processos administrativos que cabiam ao Conselho de Gestão de Previdência Complementar e a Secretaria de Previdência Complementar foram transferidos para a CRPC e a PREVIC, respectivamente. O art. 53, § 2º, da Lei n. 12.154/09 destaca:

Art. 53. [...]

§ 2º Os processos administrativos em tramitação no Conselho de Gestão da Previdência Complementar e na Secretaria de Previdência Complementar do Ministério da Previdência Social, respeitadas as competências mantidas no âmbito das unidades do referido Ministério, serão transferidos para a Câmara de Recursos da Previdência Complementar e para a Previc, respectivamente.

O auto de infração é o documento destinado ao registro de ocorrência de infração praticada no âmbito do regime da previdência complementar, operado pelas entidades fechadas de previdência complementar. Em uma mesma atividade de fiscalização, serão lavrados tantos autos de infração quantas forem as infrações cometidas. O art. 4º do Decreto n. 4.942/03 destaca:

Art. 4º O auto de infração conterá os seguintes requisitos:

I — local e data de sua lavratura;

II — identificação do autuado;

III — descrição sumária da infração;

IV — os fundamentos legais da autuação e das circunstâncias em que foi praticada;

V — identificação da autoridade autuante com cargo ou função, número de matrícula e assinatura; e

VI — prazo e local para apresentação da defesa.

O auto de infração será emitido em tantas vias quantas necessárias, sendo uma destinada à instauração do processo administrativo, uma à notificação de cada autuado e outra à entidade fechada de previdência complementar. O art. 6º do Decreto n. 4.942/03 destaca a forma de realização da notificação. Vejamos:

Art. 6º A notificação realizar-se-á:

I — por via postal, comprovando-se sua entrega pelo aviso de recebimento ou documento similar com mesma finalidade, emitido pelo serviço postal;

II — mediante ciência do autuado ou do seu representante legal, efetivada por servidor designado, ou, no caso de recusa, de aposição de assinatura em declaração expressa de quem proceder à notificação; ou

III — por edital, publicado uma única vez no Diário Oficial da União, se frustradas as tentativas de notificação por via postal e pessoal, ou pela constatação de estar o autuado em lugar incerto ou ignorado, devendo constar do edital o termo inicial para contagem do prazo para apresentação da defesa.

§ 1º Se o autuado tomar ciência do auto de infração antes de receber a notificação, o prazo para a apresentação da defesa será contado a partir da referida ciência.

§ 2º A entrega do auto de infração a procurador exige juntada de procuração com poderes para receber notificação, podendo ser a cópia desta autenticada pelo servidor à vista do original.

Observação: O auto de infração será lavrado decorrente do não atendimento de requisição de documentos ou de informação formalizada pela Secretaria de Previdência Complementar, ou ainda por sua apresentação deficiente ou incompleta.

A requisição prevista no *caput* deverá ser formulada por escrito, com antecedência de, pelo menos, três dias úteis.

O autuado poderá apresentar defesa à Previc, no prazo de quinze dias, contado da data do recebimento da notificação, indicando:

— a autoridade a quem é dirigida;

— a qualificação do autuado;

— os motivos, de fato e de direito, que sustentam a defesa; e

— todas as provas que pretende produzir de forma justificada, inclusive o rol de eventuais testemunhas.

Para cada auto de infração poderá ser apresentada defesa em conjunto ou separadamente, se forem dois ou mais os autuados. A defesa apresentada fora do prazo não será conhecida.

Compete à Diretoria Colegiada da Previc julgar o auto de infração. O art. 7º da Lei n. 12.154/09 destaca:

Art. 7º Sem prejuízo de outras atribuições previstas em regimento interno, compete à Diretoria Colegiada da Previc:

I — apresentar propostas e oferecer informações ao Ministério da Previdência Social para a formulação das políticas e a regulação do regime de previdência complementar operado por entidades fechadas de previdência complementar;

II — aprovar os critérios e as diretrizes do programa anual de fiscalização no âmbito do regime operado por entidades fechadas de previdência complementar;

III — decidir sobre a conclusão dos relatórios finais dos processos administrativos, iniciados por lavratura de auto de infração ou instauração de inquérito, com a finalidade de apurar responsabilidade de pessoa física ou jurídica, e sobre a aplicação das penalidades cabíveis.

A decisão-notificação é o documento pelo qual se dá ciência ao autuado do resultado do julgamento do auto de infração. Integra a decisão-notificação o relatório contendo resumo dos fatos apurados, a análise da defesa e das provas produzidas. O autuado tomará ciência da decisão-notificação.

A decisão da Diretoria Colegiada da Previc é passível de recurso ao CRPC, com efeito suspensivo, no prazo de quinze dias, contado do recebimento da decisão-notificação. O recurso, dirigido ao CRPC, será protocolado na Previc.

O recurso poderá ser remetido à Previc por via postal, com aviso de recebimento, considerando-se como data da sua interposição a data da respectiva postagem. É facultada à Diretoria Colegiada da Previc reconsiderar motivadamente sua decisão, no prazo de quinze dias, contado do recebimento do recurso. Dessa reconsideração cabe recurso de ofício.

O recurso voluntário, na hipótese de penalidade de multa, somente será conhecido se for comprovado pelo recorrente, no ato de interposição do recurso, o depósito antecipado de trinta por cento do valor da multa aplicada. O depósito efetuado por um dos autuados não aproveita aos demais. Não será conhecido o recurso interposto intempestivamente.

Observação: Será objeto de recurso de ofício a decisão que anular ou cancelar o auto de infração.

Após o julgamento do recurso pelo CRPC, o processo administrativo será devolvido à Previc para as providências cabíveis. A decisão do julgamento do recurso pelo CRPC será publicada no *Diário Oficial da União*. Não cabe recurso contra decisão do CRPC.

O suporte administrativo ao Conselho de Gestão da Previdência Complementar, como órgão recursal, caberá à Previc.

Observação: É definitiva a decisão proferida contra a qual não caiba mais recurso.

Importante consignar que o CRPC(4) é um órgão colegiado, que aprecia e julga os recursos interpostos contra decisões da Diretoria Colegiada da Superintendência Nacional de Previdência Complementar (Previc) referentes a autos de infração e aos lançamentos tributários da Taxa de Fiscalização e Controle da Previdência Complementar (Tafic).

Os arts. 1º e 2º da Portaria MPS n. 282/11 destacam:

Art. 1º A Câmara de Recursos da Previdência Complementar — CRPC, colegiado integrante da estrutura do Ministério da Previdência Social, com sede em Brasília, Distrito Federal, criada nos termos do art. 15 da Lei n. 12.154, de 23 de dezembro de 2009, é órgão recursal das decisões de que trata o art. 2º deste Regimento, cujo pronunciamento encerra a instância administrativa.

Parágrafo único. A CRPC poderá realizar sessão, inclusive de julgamento, em localidades diversas de sua sede, mediante convocação promovida por ato de seu Presidente, sem prejuízo da intimação das partes interessadas, quando for o caso.

Art. 2º Compete à CRPC apreciar e julgar, em última instância:

I — recurso interposto contra decisão proferida pela Diretoria Colegiada da Superintendência Nacional de Previdência Complementar — Previc, sobre as conclusões dos relatórios finais dos processos administrativos iniciados por lavratura de auto de infração ou instauração de comissão de inquérito, que concluir pela responsabilidade de pessoa física ou jurídica, ou aplicar quaisquer das penalidades cabíveis;

II — recursos interpostos contra decisão proferida pela Diretoria Colegiada da Superintendência Nacional de Previdência Complementar — Previc que mantiver o lançamento tributário da Taxa de Fiscalização e Controle da Previdência Complementar — Tafic;

III — reexame necessário da decisão proferida pela Diretoria Colegiada da Superintendência Nacional de Previdência Complementar — Previc que anular ou considerar improcedente o auto de infração, inclusive, a decisão decorrente do juízo de retratação; e

(4) Disponível em: <http://www.previdencia.gov.br/conheca-a-crpc/>. Acesso em: 14.1.2015.

IV — os Embargos de Declaração e os Pedidos de Revisão formulados de acordo com o disposto no art. 65 da Lei n. 9.784, de 29 de janeiro de 1999, interpostos em face de suas decisões.

As decisões proferidas pela CRPC poderão ser as seguintes:

— conversão em diligência:

Obs.: o julgamento convertido em diligência terá prosseguimento na sessão ordinária subsequente ao cumprimento da diligência, respeitada a disponibilidade de pauta. O art. 46 do regimento interno do CRPC destaca:

Art. 46. As diligências poderão ser requisitadas:

I — pelo relator, independentemente de decisão colegiada, sob a forma de diligência preliminar, sem antecipar tendência sobre seu voto; ou

II — por decisão colegiada, tomada durante a sessão, que converte o julgamento em diligência.

§ 1º As diligências destinam-se à complementação da instrução probatória, saneamento de falha processual ou cumprimento da legislação aplicável.

§ 2º É de trinta dias, prorrogáveis por mais trinta dias, o prazo para que a Previc restitua os autos à CRPC com a diligência integralmente cumprida.

§ 3º Quando a diligência for requisitada pelo relator, caberá a este informar de tal decisão o Presidente do colegiado, inclusive para os fins da prorrogação prevista neste Regimento.

§ 4º Em qualquer caso, cumprida a diligência, o processo será incluído na primeira sessão ordinária com pauta disponível.

— não conhecimento do recurso:

Obs.: o art. 35 do regimento interno do CRPC destaca as razões para não conhecimento do recurso. Vejamos:

Art. 35. Constituem razões de não conhecimento do recurso:

I — a intempestividade;

II — a ilegitimidade do recorrente;

III — o não cabimento do recurso;

IV — a desistência voluntária manifestada por escrito pelo interessado ou seu procurador; e

V — a perda do objeto do recurso:

— <u>conhecimento e não provimento;</u>

— <u>conhecimento e provimento parcial;</u>

— <u>conhecimento e provimento;</u>

— <u>anulação total ou parcial do processo</u>.

Realizado o julgamento e dada ciência da decisão aos recorrentes, o processo será devolvido à Previc para providências referentes ao cumprimento da decisão.

A ciência aos interessados será dada exclusivamente mediante a publicação resumida da decisão proferida pela CRPC no *Diário Oficial da União*, com referência, no mínimo, da indicação do número do processo, nome dos interessados, dos seus procuradores, se houver, ementa e o resultado do julgamento.

A publicação do resultado do julgamento será encaminhada ao *Diário Oficial da União* no prazo de até 10 dias úteis após a data da sessão de julgamento, excluído o dia do julgamento, exceto motivo justificado.

Na publicação das decisões da CRPC, será observado o segredo de identidade dos autuados ou investigados, quando necessário.

O art. 37 do regimento interno do CRPC trata dos impedimentos. Vejamos:

> Art. 37. Considera-se impedido de participar do julgamento o membro da CRPC, titular ou suplente, que:
>
> I — tenha se antecipado, publicamente, sobre o mérito do processo em julgamento, excluindo-se dessa restrição a manifestação em tese, seja em exposição oral, em trabalho acadêmico ou técnico;
>
> II — tenha participado do processo ou de seu julgamento no âmbito da Previc;
>
> III — tiver percebido, nos cinco anos anteriores à lavratura do auto de infração, remuneração ou vantagem paga pelo recorrente ou por pessoa física ou jurídica que preste assistência técnica ou jurídica ao recorrente, em caráter eventual ou permanente, qualquer que seja a razão ou título da percepção; ou
>
> IV — tenha ou possa ter interesse pessoal, direto ou indireto, no o do recurso.
>
> § 1º O impedimento deverá ser declarado pelo próprio membro ou poderá ser alegado pela parte interessada, cabendo ao arguido, neste último caso, pronunciar-se sobre a alegação.
>
> § 2º Caso o arguido não reconheça a procedência da alegação, será esta submetida à deliberação da CRPC, da qual não participará o arguido.
>
> § 3º O impedimento relativo ao titular estende-se ao suplente e vice-versa.
>
> § 4º No caso de impedimento do relator, o processo será redistribuído na mesma sessão.

Podem ser julgados conjuntamente os recursos que versarem sobre a mesma matéria principal, ainda que apresentem peculiaridades, inclusive de interessados diversos. Se houver mais de um relator, os relatórios serão apresentados sucessivamente, antes dos debates orais e do julgamento conjunto.

Obs.: o art. 43 do regimento interno do CRPC destaca uma regra essencial:

> Art. 43. É vedado aos membros da CRPC afastar a aplicação, por inconstitucionalidade ou ilegalidade, de tratado ou acordo internacional, lei, decreto ou resolução, ressalvados os casos em que:
>
> I — houver Súmula Vinculante publicada a respeito;
>
> II — já tenha sido declarada a inconstitucionalidade da norma pelo Supremo Tribunal Federal, em controle concentrado, após a publicação da decisão, ou pela via incidental, após a publicação da resolução do Senado Federal que suspender a execução do ato normativo; ou
>
> III — houver parecer do Advogado-Geral da União aprovado pelo Presidente da República, na forma do art. 40 da Lei Complementar n. 73, de 10 de fevereiro de 1993.

Constarão dos autos do processo o relatório, os votos e a decisão final, deles sendo cientificados os interessados mediante publicação no *Diário Oficial da União*. Deverão constar dos autos o voto divergente vencido e eventuais declarações de voto, ainda que extraído da ata de julgamento.

3. Processo administrativo das entidades abertas de Previdência Complementar

A resolução do Conselho Nacional de Seguros Privados n. 243/11 trata das sanções administrativas aplicáveis às pessoas naturais ou jurídicas por infrações relativas à legislação concernentes à previdência complementar aberta. Vejamos especificamente cada etapa desse processo administrativo.

A prática das infrações relativas à legislação concernentes à previdência complementar aberta sujeitará a pessoa natural ou jurídica responsável às seguintes sanções administrativas:

a) advertência;

b) multa de R$ 5.000,00 a R$ 1.000.000,00;

c) multa no valor igual à importância segurada ou ressegurada, no caso das operações de seguro, cosseguro ou resseguro sem autorização;

d) suspensão do exercício de atividade ou profissão abrangida por essa Resolução, pelo prazo de trinta dias até cento e oitenta dias;

e) inabilitação para o exercício de cargo ou função no serviço público ou em empresa pública, sociedades de economia mista e respectivas subsidiárias, entidades de previdência complementar, sociedade de capitalização, instituições financeiras, sociedades seguradoras e resseguradoras, pelo prazo de dois a dez anos;

f) cancelamento de registro de corretor de seguros, pessoa natural ou jurídica.

Ao corretor de seguros, pessoa natural ou jurídica, são aplicáveis as penalidades citados, sem prejuízo daquelas estabelecidas no âmbito da autorregulação.

> **Observação**: Considera-se infração continuada aquela em que o agente, mediante mais de uma ação ou omissão, pratica duas ou mais infrações da mesma espécie e, pelas condições de tempo, lugar, maneira de execução e outras semelhanças, devam as subsequentes ser havidas como continuação da primeira, para efeito de aplicação da pena. Configurada a natureza de continuidade das infrações, será aplicada a pena de uma só das infrações, se idênticas, ou a mais grave, se diversas, aumentada, em qualquer caso, de um sexto a dois terços.

As sanções previstas anteriormente poderão, sempre que couber e de forma fundamentada, ser aplicadas cumulativamente.

> **Observação**: Não há infração quando o descumprimento de norma ocorrer por motivo de caso fortuito ou força maior devidamente comprovado.

Não comprovado o dolo, o órgão encarregado pelo julgamento dos processos sancionadores no âmbito da SUSEP, considerando a gravidade da infração e os antecedentes do infrator, poderá deixar de aplicar sanção prevista nessa Resolução quando, a seu juízo, concluir que uma recomendação ao agente supervisionado seja suficiente ao atendimento dos objetivos da regulação setorial, hipótese na qual dará ciência ao órgão que instaurou o procedimento apuratório.

Observação: É facultado ao interessado pagar a multa com desconto de até 25%, com redução limitada à pena mínima prevista nessa Resolução para a respectiva infração, desde que renuncie ao direito de recorrer e efetue o pagamento dentro do prazo de 30 dias, contados da intimação da decisão condenatória.

O não pagamento da multa citada acarretará a inscrição do correspondente crédito na Dívida Ativa da SUSEP e no Cadastro de Inadimplentes (CADIN), sempre juízo de sua inscrição nos demais cadastros de inadimplentes.

Verifica-se a reincidência quando o infrator comete nova infração, da mesma natureza, no período de três anos subsequente à decisão condenatória administrativa definitiva. Em caso de reincidência, a multa será agravada até o dobro.

A punibilidade será extinta nas seguintes causas:

a) pela morte do infrator;

b) pela prescrição administrativa;

c) pela retroatividade de lei que deixe de considerar determinada conduta como infração.

d) prescreve em cinco anos, contados da data da prática do ato ou, no caso de infração permanente ou continuada, do dia em que houver cessado, a ação punitiva objetivando apurar infração à legislação.

Observação: Incide a prescrição no procedimento administrativo paralisado por mais de três anos, pendente de julgamento ou despacho, cujos autos serão arquivados de ofício ou mediante requerimento da parte interessada, sem prejuízo da apuração da responsabilidade funcional decorrente da paralisação, se for o caso.

A prescrição é interrompida nos seguintes casos:

a) pela intimação do acusado, inclusive por meio de edital;

b) por qualquer ato inequívoco que importe apuração do fato;

c) pela decisão condenatória recorrível;

d) por qualquer ato inequívoco que importe em manifestação expressa de tentativa de solução conciliatória no âmbito interno da administração pública federal.

Considera-se infração permanente aquela cuja execução se prolonga no tempo, terminando somente quando cessa a conduta descrita no tipo sancionador.

A SUSEP observará, na condução do processo administrativo sancionador, aos princípios da legalidade, do devido processo legal, da razoabilidade, da proporcionalidade, da ampla defesa, do contraditório, da segurança jurídica, da economia processual, da motivação e da eficiência.

O inquérito administrativo é o procedimento que tem por objeto a apuração da materialidade, da autoria e da responsabilidade por infrações administrativas.

Os indícios de infração serão apurados por meio de inquérito administrativo sempre que não houver elementos conclusivos sobre sua materialidade ou autoria, sem prejuízo da utilização de procedimento especial destinado ao atendimento do consumidor.

O inquérito administrativo tem origem na denúncia, na atividade de controle e fiscalização para apuração da conduta irregular da pessoa natural ou jurídica ou na decretação de intervenção ou de liquidação extrajudicial pela SUSEP.

O processo inicia-se com:

a) o auto de infração;

b) a denúncia;

c) a representação.

Será lavrado auto de infração quando constatada a existência de provas de materialidade e autoria de infração administrativa durante as atividades de fiscalização.

A lavratura do auto de infração incumbe, privativamente, aos servidores que tenham competência para as atividades de fiscalização *in loco.*

O auto de infração, sempre que possível, conterá os seguintes elementos:

— a qualificação do autuado e, sendo o caso, do responsável solidário;

— o local, a data e a hora da lavratura;

— a descrição circunstanciada do fato punível;

— o dispositivo legal ou infralegal infringido;

— a ocorrência de quaisquer circunstâncias que possam afetar na dosimetria e na fixação da pena;

— o local para vista dos autos;

— a intimação do autuado e, sendo o caso, do responsável solidário, para, querendo, a apresentar defesa e o prazo correspondente, com a informação sobre a continuidade do processo, independentemente de resposta;

— a assinatura do autuado e, sendo o caso, do responsável solidário,

— de seu representante legal ou de seu preposto; e

— a assinatura do autuante, a indicação do seu nome por extenso, cargo ou função e número da matrícula.

Havendo recusa em assinar o auto de infração, o autuante certificará o fato, presumindo-se verdadeiro o que fizer constar.

O autuante ficará responsável pelas declarações que fizer no auto de infração, sendo passível de punição, por falta grave, se for verificada a inserção de declaração falsa ou se for omitido dolosamente informação relevante.

Para infrações de natureza diversa poderão ser lavrados um ou mais autos de infração.

Quando os ilícitos decorrerem do mesmo fato e a sua comprovação depender dos mesmos elementos de convicção, será lavrado apenas um auto de infração.

Quando, no curso do processo, for constatada a existência de outra infração, decorrente do mesmo fato que deu origem à primeira e cuja comprovação dependa dos mesmos elementos de convicção, será lavrado outro auto de infração.

O auto de infração será impresso, numerado em série, preenchido de forma clara, precisa, sem entrelinhas ou rasuras, e composto de três vias, sendo uma delas entregue ao autuado por ocasião da lavratura:

Havendo apreensão de documentos, o autuante lavrará auto de apreensão, que deverá conter os seguintes elementos:

— a qualificação do autuado;

— o local, a data e a hora da lavratura;

— as razões e os fundamentos da apreensão;

— a quantidade e a descrição dos documentos, de modo que possam ser identificados;

— a indicação do local em que ficarão depositados os documentos apreendidos;

— o recibo e o número do auto de infração;

— a assinatura do autuado, seu representante legal ou de seu preposto; e

— a assinatura do autuante, a indicação do seu nome por extenso, cargo ou função e número da matrícula, ressalvada a hipótese de demissão por processo eletrônico;

Parágrafo único. Havendo recusa em assinar o auto de apreensão, o autuante certificará o fato, presumindo.

— se verdadeiro o que fizer constar.

Observação: O auto de apreensão será lavrado em três vias, que terão destino idêntico ao das vias do auto de infração.

Compete ao órgão da SUSEP responsável pela análise dos indícios de irregularidade determinar, quando necessário, a instauração de inquérito.

O ato que instaurar o inquérito deverá delimitar o objeto e o prazo para a conclusão dos trabalhos, podendo ser prorrogado.

Os casos envolvendo denúncia de consumidor poderão ter rito especial, conforme disposto em regulamentação da SUSEP ou do CNSP.

O órgão da SUSEP responsável pela análise dos indícios de irregularidade, sempre que constatar a existência de provas de materialidade e de autoria de infração administrativa, deverá instaurar processo administrativo sancionador, mediante apresentação de relatório de acusação que contenha, se possível, os seguintes elementos:

a) nome e qualificação dos acusados;

b) a descrição circunstanciada do fato punível;

c) narrativa dos fatos investigados que demonstre a materialidade das infrações apuradas;

d) análise de autoria e da responsabilidade solidária pela infração apurada;

e) o dispositivo legal ou infralegal infringido;

f) os documentos ou outros elementos de prova em que se baseie;

g) a ocorrência de quaisquer circunstâncias que possam afetar na dosimetria e na fixação da pena;

h) a existência de alguma causa extintiva da punibilidade.

O inquérito administrativo será arquivado sempre que:

— não houver infração administrativa;

— não houver provas suficientes para formular a acusação;

— se a ocorrência de alguma causa extintiva da punibilidade.

O arquivamento deverá ser imediatamente comunicado ao órgão técnico da SUSEP que propôs a instauração do inquérito, o qual poderá se pronunciar acrescentando, quando for o caso, novos elementos de prova.

Na hipótese de surgimento de novas provas ou de documentos antes desconhecidos, a autoridade competente poderá, a pedido do interessado ou de ofício, por meio de despacho fundamentado, desarquivar o inquérito administrativo e dar continuidade à atividade de apuração de materialidade e autoria de ilícito administrativo.

O processo administrativo sancionador tem por objeto o julgamento e, sendo o caso, a aplicação de sanções administrativas por infração a dispositivos legais ou infralegais disciplinadores das atividades de seguro, cosseguro, resseguro, retrocessão, previdência complementar aberta, capitalização, auditoria independente e corretagem de seguros, incluindo-se infrações praticadas pelas entidades autorreguladoras do mercado de corretagem.

Na prática dos atos processuais serão observados o princípio da celeridade e da economia processual, não se formulando exigências que não as estritamente necessárias à elucidação dos fatos. Quando existirem alternativas para a prática de ato processual ou para o cumprimento de exigência, será preferida a menos onerosa para o interessado.

Os atos e termos processuais deverão conter somente o indispensável a sua finalidade, sem espaços em branco e sem entrelinhas, rasuras ou emendas não ressalvadas.

Qualquer pessoa poderá denunciar suposta infração a dispositivos legais ou infralegais disciplinadores das atividades de seguro, cosseguro, resseguro, retrocessão, previdência complementar aberta, capitalização, auditoria independente, corretagem de seguros e de autorregulação do mercado de corretagem.

Recebida a denúncia, a SUSEP atuará visando a proteção dos direitos dos consumidores, zelando pela transparência e integridade das relações contratuais e estimulando ações e procedimentos de combate à fraude.

A denúncia conterá, sempre que possível, os seguintes elementos:

— a qualificação do denunciante ou de quem o represente e seus dados para contato;

— a indicação, com a maior precisão possível, do infrator, dos fatos e da infração cometida;

— os elementos de prova em que o denunciante se baseie;

— o endereço do denunciante ou outro local para recebimento de intimação;

— a data da denúncia;

— a assinatura do denunciante ou de quem o represente;

— no caso de denúncias feitas por consumidores, os documentos listados em norma editada pela SUSEP;

— a ocorrência de quaisquer circunstâncias que possam afetar na dosimetria e na fixação da pena;

— a assinatura do servidor, a indicação do seu nome por extenso, cargo ou função e o número da matrícula.

A denúncia poderá ser feita verbalmente, hipótese em que será reduzida a termo pelo setor competente.

Serão admitidas todas as espécies de prova permitidas em direito. Somente poderão ser recusadas as provas requeridas ou apresentadas pelos interessados quando forem ilícitas, manifestamente impertinentes, desnecessárias ou protelatórias.

Serão desconsiderados ou indeferidos os protestos genéricos por provas, os requerimentos lacônicos, os desprovidos de amparo legal e aqueles sem conexão com os fatos articulados nos autos.

A recusa e a desconsideração de provas serão justificadas nos autos, por meio de termo fundamentado em que sejam apontadas, explicitamente, as razões desses atos.

As declarações constantes dos autos, termos e demais escritos firmados pelo servidor gozam de presunção de veracidade e legitimidade, até prova em contrário.

Os inquéritos administrativos e os processos administrativos sancionadores, após serem devidamente instaurados, serão encaminhados ao órgão responsável pela instrução desses processos na SUSEP.

As atividades de instrução destinadas a averiguar e comprovar os dados necessários à tomada de decisão serão realizadas de ofício, sem prejuízo do direito dos interessados de propor atuações probatórias. O setor responsável fará constar dos autos os dados necessários à decisão do processo.

Cabe ao interessado a prova dos fatos que tenha alegado, sem prejuízo do dever do setor responsável de prover a adequada instrução do processo. Se a prova da qual dependa o julgamento do feito não for produzida pelo interessado e não for suscetível de ser produzida pela SUSEP, o objeto do processo será arquivado, sem julgamento do mérito

Quando o interessado demonstrar que fatos e dados imprescindíveis para o deslinde da controvérsia estão registrados em documentos existentes na própria SUSEP, o setor responsável pela instrução do processo promoverá, de ofício, a obtenção dos documentos ou das respectivas cópias.

Na fase de instrução e antes da tomada de decisão, os interessados poderão juntar documentos e pareceres e, fundamentadamente, requerer diligências, bem como aduzir alegações referentes à matéria objeto do processo.

Sempre que um dos interessados requerer a juntada de documentos ou pareceres, a SUSEP intimará os demais para, querendo, se manifestarem em dez dias.

Os elementos probatórios deverão ser considerados na motivação do relatório e da decisão.

Quando for necessária a prestação de informações ou a apresentação de provas pelos interessados, serão expedidas intimações para esse fim, mencionando-se data, prazo, forma e condições de atendimento.

Não sendo atendida a intimação, o setor responsável poderá, se entender relevante a matéria, suprir a omissão, de ofício, não se eximindo as autoridades competentes de proferir decisão.

Efetuada a intimação na primeira instância, começa a fluir o prazo para a apresentação de defesa, a ser apresentada por escrito e dirigida ao órgão da SUSEP responsável pelo julgamento do processo administrativo sancionador.

A manifestação deve ser instruída com os documentos em que se fundamente e firmada pelo interessado, seu representante legal ou mandatário com poderes expressos.

O prazo para apresentação de defesa será de trinta dias, contados da data do recebimento da intimação, da ciência nos autos ou da publicação do edital.

Na fluência do prazo para apresentação de defesa, é facultado o exame, a vista ou a extração de cópias de peças dos autos, na forma da legislação, durante o expediente normal, no local designado na intimação.

Decorrido o prazo para apresentação de defesa, com ou sem manifestação do interessado, o servidor responsável pela instrução do processo elaborará relatório circunstanciado.

O servidor responsável pela instrução poderá, antes de elaborar relatório, solicitar audiência ou manifestação do setor técnico cuja área de atuação seja afeta aos indícios da irregularidade de que trata o processo.

Havendo orientação jurídica anterior sobre a questão debatida no processo, firmada em parecer da Procuradoria Federal junto à SUSEP e Acatada pelo Conselho Diretor da SUSEP como parecer de orientação, que deverá ser citado e juntado por cópia, os autos serão encaminhados para decisão do órgão responsável pelo julgamento.

Inexistindo parecer de orientação, os autos serão remetidos à Procuradoria Federal junto à SUSEP para análise jurídica.

Após sua manifestação, a Procuradoria encaminhará os autos ao órgão responsável pelo julgamento do processo.

No caso de diligência que exija nova manifestação dos interessados, estes serão intimados para produzi-la no prazo de dez dias.

A decisão de primeira instância deverá conter:

— o relatório do processo;

— os fundamentos de fato e de direito;

— a conclusão, com as disposições legais em que se baseia;

— as sanções administrativas impostas, se for o caso, expondo as circunstâncias consideradas para dosimetria e fixação da pena; e

— a determinação para cumprimento de obrigações contratuais, se for o caso, com fixação do respectivo prazo.

Ficam sujeitas à confirmação pelo Conselho Diretor da SUSEP, independentemente de nova intimação do interessado, as decisões que resultem nas seguintes sanções:

— multa igual ou superior a R$ 200.000,00;

— suspensão do exercício de atividade ou profissão;

— suspensão para atuação em um ou mais ramos de seguro ou resseguro, por um período máximo de três anos;

— inabilitação para o exercício de cargo ou função;

— cancelamento de registro;

— cassação da autorização para operação ou funcionamento.

Os processos serão relatados pelo diretor de fiscalização, o qual terá prazo de 30 dias para elaborar o relatório e emitir voto, admitida a prorrogação justificada por igual período.

A apresentação prévia do relatório e do voto dispensa exposição oral quando não houver dúvida ou divergência no âmbito do Conselho Diretor.

O relator ou o Conselho Diretor poderá, a qualquer momento, deliberar pela realização de diligências.

É facultado a qualquer integrante do Conselho Diretor e a Procuradoria Federal junto à SUSEP, após o voto do relator, pedir vista dos autos.

A vista dos autos, pelo tempo fixado pelo Superintendente, suspende o julgamento do processo.

Concluída a votação, os demais integrantes do Conselho Diretor da SUSEP poderão fundamentar seus votos por escrito no prazo de cinco dias.

Proferida a decisão e, sendo o caso, após a sua confirmação pelo Conselho Diretor, o interessado dela será intimado.

Em caso de decisão que comine sanção pecuniária, deverá ser anexada à intimação a Guia de Recolhimento da União (GRU), previamente preenchida, para pagamento em rede bancária do respectivo valor.

Os processos administrativos sancionadores tramitarão:

— em primeira instância no âmbito da SUSEP;

— em segunda e última instância, no âmbito do Conselho de Recursos do Sistema Nacional de Seguros Privados, de Previdência Privada Aberta e de Capitalização — CRSNSP.

A decisão de primeira instância é passível de recurso, total ou parcial, ao CRSNSP, no prazo de 30 dias, contados da ciência efetiva ou da divulgação oficial da decisão recorrida.

O recurso será dirigido à autoridade que proferiu a decisão, que, se não a reconsiderar no prazo de cinco dias, o encaminhará à instância superior.

O recurso será recebido e apreciado com efeito suspensivo, nos limites do pedido.

Caso o interessado apresente novos elementos probatórios, a SUSEP reapreciará a matéria

O órgão competente para decidir o recurso poderá confirmar, modificar ou anular, total ou parcialmente, a decisão recorrida, nos limites do pedido formulado no recurso.

Os processos administrativos de que resultem sanções poderão ser revistos, a qualquer tempo, a pedido ou de ofício, quando surgirem fatos novos ou circunstâncias relevantes suscetíveis de justificar a inadequação da sanção aplicada. Da revisão do processo não poderá resultar agravamento da sanção.

São definitivas as decisões:

— de primeira instância, quando expirado o prazo para o recurso, sem que este tenha sido interposto;

— de segunda e última instância.

São também definitivas as decisões na parte que não tenha sido objeto de recurso.

Neste momento vamos estudar o processo administrativo no CRSNSP de acordo com o Decreto n. 2.824/98. Primeiramente, consigna-se que o recurso será interposto pela parte, em petição dirigida ao Presidente do Conselho e apresentada perante o órgão ou entidade que houver aplicado a penalidade. O prazo para interposição de recurso, sem efeito suspensivo, será de quinze dias.

O recurso, juntado ao processo respectivo, será encaminhado ao Conselho, no prazo de cinco dias, sob pena de responsabilidade do dirigente do órgão ou da entidade recorridos.

Autuado e numerado o recurso e antes de sua distribuição, os autos serão encaminhados ao Procurador da Fazenda Nacional, que terá o prazo de vinte dias para requerer diligências e esclarecimentos necessários à sua completa instrução, bem assim para oferecer razões.

Os autos serão ordinariamente distribuídos na ordem cronológica de seu ingresso no Conselho. Os autos a distribuir serão sorteados, em sessão, a um relator e a um revisor.

A ausência do Conselheiro não impede que lhe sejam distribuídos autos mediante sorteio. Não poderá ser relator membro do Conselho que houver sido indicado representante do órgão ou da entidade recorridos.

O relator e o revisor terão o prazo de vinte dias para, sucessivamente, elaborar o relatório e proceder à revisão, podendo, nesse prazo, solicitar a realização de diligências.

Dentro do período estabelecido no parágrafo anterior, o Conselheiro poderá declarar seu impedimento ou suspeição, sendo que, na primeira hipótese, deverá declinar o motivo.

Se o Procurador da Fazenda Nacional houver requerido diligência, esta somente será cumprida depois de sorteados o relator e o revisor, que poderão solicitar outros esclarecimentos, no prazo, respectivamente de dez e cinco dias.

Cumprida a diligência, serão os autos encaminhados ao Procurador da Fazenda Nacional, ao relator e ao revisor, que, no prazo de quinze dias, para cada um, deverão devolvê-los à Secretaria para serem conclusos ao Presidente.

O art. 19 do Regimento interno do CRSNSP destaca a sequência dos trabalhos:

Art. 19. Será observada a seguinte ordem nos trabalhos:

I — verificação de *quorum* regimental;

II — leitura, discussão e aprovação de ata da sessão anterior;

III — expediente;

IV — distribuição dos recursos aos Conselheiros relatores e revisores;

V — análise de questões submetidas ao Conselho, pelo Presidente, por qualquer dos Conselheiros ou pelo Procurador da Fazenda Nacional;

VI — relatório, discussão e votação dos recursos constantes da pauta.

Anunciado o julgamento, o Presidente dará a palavra ao relator para leitura do relatório, finda a qual, se o recorrente ou o seu representante legal e o Procurador da Fazenda Nacional não quiserem fazer uso da palavra, far-se-á a leitura do voto. A leitura do relatório poderá ser dispensada se tiver sido anteriormente distribuída cópia aos Conselheiros e desde que não haja oposição de qualquer Conselheiro, do Procurador da Fazenda Nacional, do recorrente ou do seu representante legal.

Se o recorrente ou o seu representante legal desejar fazer sustentação oral, o Presidente, terminado o relatório, franquear-lhe-á a palavra, por quinze minutos, prorrogáveis por igual período.

O Procurador da Fazenda Nacional intervirá oralmente, por quinze minutos, prorrogáveis por igual período, após a sustentação oral do recorrente, ou da leitura do relatório, conforme o caso;

Após a manifestação do Procurador da Fazenda Nacional, o Presidente tomará o voto do relator, do revisor e dos demais, a partir do primeiro Conselheiro sentado à sua esquerda, e votará por último, anunciando, em seguida, o resultado do julgamento.

Concluída a votação, se algum dos Conselheiros desejar fundamentar seu voto, poderá fazê-lo no prazo de cinco dias, com vista dos autos na Secretaria-Executiva, passando esse voto a integrar o acórdão. A sessão de julgamento será pública.

O Presidente poderá advertir ou determinar que se retire do recinto quem, de qualquer modo, perturbar a ordem, bem como advertir o orador ou cassar-lhe a palavra, quando usada de forma inconveniente.

A decisão, em forma de acórdão, será assinada pelo relator, pelo Presidente e pelo Procurador da Fazenda Nacional, mencionados os Conselheiros presentes e, quando for o caso, especificando os vencidos, impedidos e suspeitos.

O resumo da ata de cada sessão será publicado no Diário Oficial da União, destacando o nome dos interessados, o número dos autos sorteados e dos submetidos a julgamento, a decisão e outros fatos relevantes.

O recorrente pode desistir do recurso em andamento no Conselho, contanto que se manifeste neste sentido, por escrito, em petição que deverá ser entregue ao Presidente do Conselho ou à Secretaria Executiva antes de iniciado o julgamento do recurso. A desistência será manifestada em petição ou termo no processo ou reconhecida tacitamente, se a parte ingressar em juízo ou pagar o débito. Existindo contradição entre a decisão e os fundamentos, ou omissão no acórdão, qualquer Conselheiro, o Procurador da Fazenda Nacional, a parte ou a autoridade encarregada da execução poderá requerer ao Presidente que a elimine ou a esclareça.

O despacho do Presidente será definitivo se declarar que inexiste contradição ou omissão, sendo submetido à deliberação do Conselho em caso contrário. Os erros e inexatidões materiais existentes na decisão serão corrigidos mediante requerimento da autoridade incumbida da execução do acórdão, do Procurador da Fazenda Nacional, de Conselheiro ou do recorrente. Será rejeitado, de plano, por despacho do Presidente, o requerimento que não demonstrar, com precisão, a inexatidão ou erro.

Findo o julgamento, os autos serão remetidos ao órgão de origem, para implementação da decisão proferida pelo Conselho.

4. Processo administrativo das contribuições previdenciárias

O processo administrativo das contribuições previdenciárias é realizado na Receita Federal. O art. 3º do regimento interno do Conselho Administrativo de Recursos Fiscais (Portaria MF n. 256/09) destaca:

> Art. 3º À Segunda Seção cabe processar e julgar recursos de ofício e voluntário de decisão de primeira instância que versem sobre aplicação da legislação de:
>
> I — Imposto sobre a Renda de Pessoa Física (IRPF);
>
> II — Imposto de Renda Retido na Fonte (IRRF);
>
> III — Imposto Territorial Rural (ITR);
>
> IV — **Contribuições Previdenciárias, inclusive as instituídas a título de substituição e as devidas a terceiros, definidas no art. 3º da Lei n. 11.457, de 16 de março de 2007**; e
>
> V — penalidades pelo descumprimento de obrigações acessórias pelas pessoas físicas e jurídicas, relativamente aos tributos de que trata este artigo.

A impugnação da exigência instaura a fase litigiosa do procedimento. A impugnação, formalizada por escrito e instruída com os documentos em que se fundamentar, será apresentada ao órgão preparador no prazo de trinta dias, contados da data em que for feita a intimação da exigência. A impugnação mencionará:

— a autoridade julgadora a quem é dirigida;

— a qualificação do impugnante;

— os motivos de fato e de direito em que se fundamenta, os pontos de discordância e as razões e provas que possuir;

— as diligências, ou perícias que o impugnante pretenda sejam efetuadas, expostos os motivos que as justifiquem, com a formulação dos quesitos referentes aos exames desejados, assim como, no caso de perícia, o nome, o endereço e a qualificação profissional do seu perito;

— se a matéria impugnada foi submetida à apreciação judicial, devendo ser juntada cópia da petição.

O art. 10, V, da Lei n. 70.235/72 destaca que o prazo para impugnar a notificação é de 30 dias. Vejamos:

Art. 10. O auto de infração será lavrado por servidor competente, no local da verificação da falta, e conterá obrigatoriamente:

I — a qualificação do autuado;

II — o local, a data e a hora da lavratura;

III — a descrição do fato;

IV — a disposição legal infringida e a penalidade aplicável;

V — a determinação da exigência e a intimação para cumpri-la ou impugná-la no prazo de trinta dias.

O art. 23 da Lei n. 70.235/72 consigna as regras relativas à intimação no processo administrativo fiscal. Vejamos:

Art. 23. Far-se-á a intimação:

I — pessoal, pelo autor do procedimento ou por agente do órgão preparador, na repartição ou fora dela, provada com a assinatura do sujeito passivo, seu mandatário ou preposto, ou, no caso de recusa, com declaração escrita de quem o intimar;

II — por via postal, telegráfica ou por qualquer outro meio ou via, com prova de recebimento no domicílio tributário eleito pelo sujeito passivo;

III — por meio eletrônico, com prova de recebimento, mediante:

a) envio ao domicílio tributário do sujeito passivo; ou

b) registro em meio magnético ou equivalente utilizado pelo sujeito passivo.

§ 1º Quando resultar improfícuo um dos meios previstos no *caput* deste artigo ou quando o sujeito passivo tiver sua inscrição declarada inapta perante o cadastro fiscal, a intimação poderá ser feita por edital publicado:

I — no endereço da administração tributária na internet;

II — em dependência, franqueada ao público, do órgão encarregado da intimação; ou

III — uma única vez, em órgão da imprensa oficial local.

§ 2º Considera-se feita a intimação:

I — na data da ciência do intimado ou da declaração de quem fizer a intimação, se pessoal;

II — no caso do inciso II do *caput* deste artigo, na data do recebimento ou, se omitida, quinze dias após a data da expedição da intimação;

III — se por meio eletrônico:

a) 15 (quinze) dias contados da data registrada no comprovante de entrega no domicílio tributário do sujeito passivo;

b) na data em que o sujeito passivo efetuar consulta no endereço eletrônico a ele atribuído pela administração tributária, se ocorrida antes do prazo previsto na alínea *a*; ou

c) na data registrada no meio magnético ou equivalente utilizado pelo sujeito passivo;

IV — 15 (quinze) dias após a publicação do edital, se este for o meio utilizado.

§ 3º Os meios de intimação previstos nos incisos do *caput* deste artigo não estão sujeitos a ordem de preferência.

§ 4º Para fins de intimação, considera-se domicílio tributário do sujeito passivo:

I — o endereço postal por ele fornecido, para fins cadastrais, à administração tributária; e

II — o endereço eletrônico a ele atribuído pela administração tributária, desde que autorizado pelo sujeito passivo.

§ 5º O endereço eletrônico de que trata este artigo somente será implementado com expresso consentimento do sujeito passivo, e a administração tributária informar-lhe-á as normas e condições de sua utilização e manutenção.

§ 6º As alterações efetuadas por este artigo serão disciplinadas em ato da administração tributária.

§ 7º Os Procuradores da Fazenda Nacional serão intimados pessoalmente das decisões do Conselho de Contribuintes e da Câmara Superior de Recursos Fiscais, do Ministério da Fazenda na sessão das respectivas câmaras subsequente à formalização do acórdão. (Incluído pela Lei n. 11.457, de 2007) (Vigência)

§ 8º Se os Procuradores da Fazenda Nacional não tiverem sido intimados pessoalmente em até 40 (quarenta) dias contados da formalização do acórdão do Conselho de Contribuintes ou da Câmara Superior de Recursos Fiscais, do Ministério da Fazenda, os respectivos autos serão remetidos e entregues, mediante protocolo, à Procuradoria da Fazenda Nacional, para fins de intimação.

§ 9º Os Procuradores da Fazenda Nacional serão considerados intimados pessoalmente das decisões do Conselho de Contribuintes e da Câmara Superior de Recursos Fiscais, do Ministério da Fazenda, com o término do prazo de 30 (trinta) dias contados da data em que os respectivos autos forem entregues à Procuradoria na forma do § 8º deste artigo.

O art. 56 do Decreto n. 7.574/11 destaca:

Art. 56. A impugnação, formalizada por escrito, instruída com os documentos em que se fundamentar e apresentada em unidade da Secretaria da Receita Federal do Brasil com jurisdição sobre o domicílio tributário do sujeito passivo, bem como, remetida por via postal, no prazo de trinta dias, contados da data da ciência da intimação da exigência, instaura a fase litigiosa do procedimento.

A petição de impugnação apresentada fora do prazo (30 dias) não caracteriza impugnação, não instaura a fase litigiosa do procedimento, não suspende a exigibilidade do crédito tributário nem comporta julgamento de primeira instância.

A impugnação realizada após o prazo de 30 dias deve consignar a preliminar de tempestividade (com os motivos de ao e de direito que a fundamentam e, ainda, juntar a documentação comprobatória) para que o processo administrativo ingresse na fase litigiosa. O art. 61, *caput* e parágrafo único, inciso I, do Decreto n. 7.575/11 destaca as regras de competência relativa ao julgamento da impugnação. Vejamos:

> Art. 61. O julgamento de processos sobre a aplicação da legislação referente a tributos administrados pela Secretaria da Receita Federal do Brasil, e os relativos à exigência de direitos antidumping e direitos compensatórios, compete em primeira instância, às Delegacias da Receita Federal do Brasil de Julgamento, órgãos de deliberação interna e natureza colegiada da Secretaria da Receita Federal do Brasil (Decreto n. 70.235, de 1972, art. 25, inciso I; Lei n. 9.019, de 30 de março de 1995, art. 7º, § 5º).
>
> Parágrafo único. A competência de que trata o *caput* inclui, entre outros, o julgamento de:
>
> I — **impugnação a auto de infração e notificação de lançamento** (Decreto n. 70.235, de 1972, art. 14);
>
> II — manifestação de inconformidade do sujeito passivo em processos administrativos relativos a compensação, restituição e ressarcimento de tributos, inclusive créditos de Imposto sobre Produtos Industrializados — IPI (Lei n. 8.748, de 1993, art. 3º, inciso II; Lei n. 9.019, de 1995, art. 7º, §§ 1º e 5º); e
>
> III — impugnação ao ato declaratório de suspensão de imunidade e isenção (Lei n. 9.430, de 1996, art. 32, § 10).

Vejamos quatro situações específicas sobre o tema:

Situação n. 1: Não é apresentada a impugnação. Nesse caso, o contribuinte deve pagar o imposto. Após o pagamento ocorre a extinção do crédito tributário.

Situação n. 2: Apresentada a impugnação de forma intempestiva sem preliminar de tempestividade. Nesse caso, não fica caracterizada a impugnação. Também não é instaurada a fase litigiosa. Nessa situação deve ser declarada a revelia e iniciada a cobrança amigável. Observação: Se o contribuinte paga o tributo após a cobrança, será extinto o crédito tributário. O processo será encaminhado para cobrança executiva caso não seja pago após a cobrança.

O ato declaratório normativo Cosit n. 15, de 1996, destaca:

> expirado o prazo para impugnação da exigência, deve ser declarada a revelia e iniciada cobrança amigável, sendo que eventual petição, apresentada fora do prazo, não caracteriza impugnação, não instaura a fase litigiosa do procedimento, não suspende a exigibilidade do crédito tributário nem comporta julgamento de primeira instância, salvo se caracterizada ou suscitada a tempestividade, como preliminar.

O art. 56, § 2º, da Lei n. 7.574/11 consigna:

> Art. 56. A impugnação, formalizada por escrito, instruída com os documentos em que se fundamentar e apresentada em unidade da Secretaria da Receita Federal do Brasil com jurisdição sobre o domicílio tributário do sujeito passivo, bem como, remetida por via postal, no prazo de trinta dias, contados da data da ciência da intimação da exigência, instaura a fase litigiosa do procedimento (Decreto n. 70.235, de 1972, arts. 14 e 15).
>
> [...]

§ 2º Eventual petição, apresentada fora do prazo, não caracteriza impugnação, não instaura a fase litigiosa do procedimento, não suspende a exigibilidade do crédito tributário nem comporta julgamento de primeira instância, salvo se caracterizada ou suscitada a tempestividade, como preliminar.

Situação n. 3: Apresentada a impugnação de forma intempestiva, incluindo a preliminar de tempestividade. Nesse caso, podem ocorrer 2 hipóteses:

1ª Hipótese: O órgão julgador acata a preliminar de tempestividade. Nesse caso, o processo terá prosseguimento e será considerado tempestivo. Dessa forma, instaura-se a fase litigiosa do processo administrativo fiscal. Também fica suspensa a exigibilidade do crédito tributário. O processo é remetido para a revisão na Secretaria da Receita Federal do Brasil. O art. 1º, VIII, do Regimento Interno da Secretaria da Receita Federal do Brasil destaca:

Art. 1º A Secretaria da Receita Federal do Brasil — RFB, órgão específico singular, diretamente subordinado ao Ministro de Estado da Fazenda, tem por finalidade: (Redação dada pela Portaria MF n. 512, de 2 de outubro de 2013)

VIII — planejar, dirigir, supervisionar, orientar, coordenar e executar os serviços de fiscalização, lançamento, cobrança, arrecadação e controle dos tributos e demais receitas da União sob sua administração.

O Setor de fiscalização da Receita Federal analisa os documentos apresentados e a notificação. Se o lançamento estiver correto, será remetido à delegacia regional de julgamento para que seja proferida a decisão a partir da análise do processo. Caso o lançamento esteja errado, o processo deverá ser encaminhado para o protocolo, e também será dada ciência ao contribuinte da extinção do crédito tributário. Vejamos os ensinamentos de Roberto Fernandes Steffen(5):

> Na Delegacia da Receita Federal de Porto Alegre, está sendo usado um procedimento diferente para esse tipo de notificação. Quando acontece uma impugnação de uma Notificação Eletrônica, antes do processo ser remetido para julgamento em primeira instância, ele é encaminhado para o Setor de Fiscalização da Receita Federal (SEFIS). Lá é feita uma revisão do trabalho automático realizado pelo sistema. Somente após essa revisão, e se não houver erro no lançamento, o processo é encaminhado para julgamento. Caso o fiscal detecte alguma inconsistência, a notificação é cancelada. Isso acaba por acelerar a solução do litígio, pois não há a necessidade de que se percorra todo o rito do processual até o resultado final. Também ocorre uma diminuição dos processos remetidos às DRJs, possibilitando uma maior concentração de esforços do setor em processos onde realmente haja questões controversas a serem discutidas e não apenas um equívoco provocado por um erro no lançamento eletrônico ou no preenchimento da declaração por parte do contribuinte. Essa revisão feita pelo SEFIS também ocorre em outra situação. Quando é detectado algum erro ou indício de fraude na DIRPF, ela cai automaticamente na malha fina. Antes da emissão de qualquer notificação de lançamento, as declarações retidas em malha são analisadas pelos fiscais do SEFIS e os contribuintes intimados a apresentarem documentos que comprovem os dados declarados. Porém, há casos em que a intimação não é atendida e, portanto, não há apresentação dos documentos comprobatórios. Assim, os fiscais emitem as notificações de lançamento mesmo sem o atendimento da intimação, ou seja, sem analisar possíveis documentos que venham a justificar as informações prestadas. Posteriormente, quando o contribuinte toma ciência da notificação e de que há um valor a pagar, acaba por se dirigir à Receita para impugná-la e apresentar os documentos já anteriormente solicitados. Nesses casos, é adotado o mesmo procedimento das notificações eletrônicas, ou seja, o processo é enviado ao SEFIS para que o setor analise os documentos apresentados antes que o processo seja remetido ao julgamen-

(5) Disponível em: <https://www.lume.ufrgs.br/bitstream/handle/10183/40431/000828750.pdf?sequence=1>. Acesso em: 5.1.2015.

to. Assim, o grande objetivo dessa revisão efetuada pelo SEFIS é evitar que processos com erros evidentes sejam enviados para julgamento na DRJ, o que ocasionaria a mobilização de toda uma turma de julgadores apenas para sanear um problema banal, que já poderia ter sido resolvido de maneira mais rápida e eficaz. Cabe ressaltar que o SEFIS executa apenas uma revisão da notificação de lançamento, não fazendo qualquer tipo de julgamento que mantenha a cobrança do crédito tributário sem a análise do processo pela DRJ. Resumindo, antes de enviar o processo para julgamento em primeira instância, o funcionário responsável pelo protocolo e encaminhamento da impugnação verifica se o lançamento efetuado e os documentos apresentados pelo contribuinte já foram analisados pelo SEFIS. Se já foram, o processo segue o rito normal e vai para julgamento; caso contrário, encaminha-se para os fiscais da Receita Federal para que a análise seja feita. Os julgamentos em primeira instância dos processos são realizados nas DRJs.

Observação: Caso o processo já tenha passado pelo SEFIS, vai ser encaminhado diretamente para a Delegacia da Receita Federal de Julgamento para que seja decidida a questão.

2ª Hipótese: O órgão julgador não acata a preliminar de tempestividade. Nesse caso, o processo retorna ao setor de protocolo onde é dada a ciência ao contribuinte da intempestividade.

Situação n. 4: Apresentada a impugnação de forma tempestiva. O Setor de fiscalização da Receita Federal analisa os documentos apresentados e a notificação. Se o lançamento estiver correto, será remetido à delegacia regional de julgamento para que seja proferida a decisão a partir da análise do processo. Após a análise e julgamento da impugnação haverá o retorno dele para o protocolo onde será dada ciência ao contribuinte da decisão.

Observação: Caso o lançamento esteja errado, o processo deverá ser encaminhado para o protocolo e também será dada ciência ao contribuinte da extinção do crédito tributário.

Vale ressaltar que a Delegacia da Receita Federal de Julgamento é responsável pela emissão de decisão relativa aos julgamentos de primeira instância administrativa. O art. 61 do Decreto n. 7.574/14 destaca:

> Art. 61. O julgamento de processos sobre a aplicação da legislação referente a tributos administrados pela Secretaria da Receita Federal do Brasil, e os relativos à exigência de direitos antidumping e direitos compensatórios, compete em primeira instância, às Delegacias da Receita Federal do Brasil de Julgamento, órgãos de deliberação interna e natureza colegiada da Secretaria da Receita Federal do Brasil (Decreto n. 70.235, de 1972, art. 25, inciso I; Lei n. 9.019, de 30 de março de 1995, art. 7º, § 5º).
>
> Parágrafo único. A competência de que trata o *caput* inclui, dentre outros, o julgamento de:
>
> I — impugnação a auto de infração e notificação de lançamento (Decreto n. 70.235, de 1972, art. 14);
>
> II — manifestação de inconformidade do sujeito passivo em processos administrativos relativos a compensação, restituição e ressarcimento de tributos, inclusive créditos de Imposto sobre Produtos Industrializados — IPI (Lei n. 8.748, de 1993, art. 3º, inciso II; Lei no 9.019, de 1995, art. 7º, §§ 1º e 5º); e
>
> III — impugnação ao ato declaratório de suspensão de imunidade e isenção (Lei n. 9.430, de 1996, art. 32, § 10).

Regra especial: A prova documental será apresentada na impugnação, precluindo o direito de o impugnante fazê-lo em outro momento processual, a menos que:

a) fique demonstrada a impossibilidade de sua apresentação oportuna, por motivo de força maior;

b) refira-se a fato ou a direito superveniente; ou

c) destine-se a contrapor fatos ou razões posteriormente trazidas aos autos.

A juntada de documentos depois de apresentada a impugnação deverá ser requerida à autoridade julgadora, mediante petição em que se demonstre, com fundamentos, a ocorrência de uma das condições citadas.

Considera-se motivo de força maior o fato necessário, cujos efeitos não era possível evitar ou impedir.

Os documentos apresentados após proferida a decisão deverão ser juntados, por anexação, aos autos para, se for interposto recurso, serem apreciados pela autoridade julgadora de segunda instância.

No acórdão em que for julgada questão preliminar, será também julgado o mérito, exceto quando incompatíveis. O indeferimento de pedido de diligência ou de perícia deverá ser fundamentado e constar da decisão.

As inexatidões materiais devidas a lapso manifesto e os erros de escrita ou de cálculo existentes na decisão deverão ser corrigidos de ofício ou a requerimento do sujeito passivo, mediante a prolação de um novo acórdão.

O órgão preparador dará ciência da decisão ao sujeito passivo, intimando-o, quando for o caso, a cumpri-la no prazo de trinta dias, contados da data da ciência, facultada a apresentação de recurso voluntário no mesmo prazo. Observação: da decisão de primeira instância não cabe pedido de reconsideração.

Após o julgamento pela Delegacia Regional da Receita Federal de Julgamento ocorrerá a fase administrativa recursal. Vejamos duas situações referentes à etapa do processo administrativo.

1ª Situação: A decisão da Delegacia da Receita Federal de Julgamento é favorável ao contribuinte. Nesse caso, existem duas hipóteses:

<u>1ª Hipótese</u>: Não cabe recurso de ofício. Nessa situação ocorre a extinção do crédito tributário. O art. 71 do Decreto n. 7.574/11 destaca:

> Art. 71. Não cabe recurso de ofício das decisões prolatadas, pela autoridade fiscal da jurisdição do sujeito passivo, em processos relativos a restituição, ressarcimento, reembolso e compensação de tributos administrados pela Secretaria da Receita Federal do Brasil (Lei n. 10.522, de 2002, art. 27).

<u>2ª Hipótese</u>: Cabe recurso de ofício. O processo é encaminhado para o Conselho Administrativo de Recursos Fiscais para que seja analisado e julgado. O art. 70 do Decreto n. 7.574/11 consigna:

> Art. 70. O recurso de ofício deve ser interposto, pela autoridade competente de primeira instância, sempre que a decisão exonerar o sujeito passivo do pagamento de tributo e encargos de multa de valor total (lançamento principal e decorrente) a ser fixado em ato do Ministro de Estado da Fazenda, bem como quando deixar de aplicar a pena de perdimento de mercadoria com base na legislação do IPI.

§ 1º O recurso será interposto mediante formalização na própria decisão.

§ 2º Sendo o caso de interposição de recurso de ofício e não tendo este sido formalizado, o servidor que verificar o fato representará à autoridade julgadora, por intermédio de seu chefe imediato, no sentido de que seja observada aquela formalidade.

Observação: Enquanto não decidido o recurso de ofício, a decisão a ele correspondente não se torna definitiva.

Após o julgamento, o processo retorna ao protocolo para que seja dada a ciência ao contribuinte. Se houver o ingresso do recurso especial, o processo é encaminhado para a análise e julgamento da Câmara Superior de Recursos Fiscais. Vejamos o art. 79 do Decreto n. 7.574/11:

> Art. 79. Caberá recurso especial à Câmara Superior de Recursos Fiscais, no prazo de quinze dias da ciência do acórdão ao interessado, de decisão que der à lei tributária interpretação divergente da que lhe tenha dado outra câmara, turma de câmara, turma especial ou a própria Câmara Superior de Recursos Fiscais (Decreto n. 70.235, de 1972, art. 37, § 2º, inciso II, com a redação dada pela Lei n. 11.941, de 2009, art. 25).
>
> Parágrafo único. É cabível recurso especial de divergência, previsto no *caput*, contra decisão que der ou negar provimento a recurso de ofício (Decreto n. 70.235, de 1972, art. 37, § 2º, inciso II, com a redação dada pela Lei n. 11.941, de 2009, art. 25).

Após o julgamento, é dada a ciência ao contribuinte. A decisão favorável a ele extingue o crédito tributário. A decisão desfavorável leva para a fase de cobrança. O pagamento integral do tributo extinguirá o crédito tributário. Na falta de pagamento, o processo será encaminhado para a cobrança executiva.

Se não houver o ingresso com o recurso especial, será dada ciência ao contribuinte da decisão. Lembrando sempre que a decisão favorável ao contribuinte extingue o crédito tributário. A decisão desfavorável ao contribuinte leva o processo ao procedimento de cobrança. O pagamento integral extingue o crédito tributário. No entanto, a decisão desfavorável ao contribuinte ensejará a cobrança executiva do tributo.

2ª Situação: A decisão da Delegacia da Receita Federal de Julgamento é desfavorável ao contribuinte. Nesse caso, existem duas hipóteses:

<u>1ª Hipótese</u>: Não houve o protocolo do recurso voluntário. Nesse caso, o processo vai para o procedimento de cobrança. O pagamento integral extingue o crédito tributário. No entanto, a decisão desfavorável ao contribuinte ensejará a cobrança executiva do tributo.

<u>2ª Hipótese</u>: Houve o protocolo do recurso voluntário. O processo é encaminhado para o Conselho Administrativo de Recursos Fiscais para que seja analisado e julgado. Os arts. 73 e 74 do Decreto n. 7.574/11 destaca:

> Art. 73. O recurso voluntário total ou parcial, que tem efeito suspensivo, poderá ser interposto contra decisão de primeira instância contrária ao sujeito passivo, no prazo de trinta dias, contados da data da ciência da decisão.
>
> Art. 74. O recurso voluntário total ou parcial, mesmo perempto, deverá ser encaminhado ao órgão de segunda instância, que julgará a perempção.

Após o julgamento, é dada a ciência ao contribuinte. A decisão favorável a ele extingue o crédito tributário. A decisão desfavorável leva para a fase de cobrança. O pagamento integral do tributo extinguirá o crédito tributário. Na falta de pagamento, o processo será encaminhado para a cobrança executiva.

Vejamos algumas regras relativas aos recursos:

Regra n. 1: O julgamento de recursos de ofício e voluntários de decisão de primeira instância, e de recursos de natureza especial, compete ao Conselho Administrativo de Recursos Fiscais.

Regra n. 2: Os Procuradores da Fazenda Nacional serão intimados pessoalmente das decisões do Conselho Administrativo de Recursos Fiscais na sessão das respectivas câmaras subsequente à formalização do acórdão. Se os Procuradores da Fazenda Nacional não tiverem sido intimados pessoalmente em até quarenta dias contados da formalização do acórdão do Conselho Administrativo de Recursos Fiscais, os respectivos autos serão remetidos e entregues, mediante protocolo, à Procuradoria da Fazenda Nacional, para fins de intimação. Os Procuradores da Fazenda Nacional serão considerados intimados pessoalmente das decisões do Conselho Administrativo de Recursos Fiscais, com o término do prazo de trinta dias contados da data em que os respectivos autos forem entregues à Procuradoria.

Regra n. 3: O art. 80 do Decreto n. 7.574/11 consigna uma norma importante:

Art. 80. São definitivas as decisões (Decreto n. 70.235, de 1972, art. 42):

I — de primeira instância, esgotado o prazo para recurso voluntário sem que este tenha sido interposto;

II — de segunda instância, de que não caiba recurso ou, se cabível, quando decorrido o prazo sem a sua interposição; ou

III — de instância especial.

Parágrafo único. Serão também definitivas as decisões de primeira instância na parte que não for objeto de recurso voluntário ou não estiver sujeita a recurso de ofício.

Regra n. 4: A decisão definitiva contrária ao sujeito passivo será cumprida no prazo para cobrança amigável, aplicando-se, no caso de descumprimento, a cobrança executiva.

Regra n. 5: Vejamos as normas especiais sobre a revelia nos arts. 54 e 55 do Decreto n. 7.574/11:

Art. 54. Não sendo cumprida nem impugnada a exigência, a autoridade preparadora declarará a revelia, permanecendo o processo no órgão preparador, pelo prazo de trinta dias, para cobrança amigável (Decreto n. 70.235, de 1972, art. 21, com a redação dada pela Lei n. 8.748, de 1993, art. 1º).

§ 1º No caso de identificação de impugnação parcial, não cumprida a exigência relativa à parte não litigiosa do crédito, o órgão preparador, antes da remessa dos autos a julgamento, providenciará a formação de autos apartados para a imediata cobrança da parte não contestada, consignando essa circunstância no processo original.

§ 2º Esgotado o prazo de cobrança amigável sem que tenha sido pago ou parcelado o crédito tributário, o órgão preparador encaminhará o processo à autoridade competente para promover a cobrança executiva.

Art. 55. Tratando-se de apreensão de mercadoria para fins de aplicação da pena de perdimento ou de declaração de abandono, em que não tenha sido apresentada impugnação, a autoridade preparadora, após declarar a revelia, deverá, em observância às normas que regem a matéria e, mediante o competente ato administrativo, aplicar a pena de perdimento ou declarar o abandono, para fins de destinação da mercadoria.

Regra n. 6: Na hipótese do cumprimento de decisão administrativa definitiva contrária ao sujeito passivo, a quantia depositada para evitar acréscimos moratórios do crédito tributário ou para liberar mercadoria será convertida em renda se o sujeito passivo não comprovar, no prazo legal, a propositura de ação judicial. Se o valor depositado não for suficiente para cobrir o crédito tributário, será aplicado o disposto no *caput* à cobrança do restante; se exceder o exigido, a autoridade competente determinará o levantamento da quantia excedente, na forma da legislação específica.

Regra n. 7: No caso de decisão definitiva favorável ao sujeito passivo, cumpre à autoridade preparadora exonerá-lo, de ofício, dos gravames decorrentes do litígio (Ver o art. 85 do Decreto n. 7.574/11).

A existência ou propositura, pelo sujeito passivo, de ação judicial com o mesmo objeto do lançamento importa em renúncia ou em desistência ao litígio nas instâncias administrativas. O curso do processo administrativo, quando houver matéria distinta da constante do processo judicial, terá prosseguimento em relação à matéria diferenciada (Ver o art. 87 do Decreto n. 7.475/11).

O lançamento para prevenir a decadência deverá ser efetuado nos casos em que existir a concessão de medida liminar em mandado de segurança ou de concessão de medida liminar ou de tutela antecipada, em outras espécies de ação judicial. O lançamento deve ser regularmente notificado ao sujeito passivo com o esclarecimento de que a exigibilidade do crédito tributário permanece suspensa, em face da medida liminar concedida.

O lançamento para prevenir a decadência deve seguir seu curso normal, com a prática dos atos administrativos que lhe são próprios, exceto quanto aos atos executórios, que aguardarão a sentença judicial, ou, se for o caso, a perda da eficácia da medida liminar concedida.

Aprendendo: Augusto Massayuki Tsutiya[(6)] nos ensina:

> A autoridade fiscal, verificando o inadimplemento da obrigação principal de pagar o tributo ou constatando que o recolhimento foi feito a menor, lavrará a Notificação Fiscal de Lançamento de Débito (NFLD). O contribuinte será notificado para apresentar a defesa no prazo de quinze dias [...]. O contribuinte terá as seguintes opções:
>
> a) pagar — caso em que se operará a extinção do crédito pelo pagamento. (art. 158, I, do CTN);
>
> b) não pagar — após quinze dias, o Fisco constituirá definitivamente o crédito;
>
> c) apresentar defesa.

5. *Processo administrativo de apuração e cobrança de valores devidos ao INSS*

A Instrução Normativa do INSS n. 74/14 trata do procedimento de apuração e cobrança administrativa de valores devidos ao INSS. Vamos expor em cada item as principais conclusões dessa resolução. Os dirigentes dos órgãos de assistência direta e imediata ao Presidente, dos Órgãos Seccionais e Órgãos Específicos Singulares, e os dirigentes de unidades e órgãos descentralizados, sempre que tiverem conhecimento de ato omissivo ou comissivo, de agente público ou de terceiro, que resulte dano ao INSS devem adotar as providências cabíveis com vistas à apuração dos fatos, identificação dos responsáveis, quantificação do dano e obtenção do ressarcimento ao erário.

(6) TSUTIYA, Augusto Massayuki. *Curso de direito da seguridade social*. 3. ed. São Paulo: Saraiva, 2011. p. 187.

Constatados indícios da prática de ato omissivo ou comissivo, de agente público ou de terceiro, que resulte dano ao erário, será instaurado processo administrativo de apuração e cobrança pela autoridade competente, assegurados a ampla defesa e o contraditório. O processo administrativo de apuração e cobrança será formalizado por um servidor ou equipe designada para esse fim.

Os arts. 5º e 6º da Instrução Normativa do INSS n. 74/14 destacam:

> Art. 5º O Processo Administrativo de Apuração e Cobrança — PAAC, será iniciado por despacho da autoridade competente, que deverá conter:
>
> I — a descrição do fato gerador do dano; e
>
> II — a indicação do servidor ou equipe de apoio responsável pela apuração e cobrança.
>
> Art. 6º A qualificação de supostos devedor(es) ou responsável(eis), deverá(ão) conter as seguintes informações, quando possível:
>
> I — nome completo;
>
> II — data de nascimento;
>
> III — estado civil;
>
> IV — nome completo da mãe;
>
> V — número do Cadastro de Pessoa Física — CPF, Cadastro de Pessoa Jurídica — CNPJ, ou qualquer outra identificação cadastral admitida na legislação vigente;
>
> VI — número da matrícula do agente público;
>
> VII — Número de Identificação do Trabalhador — NIT (Contribuinte Individual — CI, PIS, PASEP);
>
> VIII — endereço residencial, profissional, endereço eletrônico, e número de telefone;
>
> IX — cargo e função;
>
> X — período de gestão;
>
> XI — identificação do inventariante ou do administrador provisório do espólio e ou dos herdeiros ou sucessores, no caso de falecimento do devedor ou responsável.

O art. 7º da Instrução Normativa do INSS n. 74/14 destaca algumas regras importantes sobre a legitimidade. Vejamos:

> Art. 7º É passível de responsabilização para fins de ressarcimento ao erário aquele que, por ação ou omissão voluntária, dolosa ou culposa, violar direito ou causar dano ao INSS, seja agente público ou não.
>
> § 1º Havendo participação de mais de uma pessoa, nos termos do *caput*, a responsabilidade pelo ressarcimento ao erário será:
>
> I — solidária:
>
> a) em se tratando de servidor do INSS, quando restar comprovada a conduta dolosa no exercício do cargo ou função; e
>
> b) nas demais hipóteses previstas em lei.
>
> II — subsidiária, quando restar evidenciada, na apuração do indício de irregularidade, de forma conclusiva, que o servidor do INSS incorreu em erro inescusável/indesculpável, diante das normas administrativas e procedimentos aplicáveis ao caso à época dos fatos.

§ 2º Verificada a ocorrência de dano ao erário, a cobrança administrativa terá seguimento ainda que:

I — não iniciada ou encerrada qualquer apuração administrativa disciplinar, exceto quando não restar evidenciada na apuração do indício de irregularidade realizada pelas áreas respectivas, de forma conclusiva, a participação do servidor do INSS, devendo ser aguardado o encerramento do procedimento de investigação funcional para eventual prosseguimento; e

II — reconhecida a prescrição da penalidade disciplinar.

§ 3º São causas que afastam a responsabilidade do servidor do INSS pela reparação do dano:

a) fato exclusivo da Administração Pública;

b) fato de terceiro;

c) caso fortuito ou de força maior; e

d) erro desculpável/escusável.

O art. 8º da Instrução Normativa do INSS n. 74/14 destaca algumas regras importantes sobre a quantificação do dano. Vejamos:

Art. 8º A quantificação do dano será consolidada por meio de demonstrativo financeiro do débito que conterá, se for o caso:

I — data ou período da ocorrência;

II — valor original;

III — multa;

IV — valor da correção;

V — valor dos juros moratórios;

VI — índices utilizados; e

VII — valor total atualizado.

Instaurado o PAAC, o interessado será notificado para apresentar defesa escrita, documentos ou provas, no prazo de dez dias, contados a partir da ciência. A notificação deverá conter a descrição do indício de irregularidade detectado, a quantificação do valor devido e o número do PAAC a que se refere.

Registra-se que, quando houver mais de um interessado, cada um será notificado individualmente, iniciando-se o prazo do art. 9º a partir da data da última notificação válida.

A notificação deverá ser encaminhada pelo correio, com Aviso de Recebimento — AR, considerando o interessado notificado, mesmo que o AR não tenha sido recebido pessoalmente por ele, mas por terceiro, em seu domicílio.

Presumem-se válidas as comunicações dirigidas ao endereço residencial ou profissional declinado na defesa apresentada, cumprindo ao interessado atualizar o respectivo endereço sempre que houver modificação temporária ou definitiva.

O art. 12 da Instrução Normativa do INSS n. 74/14 destaca sobre a defesa:

Art. 12. A defesa, formulada por escrito, conterá:

I — o órgão ou autoridade administrativa a que se dirige;

II — o número do PAAC a que se refere;

III — a identificação e endereço do interessado ou de quem o represente;

IV — as razões de fato e de direito; e

V — os documentos ou provas em que se fundamentar.

Ao interessado caberá a prova dos fatos que tenha alegado, sem prejuízo do dever atribuído à autoridade julgadora, para instrução do processo. As atividades de instrução destinadas a averiguar e comprovar os dados necessários à tomada de decisão serão realizadas de ofício, sem prejuízo do direito dos interessados de propor atuações probatórias.

O servidor ou equipe responsável pela instrução fará constar dos autos do processo os dados e documentos necessários à decisão. Os atos de instrução que exijam a atuação dos interessados devem realizar-se do modo menos oneroso para estes.

O interessado poderá, na fase instrutória e antes da tomada da decisão, juntar documentos, requerer diligências e perícias, indicar testemunhas, bem como aduzir alegações referentes à matéria objeto do processo.

Os elementos probatórios deverão ser considerados na motivação da decisão. Somente poderão ser recusadas, mediante decisão fundamentada, as provas propostas pelos interessados quando sejam ilícitas, impertinentes, desnecessárias ou protelatórias.

Quando qualquer dos interessados oferecer mais de três testemunhas para a prova de cada fato, o servidor ou equipe responsável, mediante decisão fundamentada, poderá dispensar as restantes que excederem a três. Encerrada a fase de instrução citada, o interessado será notificado para manifestar-se no prazo de dez dias.

Encerrado o prazo (10 dias), será proferida decisão fundamentada pelo servidor ou equipe responsável pela cobrança. A decisão administrativa conterá relatório, fundamentação e decisão.

Concluída a instrução do processo administrativo, a Administração tem o prazo de até trinta dias para decidir, salvo prorrogação por igual período expressamente motivada.

O interessado tem direito a vista dos autos, cabendo ao servidor ou equipe responsável pela apuração e cobrança providenciar cópia do processo, mediante requerimento e recolhimento do valor correspondente por meio de guia própria.

Regras importantes sobre o tema: **Existem dois recursos importantes no que concerne ao tema:**

a) Recurso em face de razões de legalidade e de mérito:

A decisão administrativa é passível de recurso, em face de razões de legalidade e de mérito. É de trinta dias o prazo para interposição de recurso administrativo, contado a partir da ciência ou divulgação oficial da decisão recorrida. O recurso será dirigido à autoridade que proferiu a decisão, a qual, se não a reconsiderar no prazo de cinco dias, o encaminhará à autoridade superior. Observação: Se o recorrente alegar que a decisão administrativa contraria enunciado de súmulas e atos normativos vinculantes, caberá à autoridade prolatora da decisão impugnada, se não a reconsiderar, explicitar, antes de encaminhar o recurso à autoridade superior, as razões da aplicabilidade ou inaplicabilidade do entendimento vinculante, conforme o caso. Se da aplicação do disposto neste artigo puder decorrer gravame à situação do recorrente, este deverá ser cientificado para que formule suas alegações antes da decisão.

b) Revisão administrativa:

As decisões administrativas poderão ser revistas, a qualquer tempo, a pedido ou de ofício, quando surgirem fatos novos ou circunstâncias relevantes suscetíveis de justificar a sua reforma.

Após a notificação da decisão definitiva, o servidor ou a equipe responsável, antes da expedição da notificação de cobrança, encaminhará memorando, contendo a qualificação do devedor, na forma do art. 6º desta IN com a quantificação do dano, evidenciando-se o valor original, valor da correção, valor dos juros moratórios, e valor da multa, se houver, à Setorial Contábil da Unidade para fins de registro contábil em conta específica do Grupo de Créditos Administrativos.

Após o registro dos valores, na forma do *caput* deste artigo, a Setorial Contábil da Unidade deverá remeter ao servidor ou equipe responsável para juntada ao processo de apuração e cobrança:

— cópia da respectiva Nota de Lançamento — NL do registro;

— extrato de registros de débitos consolidados, ainda não prescritos, em nome do mesmo devedor.

A fase de cobrança administrativa tem por objetivo a adoção de medidas que visem ao ressarcimento de prejuízo causado ao erário, bem como demais valores devidos, e inicia-se com a notificação do interessado da decisão administrativa definitiva proferida na fase de apuração.

Observação: Constatada a existência de débitos anteriores, os respectivos processos administrativos serão apensados e a cobrança dos referidos valores se dará de forma unificada, hipótese em que as notificações conterão dados referentes a todos os créditos e serão feitas no mesmo ato.

A notificação deverá conter:

— cópia das decisões administrativas definitivas;

— demonstrativo(s) atualizado do débito ou da penalidade;

— prazos e formas de pagamento;

— previsão das consequências decorrentes do inadimplemento;

— guia para pagamento à vista.

Em caso de óbito do devedor ou do responsável, o servidor ou a equipe designada para a cobrança administrativa deverá juntar a cópia reprográfica da Certidão de Óbito ou documento equivalente ou extrato de consulta aos sistemas de registro de informações de óbito, e promover a busca junto aos órgãos oficiais das informações relativas ao espólio, fazendo constar os elementos do processo de inventário ou partilha, se houver.

Constatada a existência de bens:

— antes da partilha, a cobrança prosseguirá em face do espólio; e

— depois da partilha, a cobrança prosseguirá em face dos sucessores até o limite do valor do patrimônio transferido a cada um deles.

Não havendo patrimônio em nome do devedor ou responsável, deverá ser informada a Setorial Contábil para registro, de acordo com o Manual do Sistema Integrado de Administração Financeira do Governo Federal — SIAFI.

Caso o servidor ou a equipe responsável pela cobrança constate a existência de bens em nome do devedor e não tenha sido constatada a abertura de inventário, deverá ser encaminhado expediente à unidade da Procuradoria-Geral Federal para as providências cabíveis.

O pagamento poderá ser feito à vista, de forma parcelada, mediante consignação em benefício ou em folha de pagamento de empregado ou por meio de encontro de contas. O prazo para pagamento é de sessenta dias. Em se tratando de servidor ativo, aposentado ou pensionista regidos pelo Regime Jurídico dos Servidores Públicos Civis da União — RJU, o prazo é de trinta dias.

Os valores devidos à Previdência Social, durante a fase de cobrança administrativa, poderão ser objeto de acordo para pagamento parcelado em moeda corrente, observados os seguintes critérios:

a) quantidade máxima de parcelas: até sessenta meses sucessivos, nos termos do art. 244 do Decreto n. 3.048, de 6 de maio de 1999;

b) valor mínimo das parcelas: R$ 50,00 (cinquenta reais) para pessoa física e R$ 200,00 (duzentos reais) para pessoa jurídica;

c) os valores de cada prestação mensal decorrentes de parcelamento serão acrescidos, por ocasião do pagamento, de juros equivalentes à taxa referencial do Sistema Especial de Liquidação e Custódia — SELIC, a que se refere o art. 13 da Lei n. 9.065, de 20 de junho de 1995, para títulos federais, acumulada mensalmente, calculados a partir do primeiro dia do mês da concessão do parcelamento até o mês anterior ao do pagamento, e de um por cento relativamente ao mês do pagamento;

d) não haverá pagamento do débito de forma parcelada com base em valor fixo para cada parcela mensal.

e) caso o devedor possua mais de um débito, estes poderão ser reunidos para fins de parcelamento;

f) será admitido uma única vez o reparcelamento a pedido, para parcelamentos em atraso ou não;

g) havendo pagamento antecipado de parte do valor do débito, o saldo devedor poderá ser objeto de parcelamento.

A responsabilidade pela manutenção do parcelamento ou reparcelamento será do Setor ou Seção Administrativa que efetivar a reunião dos débitos.

Os arts. 27 a 34 da Instrução Normativa do INSS n. 74/14 trazem regras essenciais relativas ao parcelamento. Vejamos:

Art. 27. De posse do requerimento de parcelamento devidamente protocolado, o servidor deverá:

I — realizar o cálculo do parcelamento, em número de parcelas de acordo com a escolha do requerente, observado o contido nos incisos I e II do art. 26 desta IN; e

II — emitir a Guia Específica da Primeira Parcela (Guia da Previdência Social — GPS ou Guia de Recolhimento da União — GRU) e o Termo de Parcelamento do Débito, que serão entregues diretamente ao interessado, mediante recibo, ou enviados pelos Correios, com Aviso de Recebimento — AR.

Art. 28. O deferimento do parcelamento fica condicionado ao pagamento da primeira parcela.

Parágrafo único. Caso a primeira parcela não seja paga, o interessado deverá ser notificado do indeferimento e suas consequências, prosseguindo-se o processo de cobrança.

Art. 29. Efetivado o parcelamento, a continuidade do pagamento dar-se-á da seguinte forma:

I — o INSS emitirá as guias referentes às parcelas mensais, com valor atualizado, para entrega ao requerente;

II — as prestações do parcelamento firmado vencerão no último dia útil de cada mês;

III — a amortização da dívida parcelada deve ser contínua e uniforme em relação ao número total das parcelas;

IV — quando ocorrer atraso, deverá ser encaminhado ao interessado comunicação de que existem parcelas em atraso; e

V — quando da quitação da última prestação do parcelamento, deverá ser encaminhado ao interessado comunicação que o débito foi liquidado.

Art. 30. Para a formalização do processo de parcelamento de débito, deverá ser juntado o requerimento de Parcelamento de Débito ou Pedido de Parcelamento — PP, o comprovante da primeira parcela quitada e o Termo de Parcelamento de Débito, com as respectivas assinaturas.

Art. 31. O acordo de parcelamento será imediatamente rescindido caso ocorra uma das seguintes situações:

I — falta de pagamento de três parcelas, consecutivas ou não;

II — falta de pagamento de uma ou duas parcelas, estando pagas todas as demais;

III — descumprimento de qualquer outra cláusula do acordo de parcelamento ou reparcelamento; e

IV — a pedido do interessado.

Art. 32. Quando ocorrer a rescisão do parcelamento do débito será notificado o devedor e informado da possibilidade de reparcelar o débito, uma única vez, desde que solicitado até trinta dias a contar da data do recebimento da comunicação da rescisão.

Art. 33. Os requerimentos de parcelamento implicam confissão irrevogável e irretratável dos débitos existentes em nome do interessado, na condição de responsável, e configura confissão extrajudicial, sujeitando-o à aceitação plena e irretratável de todas as condições estabelecidas nesta IN.

Art. 34. Os pedidos de desistência dos parcelamentos concedidos implicarão:

I — sua imediata rescisão, considerando o devedor como notificado da extinção dos referidos parcelamentos;

II — exigibilidade imediata da totalidade dos débitos confessados e ainda não pagos; e

III — restabelecimento dos acréscimos legais aplicáveis à época da ocorrência dos respectivos fatos geradores, em relação ao montante não pago.

Todos os créditos do INSS deverão ser cobrados administrativamente, no entanto, aqueles que não atingirem o valor mínimo estabelecido em Portaria da Procuradoria-Geral Federal para cobrança judicial não serão encaminhados ao órgão de execução da PGF, devendo a Procuradoria Federal Especializada junto ao INSS — PFE-INSS emitir Memorando-Circular informando o valor atualizado do piso.

Decorrido o prazo de 75 dias, sem que os valores devidos tenham sido integralmente pagos, consignados em folha de pagamento de empregado ou em benefício, ou ainda, sem que tenha sido efetivado parcelamento, o servidor ou a equipe responsável deverá atualizar os valores até o mês corrente e comunicar à Setorial Contábil para fins de registro no Cadastro Informativo dos créditos não quitados de órgãos e entidades federais — Cadin.

Após a providência citada, o processo de cobrança deverá ser encaminhado:

— ao Serviço ou Seção de Cobrança e Recuperação de Créditos das Unidades da Procuradoria-Geral Federal competente, para as providências cabíveis;

— à unidade responsável para a instauração de Tomada de Contas Especial — TCE, caso um dos devedores ou responsáveis seja servidor do INSS, devendo ser remetida cópia dos autos à unidade de cobrança da Procuradoria-Geral Federal — PGF.

Nos casos de conduta ilícita, comissiva ou omissiva, os créditos não se sujeitam à decadência ou à prescrição, podendo a apuração e a cobrança iniciar-se a qualquer tempo, recomendando-se o imediato prosseguimento. Os demais créditos prescrevem em cinco anos, contados a partir da data do conhecimento do fato que der origem à pretensão.

A prescrição interrompida recomeça a correr pela metade do prazo, da data do ato que a interrompeu ou do último ato ou termo do respectivo processo, sem prejuízo do prazo mínimo de cinco anos. Nos contratos de direito comum, firmados pelo INSS, deverá ser observado o prazo prescricional previsto no Código Civil.

O Monitoramento Operacional de Benefícios — MOB, por intermédio dos servidores designados por portaria emitida pelo Gerente Executivo, depois de constatado dano ao erário por meio de decisão administrativa definitiva do processo de apuração, deverá formalizar o Processo Administrativo de Cobrança. A decisão administrativa de apuração de irregularidades se torna definitiva, após o transcurso do prazo para interposição de recurso, sem qualquer manifestação por parte do beneficiário, ou após o julgamento do recurso pela Junta de Recursos — JR, ou Câmara de Julgamento do Conselho de Recursos da Previdência Social — CAJ-CRPS.

O processo de cobrança administrativa deverá conter, entre outros:

— cópia do processo de apuração;

— cópia da decisão recursal definitiva, se tiver havido interposição de recurso;

— demonstrativo atualizado do débito;

— guia específica (GPS ou GRU) devidamente preenchida com o valor a ser ressarcido.

O MOB consolidará as informações relativas aos débitos e devedores e encaminhará essas informações à Setorial Contábil, para os devidos registros e atualizações.

Os arts. 43 a 45 da Instrução Normativa do INSS n. 74/14 tratam do início do processo de cobrança administrativa:

Art. 43. Iniciado o processo de cobrança administrativa, o interessado deverá ser notificado, para pagamento do débito à vista, parcelado ou mediante consignação.

§ 1º Quando da constatação da irregularidade já for possível apurar o montante indevidamente recebido, proceder-se-á a unificação de procedimentos de apuração e cobrança, mediante notificação do interessado, possibilitando a apresentação de defesa, tanto quanto à regularidade, ou não, do ato concessório ou revisional que implicou os pagamentos a maior, mas também quanto ao montante que se reputa indevido.

§ 2º A discussão do montante devido pode ser realizada enquanto estiver em curso a apuração do indício de irregularidade.

§ 3º Na hipótese de não ter sido oportunizada ao devedor, durante o procedimento de apuração de indício de irregularidade, a apresentação de defesa quanto ao montante que se reputa indevido, deverá ser oportunizado no processo de cobrança administrativa o direito de ampla defesa e contraditório.

Art. 44. A cobrança administrativa de valores recebidos indevidamente por terceiros será realizada pela Agência da Previdência Social — APS, mantenedora do benefício, inclusive quando se tratar de apurações realizadas pela equipe do MOB da Gerência-Executiva ou por grupo de trabalho constituído para esse fim.

Parágrafo único. Em havendo envolvimento de servidor do INSS nas hipóteses de responsabilidade pela reparação do dano, deverá ser designado servidor ou equipe de cobrança para realizar a cobrança administrativa dos valores.

Art. 45. Caso não ocorra a quitação integral do débito, concessão de parcelamento, consignação ou encontro de contas será observado:

I — existindo benefício previdenciário em manutenção, o débito poderá ser consignado no referido benefício, com fundamento no art. 115, inciso II, da Lei n. 8.213, de 1991;

II — o valor a ser descontado mensalmente não poderá ser superior a 30% (trinta por cento) da Renda Mensal do Benefício, obedecendo ao contido na Resolução n. 185/PRES/INSS, de 15 de março de 2012;

III — nos casos de fraude a consignação dos valores recebidos indevidamente deve sempre ser fixada em 30% (trinta por cento) da Renda Mensal do Benefício; e

IV — não existindo benefício previdenciário em manutenção, cópia do processo de cobrança, devidamente instruído, deverá ser encaminhada à unidade da Procuradoria-Geral Federal, para providências cabíveis.

§ 1º Quando constatada a participação de agente público no prejuízo suportado pela autarquia, o original do processo de cobrança administrativa será encaminhado à autoridade competente para fins de instauração de Tomada de Contas Especial.

§ 2º Não é permitido haver consignação de débito originário de benefícios previdenciários em benefícios assistenciais.

Os valores relativos ao recebimento indevido de benefícios, durante a fase de cobrança administrativa, poderão ser objeto de acordo para descontos em folha de pagamento de empregado, observados os seguintes critérios:

a) a autorização poderá ser formalizada por meio do documento de Autorização para Consignação em Folha de Pagamento de empregado;

b) o valor a ser descontado mensalmente não poderá ser superior a 30% (trinta por cento) da remuneração mensal do empregado;

c) nos casos de fraude, o valor a ser descontado mensalmente deve sempre ser fixado em 30% (trinta por cento) da remuneração mensal do empregado.

Os valores de cada prestação mensal decorrentes de desconto em folha de pagamento serão acrescidos, por ocasião do pagamento, de juros equivalentes à taxa SELIC, para títulos federais, acumulada mensalmente, calculados a partir do primeiro dia do mês da concessão do parcelamento até o mês anterior ao do pagamento, e de 1% relativamente ao mês do pagamento.

O art. 48 da Instrução Normativa do INSS n. 74/14 destaca sobre a cobrança dos empregados. Vejamos:

> Art. 48. Para proceder à cobrança junto aos empregadores, o servidor deverá adotar os seguintes procedimentos:
>
> I — encaminhar ofício ao empregador solicitando informações do valor da remuneração do empregado, juntamente com a autorização de consignação em folha de pagamento;
>
> II — de posse da informação acima, será expedido ofício ao empregador, acompanhado de cópia do pedido de consignação em folha de pagamento, e de guia referente à primeira parcela, mantendo-se o envio mensal das guias de recolhimento até a quitação do débito.
>
> Parágrafo único. O INSS ao notificar a empresa, nos termos das disposições acima, deverá indicar a forma e o meio como se darão os descontos, bem como advertir o empregador acerca da sanção prevista nos arts. 91 e 92 da Lei n. 8.212 e art. 125-A da Lei n. 8.213, ambas de 24 de julho de 1991, e nos arts. 283, I, alínea "c", e 290, 292 e 293 do Regulamento da Previdência Social aprovado pelo Decreto n. 3.048, de 1999.

Caso o empregador não informe a remuneração, não realize a consignação, não comunique a extinção ou suspensão do vínculo empregatício e não exista benefício previdenciário de titularidade do devedor, o INSS emitirá notificação ao devedor para quitar ou parcelar o débito.

6. Processo administrativo de análise e julgamento das irregularidades em Regime Próprio de Previdência Social (RPPS) de Estado, do Distrito Federal ou de Município, apuradas em auditoria fiscal direta

A Portaria MPS n. 530/14 trata do processo administrativo previdenciário para análise e julgamento das irregularidades em Regime Próprio de Previdência Social (RPPS) de Estado, do Distrito Federal ou de Município, apuradas em auditoria fiscal direta. O art. 1º dessa norma destaca a finalidade desse processo administrativo. Vejamos:

> Art. 1º O Processo Administrativo Previdenciário — PAP, no âmbito do Ministério da Previdência Social — MPS, destina-se à análise e julgamento das irregularidades em Regime Próprio de Previdência Social — RPPS de Estado, do Distrito Federal ou de Município, apuradas em auditoria fiscal direta, observadas as normas contidas nesta Portaria.
>
> Parágrafo único. Não se aplica o disposto nesta Portaria à análise das irregularidades apuradas em auditoria indireta, que observará o ato normativo do MPS que dispõe sobre a emissão do Certificado de Regularidade Previdenciária — CRP.

Conceitos especiais:

— Notificação de Auditoria Fiscal — NAF: documento que instaura o PAP, emitido pelo Auditor Fiscal da Receita Federal do Brasil credenciado pelo Departamento dos Regimes de Previdência no Serviço Público — DRPSP;

— Decisão-Notificação — DN: ato pelo qual a autoridade competente decide sobre a impugnação;

— Decisão de Recurso — DR: ato pelo qual a autoridade competente decide sobre o recurso administrativo;

— Despacho: ato praticado no PAP por servidor em exercício na SPPS, homologado pela autoridade superior, que não se constitua em DN ou DR.

O Processo Administrativo Previdenciário será organizado em ordem cronológica e terá suas folhas numeradas e rubricadas.

O ente federativo interessado poderá apresentar impugnação, no prazo de 30 dias, contados da data do recebimento da NAF. A impugnação, instruída com a prova de representação legal do ente federativo, será formalizada por meio de documento original e protocolada diretamente na Secretaria de Políticas de Previdência Social — SPPS ou remetida por via postal, hipótese em que será considerada tempestiva se postada no prazo de 30 dias. Decorrido o prazo de 30 dias, sem impugnação, as irregularidades apontadas na NAF serão consideradas procedentes, ensejando seu imediato registro no Sistema de Informações dos Regimes Públicos de Previdência Social — CADPREV.

A impugnação mencionará:

— a qualificação do impugnante;

— os pontos de discordância e os motivos de fato e de direito em que se fundamenta o pedido;

— os documentos que a acompanham, demonstrando a sua relação com os motivos de fato em que se fundamenta o pedido;

— os termos de acordo de parcelamento ou reparcelamento, formalizados e encaminhados à SPPS por meio do Sistema de Informações dos Regimes Públicos de Previdência Social — módulo Web — CADPREV-Web, para regularização de débitos relacionados ao PAP.

É facultada ao impugnante a juntada de documentos após a impugnação e antes do julgamento. As cópias de provas documentais deverão ser autenticadas em cartório ou por servidor público devidamente identificado por nome, cargo e matrícula, exceto os termos de acordo de parcelamento ou reparcelamento.

O Auditor Fiscal analista designado apreciará a impugnação e as provas, observando os fatos e circunstâncias constantes dos autos, e concluirá sobre a procedência ou improcedência das irregularidades apontadas na NAF, submetendo sua conclusão à autoridade imediatamente superior, que deverá proferir a Decisão-Notificação.

A Decisão-Notificação conterá identificação do PAP, ementa, relatório resumido, fundamentação, conclusão e ordem de intimação, devendo apreciar todas as razões de defesa suscitadas pelo impugnante. A Decisão-Notificação deverá ser concluída no prazo máximo de 180 dias a partir da apresentação da impugnação. Considera-se apresentada a impugnação na data de sua postagem na empresa concessionária de serviço postal ou, se pessoal, na data de seu protocolo na SPPS. O prazo de 180 dias poderá ser prorrogado uma única vez, desde que prévia e expressamente autorizado pelo Diretor do DRPSP, mediante justificativa, não podendo o novo prazo exceder a 180 dias.

Caberá recurso voluntário no prazo de 30 dias contados da ciência da Decisão-Notificação. O recurso, instruído com a prova de representação legal do ente federativo, será formalizado por meio de documento original e protocolado diretamente na SPPS ou remetido por via postal, hipótese em que será considerado tempestivo se postado 30 dias após a ciência da Decisão-Notificação. O recurso, as provas, os fatos e as circunstâncias constantes dos autos serão analisados pelo Auditor Fiscal analista designado, que concluirá pela procedência ou improcedência das irregularidades mantidas na Decisão-Notificação, submetendo sua conclusão a autoridade superior àquela que tenha proferido a Decisão-Notificação, que deverá proferir a Decisão de Recurso.

A autoridade competente poderá determinar a realização de diligências quando necessário complementar ou esclarecer informações. O ente federativo será cientificado da determinação para realização de diligências e do procedimento a ser observado. As diligências deverão ser realizadas no prazo máximo de 90 dias, contados a partir da data da ciência, pelo ente federativo, da determinação de sua realização, podendo ser prorrogado por até 90 dias pelo Diretor do Departamento dos Regimes de Previdência no Serviço Público, mediante justificativa.

Novidades sobre o tema: Os arts. 10, 11 e 12 da Portaria MPS n. 530/14 trazem algumas novidades sobre a nulidade no processo administrativo previdenciário em comento. Vejamos:

> Art. 10. São nulos:
>
> I — os atos e termos lavrados por pessoa incompetente;
>
> II — as decisões proferidas por autoridade incompetente ou com preterição do direito de defesa.
>
> § 1º A nulidade de qualquer ato só prejudica os posteriores que dele diretamente dependam ou sejam consequência.
>
> § 2º Na declaração de nulidade, a autoridade dirá os atos alcançados e determinará as providências necessárias ao prosseguimento ou solução do PAP.
>
> § 3º Quando puder decidir o mérito a favor do impugnante ou recorrente, a quem aproveitaria a declaração de nulidade, a autoridade julgadora não a pronunciará nem mandará repetir o ato ou suprir-lhe a falta.
>
> Art. 11. As irregularidades, incorreções e omissões diferentes das referidas no artigo anterior não importarão em nulidade e serão sanadas quando resultarem em prejuízo para o ente federativo interessado, salvo se este lhe houver dado causa, ou quando não influírem na solução do PAP.
>
> Art. 12. A nulidade será declarada pela autoridade competente para praticar o ato ou julgar a sua legitimidade.

Regra especial: A Notificação de Auditoria Fiscal, a Decisão-Notificação e a Decisão de Recurso poderão ser revistas de ofício pela autoridade julgadora ou por autoridade superior quando surgirem fatos novos ou circunstâncias relevantes, suscetíveis de justificar a inadequação da exigência ou sanção aplicada.

Capítulo 2

Recursos no Processo Administrativo Previdenciário

1. Recursos administrativos previdenciários no RGPS

1.1. Recurso à Junta de Recursos da Previdência Social[7]

RECURSO ORDINÁRIO À JUNTA DE RECURSO DA PREVIDÊNCIA SOCIAL
DO CONSELHO DE RECURSOS DA PREVIDÊNCIA SOCIAL

SEGURADO: ______________________________
(NOME)

RECORRENTE: ______________________________
(NOME)

RECORRIDO: INSS ______________________________
(LOCALIDADE)

ENDEREÇO PARA CORRESPONDÊNCIA: ______________________________
(RUA, N., BAIRRO, CIDADE, MUNICÍPIO, ESTADO, CEP)

MOTIVO DO RECURSO:

____

____

____

INDEFERIMENTO DO BENEFÍCIO N.: ______________________________
CESSAÇÃO DO BENEFÍCIO N.: ______________________________
DECISÃO PROFERIDA NO PROCESSO N.: ______________________________
RAZÕES DO RECURSO:

____

____

____

____
LOCAL e DATA

____
ASSINATURA (do próprio ou do representante legal)

(7) Disponível em: <http://www.previdencia.gov.br/a-previdencia/orgaos-colegiados/conselho-de-recursos-da-previdencia-social-crps/>.

1.2. Recurso à Câmara de Julgamento da Previdência Social[8]

RECURSO ESPECIAL ÀS CÂMARAS DE JULGAMENTO DO CONSELHO DE RECURSOS DA PREVIDÊNCIA SOCIAL — CRPS

SEGURADO: ____

(NOME)

RECORRENTE: ____

(NOME)

RECORRIDO: INSS E _______ª JUNTA DE RECURSO DA PREVIDÊNCIA SOCIAL DO CRPS

ENDEREÇO PARA CORRESPONDÊNCIA: ______________________________

____

(RUA, N., BAIRRO, CIDADE, MUNICÍPIO, ESTADO, CEP)

MOTIVO DO RECURSO — Decisão proferida pela _____ª Junta de Recurso da Previdência Social do CRPS, por meio do Acórdão n.: _________/______, referente ao processo/benefício n. ___________.

RAZÕES DO RECURSO:

____

____

____

____

____

____

____

____

____

LOCAL e DATA

____

ASSINATURA (do próprio ou do representante legal)

(8) Disponível em: <http://www.previdencia.gov.br/a-previdencia/orgaos-colegiados/conselho-de-recursos-da-previdencia-social-crps/>.

1.3. Reclamação ao Conselho Pleno

RECLAMAÇÃO AO PRESIDENTE DO CONSELHO DE RECURSOS DA PREVIDÊNCIA SOCIAL — CRPS com pedido de processamento na COORDENAÇÃO DE GESTÃO TÉCNICA

SEGURADO: ____

(NOME)

RECORRENTE: ____

(NOME)

RECORRIDO: INSS E _______ ª JUNTA DE RECURSO DA PREVIDÊNCIA SOCIAL DO CRPS

Obs.: O recorrido será o órgão que não cumpriu a decisão

ENDEREÇO PARA CORRESPONDÊNCIA: ____

(RUA, N., BAIRRO, CIDADE, MUNICÍPIO, ESTADO, CEP)

MOTIVO DO RECURSO — Não cumprimento de proferida pela _____ ª Junta de Recurso da Previdência Social do CRPS (ou pela Câmara de Julgamento), por meio do Acórdão n. _______/_______, referente ao processo/benefício n. _____________.

RAZÕES DO RECURSO:

____

____

____

____

____

____

____

____

LOCAL e DATA

____

ASSINATURA (do próprio ou do representante legal)

1.4. Recurso de Revisão por erro material

RECURSO DE REVISÃO POR ERRO MATERIAL AO PRESIDENTE DO CONSELHO DE RECURSOS DA PREVIDÊNCIA SOCIAL — CRPS

SEGURADO: ____

(NOME)

RECORRENTE: ____

(NOME)

RECORRIDO: INSS E _______ ª CÂMARA DE JULGAMENTO DO CRPS

ENDEREÇO PARA CORRESPONDÊNCIA: ______________________________

(RUA, N., BAIRRO, CIDADE, MUNICÍPIO, ESTADO, CEP)

MOTIVO DO RECURSO — Erro de grafia proferido pela ______ª Junta de Recurso da Previdência Social do CRPS (ou pela Câmara de Julgamento), por meio do Acórdão n. __________/_______, referente ao processo/benefício n.: __________.

O art. 59 do Regimento Interno do CRPS destaca:

Art. 59. As inexatidões materiais constantes de decisões proferidas pelos órgãos julgadores do CRPS, decorrentes de erros de grafia, numéricos, de cálculos ou, ainda, de outros equívocos semelhantes, serão saneadas pelo respectivo Presidente do órgão julgador ou pelo Presidente do CRPS, de ofício ou a requerimento das partes.

§ 1º Será rejeitado, de plano, por despacho irrecorrível das autoridades mencionadas no *caput*, o requerimento que não demonstrar, com precisão, o equívoco.

§ 2º O erro material pode ser corrigido a qualquer tempo.

§ 3º Não serão considerados erros materiais para os fins deste artigo as interpretações jurídicas dos fatos relacionados nos autos, o acolhimento de opiniões técnicas de profissionais especializados ou o exercício de valoração de prova.

RAZÕES DO RECURSO:

____

____

____

____

____

LOCAL e DATA

____

ASSINATURA (do próprio ou do representante legal)

1.5. Embargos de Declaração

EMBARGOS DE DECLARAÇÃO AO PRESIDENTE DA JUNTA DE RECURSO DA PREVIDÊNCIA SOCIAL — CRPS

SEGURADO: ____

(NOME)

RECORRENTE: ____

(NOME)

RECORRIDO: _____ª Junta de Recursos do CRPS

ENDEREÇO PARA CORRESPONDÊNCIA: ______________________________

(RUA, N., BAIRRO, CIDADE, MUNICÍPIO, ESTADO, CEP)

MOTIVO DO RECURSO — O acórdão proferido no processo n. _______ contém contradição entre a decisão e os seus fundamentos. (expor a contradição).

O art. 58 do regimento interno do Conselho de Recursos da Previdência Social destaca:

Art. 58. Caberão embargos de declaração quando houver no acórdão dos órgãos julgadores do CRPS, obscuridade, ambiguidade ou contradição entre a decisão e os seus fundamentos ou quando for omitido ponto sobre o qual deveriam pronunciar- se.

RAZÕES DO RECURSO:

O Recorrente necessita do esclarecimento da decisão do acórdão para que possa tomar as medidas necessárias (ingresso na via judicial etc.) quanto ao pedido inicial do requerimento. (expor os motivos) __________

____

____

____

____

LOCAL e DATA

____

ASSINATURA (do próprio ou do representante legal)

2. *Recursos administrativos previdenciários das entidades fechadas de Previdência Complementar*

2.1. Defesa à Previc

DEFESA APRESENTADA À DIRETORIA COLEGIADA DA PREVIC

ÓRGÃO AUTUANTE ________________________________

(NOME)

AUTUADO: ________________________________

(LOCALIDADE)

ENDEREÇO PARA CORRESPONDÊNCIA: ________________________________

(RUA, N., BAIRRO, CIDADE, MUNICÍPIO, ESTADO, CEP)

QUALIFICAÇÃO DO SEGURADO: ________________________________

(RG, CPF, CARTEIRA DE TRABALHO, ESTADO CIVIL ETC.)

MOTIVO DA DEFESA:
(os motivos de fato que sustentam a defesa)

____

____

FUNDAMENTO DA DEFESA:
(os fundamentos de direito que sustentam a defesa)

____

____

____

PROVAS A SEREM PRODUZIDAS:

____

____

____
LOCAL e DATA

____
ASSINATURA (do próprio ou do representante legal)

Observação: Para cada auto de infração poderá ser apresentada defesa em conjunto ou separadamente, se forem dois ou mais os autuados. A defesa apresentada fora do prazo não será conhecida.

2.2. Recurso de Revisão por erro material

RECURSO DE REVISÃO POR ERRO MATERIAL À CRPC

SEGURADO: ____
(NOME)

RECORRENTE: ____
(NOME)

RECORRIDO: Previc e CRPC

ENDEREÇO PARA CORRESPONDÊNCIA: ______________________________
(RUA, N., BAIRRO, CIDADE, MUNICÍPIO, ESTADO, CEP)

MOTIVO DO RECURSO — Erro de grafia proferido pela Previc na _____ª Reunião do ano de ________ referente ao processo/benefício n. ___________.

RAZÕES DO RECURSO:

(Expor o erro da ata da reunião que gerou o erro material [grafia, cálculo etc.])

O art. 59 do Regimento Interno do CRPC destaca:

Art. 49. As inexatidões materiais constantes de decisões da CRPC, decorrentes de erros de grafia, numéricos, de cálculo ou, ainda, de outros equívocos semelhantes, serão saneadas em sessão do colegiado, de ofício ou a requerimento das partes, ou pelo seu Presidente, *ad referendum* do colegiado.

Parágrafo único. As inexatidões materiais podem ser corrigidas a qualquer tempo.

____
____
____

____
LOCAL e DATA

____
ASSINATURA (do próprio ou do representante legal)

2.3. Recurso à Câmara de Recursos da Previdência Complementar

RECURSO À CÂMARA DE RECURSOS DA PREVIDÊNCIA COMPLEMENTAR
com efeito suspensivo

SEGURADO: ____
(NOME)

RECORRENTE: ____
(NOME)

RECORRIDO: Previc e CRPC

ENDEREÇO PARA CORRESPONDÊNCIA: ____

____
(RUA, N., BAIRRO, CIDADE, MUNICÍPIO, ESTADO, CEP)

MOTIVO DO RECURSO — Decisão proferida pela Diretoria Colegiada da Previc na_____ª reunião do ano de __________, referente ao processo n. ___________.

RAZÕES DO RECURSO:

(Colocar as razões do pedido)

Importante consignar que o recurso ao CRPC tem efeito suspensivo, de acordo com o art. 13 do Decreto n. 4.942/03, em comunhão com o art. 53, § 2º, da Lei n. 12.154/09.

____
____
____
____
____
____

____
LOCAL e DATA

____
ASSINATURA (do próprio ou do representante legal)

2.4. Embargos de Declaração

EMBARGOS DE DECLARAÇÃO AO PRESIDENTE DA CRPC

SEGURADO: ______________________________

(NOME)

RECORRENTE: ______________________________

(NOME)

RECORRIDO: Previc e CRPC

ENDEREÇO PARA CORRESPONDÊNCIA: ______________________________

(RUA, N.,BAIRRO, CIDADE, MUNICÍPIO, ESTADO, CEP)

MOTIVO DO RECURSO – A decisão proferida pela Diretoria Colegiada na ______ª Reunião do ano de ________ referente ao processo n. ______________ teve uma omissão quanto à questão ________ (relatar o ponto omisso na decisão) que deveria ser analisada pelo referido órgão.

O art. 48 do regimento interno da Câmara de Recursos da Previdência Social destaca:

Art. 48. Caberão embargos de declaração quando na decisão houver obscuridade, ambiguidade ou contradição entre o resultado do julgamento e os seus fundamentos, ou quando for omitida manifestação quanto a questão ou ponto sobre o qual deveria pronunciar-se o colegiado, cuja omissão seja determinante para integrar o julgado.

§ 1º Os embargos serão interpostos pelo interessado, mediante petição fundamentada dirigida ao Presidente da CRPC, no prazo de cinco dias úteis contados da publicação da decisão no *Diário Oficial da União.*

§ 2º A decisão proferida nos embargos poderá, em casos excepcionais, modificar o conteúdo da decisão impugnada, alterando-lhe o sentido.

§ 3º Aplicam-se aos embargos de declaração, no que for compatível, as regras do procedimento ordinário para apreciação dos recursos, estabelecidas neste Regimento.

§ 4º Observado o disposto no § 3º, não haverá sustentação oral na apreciação e no julgamento dos embargos de declaração.

RAZÕES DO RECURSO:

O Recorrente necessita do esclarecimento da decisão do acórdão para que possa tomar as medidas necessárias (ingresso na via judicial etc.) quanto ao pedido inicial do requerimento. (expor os motivos)

____

____

____

LOCAL e DATA

____

ASSINATURA (do próprio ou do representante legal)

3. Recursos administrativos previdenciários das entidades abertas de Previdência Complementar

3.1. Defesa apresentada à Câmara Geral de Julgamentos da SUSEP

DEFESA APRESENTADA À CÂMARA GERAL DE JULGAMENTOS DA SUSEP

ÓRGÃO AUTUANTE: ____

(NOME)

AUTUADO: ____

(NOME)

ENDEREÇO PARA CORRESPONDÊNCIA: ______________________________

(RUA, N., BAIRRO, CIDADE, MUNICÍPIO, ESTADO, CEP)

QUALIFICAÇÃO DO SEGURADO: ______________________________

(RG, CPF, CARTEIRA DE TRABALHO, ESTADO CIVIL ETC.)

Auto de infração n.: ____________

MOTIVO DA DEFESA:

(os motivos, de fato que sustentam a defesa)

____

____

FUNDAMENTO DA DEFESA:

(os fundamentos de direito que sustentam a defesa)

____

____

____

PROVAS A SEREM PRODUZIDAS:

____

____

____

LOCAL e DATA

____

ASSINATURA (do próprio ou do representante legal)

3.2. Revisão com base no art. 65 da Lei n. 9.784/99

PEDIDO DE REVISÃO POR ERRO MATERIAL AO CONSELHO DIRETOR

ÓRGÃO AUTUANTE: ____________________

(NOME)

AUTUADO: ____________________

(LOCALIDADE)

PROCESSO N.: ____________________

MOTIVO DA REVISÃO:
(os motivos de fato que sustentam a revisão)

____

____

FUNDAMENTO DA REVISÃO:
(os fundamentos de direito que sustentam a revisão)

O art. 10, XV do regimento interno da SUSEP destaca a competência do Conselho Diretor para a apreciação desta revisão. Vejamos:

Art. 10. Compete ao Conselho Diretor:

XV — apreciar e julgar pedidos de revisão, efetuados com base no art. 65 da Lei n. 9.784/99.

O art. 65 da Lei n. 9.784/99 consigna:

Art. 65. Os processos administrativos de que resultem sanções poderão ser revistos, a qualquer tempo, a pedido ou de ofício, quando surgirem fatos novos ou circunstâncias relevantes suscetíveis de justificar a inadequação da sanção aplicada.

Parágrafo único. Da revisão do processo não poderá resultar agravamento da sanção.

____

____

____
LOCAL e DATA

____
ASSINATURA (do próprio ou do representante legal)

3.3. Recurso de Revisão por erro material

RECURSO DE REVISÃO POR ERRO MATERIAL AO PRESIDENTE DO CRSNSP

SEGURADO: ____

(NOME)

RECORRENTE: ____

(NOME)

RECORRIDO: CRPSNSP

ENDEREÇO PARA CORRESPONDÊNCIA: ______________________________

(RUA, N., BAIRRO, CIDADE, MUNICÍPIO, ESTADO, CEP)

MOTIVO DO RECURSO: Erro de grafia proferido pela __________ referente ao processo n. ___________

RAZÕES DO RECURSO:

(expor o erro da ata da reunião que gerou o erro material [grafia, cálculo etc.])

O art. 59 do Regimento Interno do CRSNSP destaca:

Art. 25. Os erros e inexatidões materiais existentes na decisão serão corrigidos mediante requerimento da autoridade incumbida da execução do acórdão, do Procurador da Fazenda Nacional, de Conselheiro ou do recorrente.

O art. 6º, IV do Regimento Interno do CRSNSP destaca:

Art. 6º Além da competência assinalada no art. 1º deste Regimento Interno, cabe ainda ao Conselho:

IV — corrigir, de ofício ou mediante provocação do interessado, erro material cometido no julgamento de recurso de sua competência;

____

____

____

____

LOCAL e DATA

____

ASSINATURA (do próprio ou do representante legal)

3.4. Recurso ao Presidente do CRSNSP

RECURSO AO PRESIDENTE DO CONSELHO DE RECURSOS DO SISTEMA NACIONAL DE SEGUROS PRIVADOS, DE PREVIDÊNCIA PRIVADA ABERTA E DE CAPITALIZAÇÃO

SEGURADO: ______________________________

(NOME)

RECORRENTE: ______________________________

(NOME)

RECORRIDO: SUSEP e CRSNSP

MOTIVO DO RECURSO: Decisão proferida pelo Conselho Diretor da SUSEP, referente ao Processo n. __________

RAZÕES DO RECURSO:

(Colocar as razões do pedido)

____

____

____

____

____

LOCAL e DATA

____

ASSINATURA (do próprio ou do representante legal)

4. Processo administrativo das contribuições previdenciárias

4.1. Impugnação de pessoa física(9)

ILMO. SR. DELEGADO DA DELEGACIA DA RECEITA FEDERAL DO BRASIL DE JULGAMENTO EM __________ (art. 16, inciso I, do Decreto n. 70.235/72)

Auto de Infração ou Notificação de Lançamento de __________

Processo n.: _______________

Impugnação

__________ fulano de tal_________, residente à rua _________, CEP, município, UF, CPF _________, não se conformando com o auto de infração/Notificação de Lançamento acima referido, do qual foi notificado em _____, vem, respeitosamente, no prazo legal, com amparo no que dispõem o art. 15 do Decreto n. 70.235/72, apresentar sua impugnação, pelos motivos de fato e de direito que se seguem (art. 16, inciso II, do Decreto n. 70.235/72):

I — OS FATOS

Descrição dos motivos de fato, de forma minuciosa e clara. Deverão ser descritos aqueles importantes para a solução do conflito.

II — O DIREITO

II. 1 — PRELIMINAR

Nas preliminares pode-se alegar tudo o que precisa ser decidido antes de apreciar o mérito. A preliminar não discute as razões da impugnação, e sim as razões que podem modificar, inclusive anular o lançamento efetuado.

II. 2 — MÉRITO (inciso III e IV do art. 16 do Decreto n. 70.235/72)

Descrição do direito em que se fundamenta os pontos de discordância e as razões e provas que possuir (anexá-las).

III. 2 — A CONCLUSÃO

(modelo de conclusão)

À vista de todo exposto, demonstrada a insubsistência e improcedência da ação fiscal, espera e requer a impugnante seja acolhida a presente impugnação para o fim de assim ser decidido, cancelando-se o débito fiscal reclamado.

Termos em que

Pede deferimento.

___________________, 5 de setembro de _____

____

Nome:

Fone:

---

(9) Disponível em: <www.receita.fazenda.gov.br/publico/.../Impugnacao_Pessoa_Fisica.rtf>. Acesso em: 25.2.2015.

4.2. Impugnação de pessoa jurídica[10]

ILMO SR. DELEGADO DA DELEGACIA DA RECEITA FEDERAL DO BRASIL DE JULGAMENTO EM _________ (art. 16, inciso I, do Decreto n. 70.235/72)

Auto de Infração ou Notificação de Lançamento de _________

Processo n.: _____________

Impugnação

_______, com sede e estabelecimento industrial na rua _______, CEP, município, UF, CNPJ _______, por seu representante legal, não se conformando com o auto de infração acima referido, lavrado pelo Sr. Auditor Fiscal da Receita Federal do Brasil, do qual foi notificado em _____, vem, respeitosamente, no prazo legal, com amparo no que dispõem o art. 15 do Decreto n. 70.235/72, apresentar sua impugnação, pelos motivos de fato e de direito que se seguem (art. 16, inciso II, do Decreto n. 70.235/72):

I — OS FATOS

Descrição dos motivos de fato, de forma minuciosa e clara. Deverão ser descritos aqueles importantes para a solução do conflito.

II — O DIREITO

II. 1 — PRELIMINAR

Nas preliminares pode-se alegar tudo o que precisa ser decidido antes de apreciar o mérito. A preliminar não discute as razões da impugnação, e sim as razões que podem modificar, inclusive anular o lançamento efetuado.

II. 2 — MÉRITO (inciso III e IV do art. 16 do Decreto n. 70.235/72)

Descrição do direito em que se fundamenta os pontos de discordância e as razões e provas que possuir (anexá-las).

III. 2 — A CONCLUSÃO

(modelo de conclusão)

À vista de todo exposto, demonstrada a insubsistência e improcedência da ação fiscal, espera e requer a impugnante seja acolhida a presente impugnação para o fim de assim ser decidido, cancelando-se o débito fiscal reclamado.

Termos em que

Pede deferimento.

_________, 5 de setembro de AAAA

____

Empresa:

Fone:

(10) Disponível em: <www.receita.fazenda.gov.br/publico/.../impugnacao_pessoa_juridica.rtf>. Acesso em: 25.2.2015.

Observação: Para cada auto de infração poderá ser apresentada defesa em conjunto ou separadamente, se forem dois ou mais os autuados. A defesa apresentada fora do prazo não será conhecida.

— a autoridade julgadora a quem é dirigida;

— a qualificação do impugnante;

— os motivos de fato e de direito em que se fundamenta, os pontos de discordância e as razões e provas que possuir;

— as diligências, ou perícias que o impugnante pretenda sejam efetuadas, expostos os motivos que as justifiquem, com a formulação dos quesitos referentes aos exames desejados, assim como, no caso de perícia, o nome, o endereço e a qualificação profissional do seu perito.

— se a matéria impugnada foi submetida à apreciação judicial, devendo ser juntada cópia da petição.

O art. 10, V, da Lei n. 70.235/72 destaca que o prazo para impugnar a notificação é de 30 dias. Vejamos:

Art. 10. O auto de infração será lavrado por servidor competente, no local da verificação da falta, e conterá obrigatoriamente:

I — a qualificação do autuado;

II — o local, a data e a hora da lavratura;

III — a descrição do fato;

IV — a disposição legal infringida e a penalidade aplicável;

V — a determinação da exigência e a intimação para cumpri-la ou impugná-la no prazo de trinta dias.

Importante consignar o art. 233 do regimento interno da Receita Federal:

Art. 233. Às Delegacias da Receita Federal do Brasil de Julgamento — DRJ, com jurisdição nacional, compete conhecer e julgar em primeira instância, após instaurado o litígio, especificamente, impugnações e manifestações de inconformidade em processos administrativos fiscais:

I — de determinação e exigência de créditos tributários, inclusive devidos a outras entidades e fundos, e de penalidades;

II — de infrações à legislação tributária das quais não resulte exigência do crédito tributário;

III — relativos a exigência de direitos antidumping, compensatórios e de salvaguardas comerciais; e

IV — contra apreciações das autoridades competentes em processos relativos a restituição, compensação, ressarcimento, reembolso, imunidade, suspensão, isenção e redução de alíquotas de tributos, Pedido de Revisão de Ordem de Incentivos Fiscais (PERC), indeferimento de opção pelo Sistema Integrado de Pagamento de Impostos e Contribuições das Microempresas e das Empresas de Pequeno Porte (Simples) e pelo Regime Especial Unificado de Arrecadação de Tributos e Contribuições devidos pelas Microempresas e Empresas de Pequeno Porte (Simples Nacional), e exclusão do Simples e do Simples Nacional.

§1º O julgamento de impugnação de penalidade aplicada isoladamente em razão de descumprimento de obrigação principal ou acessória será realizado pela DRJ competente para o julgamento de litígios que envolvam o correspondente tributo.

§ 2º O julgamento de manifestação de inconformidade contra o indeferimento de pedido de restituição, ressarcimento ou reembolso, ou a não homologação de compensação, será realizado pela DRJ competente para o julgamento de litígios que envolvam o tributo ao qual o crédito se refere.

§ 3º Às DRJ compete, ainda, promover a educação fiscal.

4.3. Recurso de ofício

O art. 70 do Decreto n. 7.574/11 dispõe:

Art. 70. O recurso de ofício deve ser interposto, pela autoridade competente de primeira instância, sempre que a decisão exonerar o sujeito passivo do pagamento de tributo e encargos de multa de valor total (lançamento principal e decorrentes) a ser fixado em ato do Ministro de Estado da Fazenda, bem como quando deixar de aplicar a pena de perdimento de mercadoria com base na legislação do IPI.

§ 1º O recurso será interposto mediante formalização na própria decisão.

§ 2º Sendo o caso de interposição de recurso de ofício e não tendo este sido formalizado, o servidor que verificar o fato representará à autoridade julgadora, por intermédio de seu chefe imediato, no sentido de que seja observada aquela formalidade.

A Receita Federal(11) consigna:

A autoridade de primeira instância (Presidente de Turma da Delegacia da Receita Federal do Brasil de Julgamento) recorrerá de ofício sempre que a decisão:

I — exonerar o sujeito passivo do pagamento de tributo e encargos de multa de valor total (lançamento principal e decorrentes) superior a R$ 1.000.000,00 (um milhão de reais);

II — deixar de aplicar pena de perda de mercadorias ou outros bens cominada a infração denunciada na formalização da exigência.

O recurso será interposto mediante declaração na própria decisão.

O valor da exoneração referida deverá ser verificado por processo.

4.4. Recurso voluntário de pessoa física(12)

À (1º / 2º / 3º) Seção do Conselho Administrativo de Recursos Fiscais (vide competência de cada Seção, definida por matéria)

Processo n.: ________________________________

Recurso Voluntário

______fulano de tal__, CPF n. ______________, residente e domiciliado à rua _______, CEP, município, UF, não se conformando com o auto de infração/notificação de lançamento e a decisão de primeira instância, da qual foi cientificada em __________, vem, respeitosamente, no prazo legal, com amparo no que dispõe o art. 33 do Decreto n. 70.235/72, apresentar seu recurso, pelos motivos que se seguem.

I — OS FATOS

Descrição dos fatos importantes para a decisão da lide.

(11) Disponível em: <http://www.receita.fazenda.gov.br/TextConcat/Default.asp?Pos=8&Div=GuiaContribuinte/RecursoVoluntario/>.

(12) Disponível em: <www.receita.fazenda.gov.br/publico/formularios/ModRecursoVolPF.odt>. Acesso em: 25.2.2015.

II — O DIREITO

II.1 — PRELIMINAR

Nas preliminares pode-se alegar tudo o que precisa ser decidido antes de apreciar o mérito. A preliminar não discute as razões da impugnação, e sim as razões que podem modificar, inclusive anular o lançamento efetuado.

II. 2 — MÉRITO

Apresentação do direito. (Anexar as provas, se houver)

III — A CONCLUSÃO

À vista de todo o exposto, demonstrada a insubsistência e improcedência da ação fiscal, espera e requer a recorrente seja acolhido o presente recurso para o fim de assim ser decidido, cancelando-se o débito fiscal reclamado.

Termos em que

Pede deferimento.

Local, data.

____

Nome:

Fone:

> **Observação:** O recurso voluntário total ou parcial, que tem efeito suspensivo, poderá ser interposto contra decisão de primeira instância contrária ao sujeito passivo, no prazo de trinta dias, contados da data da ciência da decisão. O recurso voluntário total ou parcial, mesmo perempto, deverá ser encaminhado ao órgão de segunda instância, que julgará a perempção. Após o julgamento, é dada a ciência ao contribuinte. A decisão favorável a ele extingue o crédito tributário. A decisão desfavorável leva para a fase de cobrança. O pagamento integral do tributo extinguirá o crédito tributário. Na falta de pagamento, o processo será encaminhado para a cobrança executiva.

4.5. Recurso voluntário de pessoa jurídica[13]

À (1º / 2º / 3º) Seção do Conselho Administrativo de Recursos Fiscais (*vide* competência de cada Seção, definida por matéria)

Processo n.: ____________________________

Recurso Voluntário

________________, CNPJ n. ________________com sede à rua ________, CEP, município, UF, por seu representante legal, não se conformando com o auto de infração e a decisão de primeira instância, da qual foi cientificada

(13) Disponível em: <www.receita.fazenda.gov.br/publico/formularios/ModRecursoVolPJ.odt>. Acesso em: 25.2.2015.

em ______, vem, respeitosamente, no prazo legal, com amparo no que dispõe o art. 33 do Decreto n. 70.235/72, apresentar seu recurso, pelos motivos que se seguem.

I — OS FATOS

Descrição dos fatos importantes para a decisão da lide.

II — O DIREITO

II.1 — PRELIMINAR

Nas preliminares pode-se alegar tudo o que precisa ser decidido antes de apreciar o mérito. A preliminar não discute as razões da impugnação, e sim as razões que podem modificar, inclusive anular o lançamento efetuado.

II. 2 — MÉRITO

Apresentação do direito. (Anexar as provas, se houver)

III — A CONCLUSÃO

À vista de todo o exposto, demonstrada a insubsistência e improcedência da ação fiscal, espera e requer a recorrente seja acolhido o presente recurso para o fim de assim ser decidido, cancelando-se o débito fiscal reclamado.

Termos em que

Pede deferimento.

Local, data.

_________________________________ _________________________________

Nome da empresa:

Nome do representante legal:

Fone:

CPF n.

4.6. Recurso voluntário de espólio[14]

À (1º / 2º / 3º) Seção do Conselho Administrativo de Recursos Fiscais (vide competência de cada Seção, definida por matéria)

Processo n.: ________________________

Recurso Voluntário

Espólio de fulano de tal, CPF n. __________, residente e domiciliado à rua ________, CEP, município, UF, por seu representante legal (inventariante), residente e domiciliado à rua ________, CEP, município, UF, CPF n.

(14) Disponível em: <http://www.receita.fazenda.gov.br/guiacontribuinte/formularios.htm>. Acesso em: 25.2.2015.

____________________, não se conformando com o auto de infração/notificação de lançamento e a decisão de primeira instância, da qual foi cientificada em ______, vem, respeitosamente, no prazo legal, com amparo no que dispõe o art. 33 do Decreto n. 70.235/72, apresentar seu recurso, pelos motivos que se seguem.

I — OS FATOS

Descrição dos fatos importantes para a decisão da lide.

II — O DIREITO

II.1 — PRELIMINAR

Nas preliminares pode-se alegar tudo o que precisa ser decidido antes de apreciar o mérito. A preliminar não discute as razões da impugnação, e sim as razões que podem modificar, inclusive anular o lançamento efetuado.

II. 2 — MÉRITO

Apresentação do direito. (Anexar as provas, se houver)

III — A CONCLUSÃO

À vista de todo o exposto, demonstrada a insubsistência e improcedência da ação fiscal, espera e requer a recorrente seja acolhido o presente recurso para o fim de assim ser decidido, cancelando-se o débito fiscal reclamado.

Termos em que

Pede deferimento.

Local, data.

____

Nome:

Fone:

4.7. Desistência de impugnação ou de recurso administrativo[15]

Ao Sr. Delegado da Receita Federal de Julgamento/Presidente do ___ Conselho Administrativo de Recursos Fiscais:

1. Identificação do sujeito passivo Nome empresarial	CNPJ
2. O sujeito passivo acima identificado requer, na pessoa de seu representante legal, para efeito do que dispõe o art. 79 da Lei Complementar n. 123, de 14 de dezembro de 2006, a desistência ___________ (total/parcial) da impugnação ou do recurso interposto constante do processo administrativo n. ___________. Declara, ainda, que renuncia a quaisquer alegações de direito sobre as quais se fundamenta a referida impugnação ou recurso.	

(15) Disponível em: <http://www.receita.fazenda.gov.br/guiacontribuinte/formularios.htm>. Acesso em: 25.2.2015.

3. Desistência parcial (preencher o quadro somente quando houver desistência parcial)
A desistência parcial acima mencionada refere-se aos débitos correspondentes aos seguintes períodos de apuração:

Débito	Período de Apuração

4. Os débitos objeto da desistência de que trata este requerimento serão incluídos no

Parcelamento dos débitos relacionados no inciso I do § 1º do art. 1º da Instrução Normativa RFB n. 902, de 30 de dezembro de 2008.

Parcelamento dos débitos relacionados no inciso II do § 1º do art. 1º da Instrução Normativa RFB n. 902, de 30 de dezembro de 2008.

5. Identificação do representante legal da Pessoa Jurídica perante o CNPJ

Nome completo	CPF
Assinatura	Data

4.8. Recurso administrativo especial

Caberá recurso especial à Câmara Superior de Recursos Fiscais, no prazo de quinze dias da ciência do acórdão ao interessado, de decisão que der à lei tributária interpretação divergente da que lhe tenha dado outra câmara, turma de câmara, turma especial ou a própria Câmara Superior de Recursos Fiscais. É cabível recurso especial de divergência, previsto no *caput*, contra decisão que der ou negar provimento a recurso de ofício.

Os art. 64, II, do Regimento Interno do CARF destaca:

Art. 64. Contra as decisões proferidas pelos colegiados do CARF são cabíveis os seguintes recursos:

[...]

II — Recurso Especial.

Parágrafo único. Das decisões dos colegiados não cabe pedido de reconsideração.

Vejamos as regras especiais deste recurso previstas nos arts. 67 a 71 do regimento interno do CARF. Vejamos:

Art. 67. Compete à CSRF, por suas turmas, julgar recurso especial interposto contra decisão que der à lei tributária interpretação divergente da que lhe tenha dado outra câmara, turma de câmara, turma especial ou a própria CSRF.

§ 1º Para efeito da aplicação do *caput*, entende-se como outra câmara ou turma as que integraram a estrutura dos Conselhos de Contribuintes, bem como as que integrem ou vierem a integrar a estrutura do CARF.

§ 2º Não cabe recurso especial de decisão de qualquer das turmas que aplique súmula de jurisprudência dos Conselhos de Contribuintes, da Câmara Superior de Recursos Fiscais ou do CARF, ou que, na apreciação de matéria preliminar, decida pela anulação da decisão de primeira instância.

§ 3º O recurso especial interposto pelo contribuinte somente terá seguimento quanto à matéria prequestionada, cabendo sua demonstração, com precisa indicação, nas peças processuais.

§ 4º Na hipótese de que trata o *caput*, o recurso deverá demonstrar a divergência arguida indicando até duas decisões divergentes por matéria.

§ 5º Na hipótese de apresentação de mais de dois paradigmas, caso o recorrente não indique a prioridade de análise, apenas os dois primeiros citados no recurso serão analisados para fins de verificação da divergência.

§ 6º A divergência prevista no *caput* deverá ser demonstrada analiticamente com a indicação dos pontos nos paradigmas colacionados que divirjam de pontos específicos no acórdão recorrido.

§ 7º O recurso deverá ser instruído com a cópia do inteiro teor dos acórdãos indicados como paradigmas ou com cópia da publicação em que tenha sido divulgado ou, ainda, com a apresentação de cópia de publicação de até 2 (duas) ementas.

§ 8º Quando a cópia do inteiro teor do acórdão ou da ementa for extraída da internet deve ser impressa diretamente do sítio do CARF ou da Imprensa Oficial.

§ 9º As ementas referidas no § 7º poderão, alternativamente, ser reproduzidas no corpo do recurso, desde que na sua integralidade.

§ 10. O acórdão cuja tese, na data de interposição do recurso, já tiver sido superada pela CSRF, não servirá de paradigma, independentemente da reforma específica do paradigma indicado.

§ 11. É cabível recurso especial de divergência, previsto no *caput*, contra decisão que der ou negar provimento a recurso de ofício.

Art. 68. O recurso especial, do Procurador da Fazenda Nacional ou do contribuinte, deverá ser formalizado em petição dirigida ao presidente da câmara à qual esteja vinculada a turma que houver prolatado a decisão recorrida, no prazo de 15 (quinze) dias contados da data da ciência da decisão.

§ 1º Interposto o recurso especial, compete ao presidente da câmara recorrida, em despacho fundamentado, admiti-lo ou, caso não satisfeitos os pressupostos de sua admissibilidade, negar-lhe seguimento.

§ 2º Se a decisão contiver matérias autônomas, a admissão do recurso especial poderá ser parcial.

Art. 69. Admitido o recurso especial interposto pelo Procurador da Fazenda Nacional, dele será dada ciência ao sujeito passivo, assegurando-lhe o prazo de 15 (quinze) dias para oferecer contrarrazões e, se for o caso, apresentar recurso especial relativa à parte do acórdão que lhe foi desfavorável.

Art. 70. Admitido o recurso especial interposto pelo contribuinte, dele será dada ciência ao Procurador da Fazenda Nacional, assegurando-lhe o prazo de 15 (quinze) dias para oferecer contrarrazões.

Art. 71. O despacho que rejeitar, total ou parcialmente, a admissibilidade do recurso especial será submetido à apreciação do Presidente da CSRF.

§ 1º O Presidente do CARF da CSRF poderá designar conselheiro da CSRF para se pronunciar sobre a admissibilidade do recurso especial interposto.

§ 2º Na hipótese de o Presidente da CSRF entender presentes os pressupostos de admissibilidade, o recurso especial terá a tramitação prevista nos arts. 69 e 70, dependendo do caso.

§ 3º Será definitivo o despacho do Presidente da CSRF que negar ou der seguimento ao recurso especial.

4.9. Embargos de declaração

Os art. 64, I, do Regimento Interno do CARF destaca:

Art. 64. Contra as decisões proferidas pelos colegiados do CARF são cabíveis os seguintes recursos:

I — Embargos de Declaração; e

[...]

Parágrafo único. Das decisões dos colegiados não cabe pedido de reconsideração.

Os arts. 65 e 66 do regimento interno do CARF trazem as regras relativas aos embargos de declaração. Vejamos:

Art. 65. Cabem embargos de declaração quando o acórdão contiver obscuridade, omissão ou contradição entre a decisão e os seus fundamentos, ou for omitido ponto sobre o qual devia pronunciar-se a turma.

§ 1º Os embargos de declaração poderão ser interpostos, mediante petição fundamentada dirigida ao presidente da Turma, no prazo de cinco dias contado da ciência do acórdão:

I — por conselheiro do colegiado;

II — pelo contribuinte, responsável ou preposto;

III — pelo Procurador da Fazenda Nacional;

IV — pelos Delegados de Julgamento, nos casos de nulidade de suas decisões;

V — pelo titular da unidade da administração tributária encarregada da liquidação e execução do acórdão.

§ 2º O presidente da Turma poderá designar conselheiro para se pronunciar sobre a admissibilidade dos embargos de declaração.

§ 3º O despacho do presidente será definitivo se declarar improcedentes as alegações suscitadas, sendo submetido à deliberação da turma em caso contrário.

§ 4º Do despacho que rejeitar os embargos de declaração será dada ciência ao embargante.

§ 5º Os embargos de declaração opostos tempestivamente interrompem o prazo para a interposição de recurso especial.

§ 6º As disposições deste artigo aplicam-se, no que couber, às decisões em forma de resolução.

Art. 66. As inexatidões materiais devidas a lapso manifesto e os erros de escrita ou de cálculo existentes na decisão serão retificados pelo presidente de turma, mediante requerimento de conselheiro da turma, do Procurador da Fazenda Nacional, do titular da unidade da administração tributária encarregada da execução do acórdão ou do recorrente.

§ 1º Será rejeitado de plano, por despacho irrecorrível do presidente, o requerimento que não demonstrar com precisão a inexatidão ou o erro.

§ 2º Caso o presidente entenda necessário, preliminarmente, será ouvido o conselheiro relator, ou outro designado, na impossibilidade daquele, que poderá propor que a matéria seja submetida à deliberação da turma.

§ 3º Do despacho que indeferir requerimento previsto no *caput*, dar-se-á ciência ao requerente.

5. Processo administrativo de apuração e cobrança de valores devidos ao INSS

5.1. Defesa no processo administrativo de apuração e cobrança de valores devidos ao INSS

DEFESA APRESENTADA À ____________

(autoridade competente que instaurou o processo administrativo de apuração e cobrança)

PAAC N.: ________

ÓRGÃO AUTUANTE: ______________________________

(NOME)

AUTUADO: ______________________________

(NOME)

ENDEREÇO PARA CORRESPONDÊNCIA: ______________________________

(RUA, N., BAIRRO, CIDADE, MUNICÍPIO, ESTADO, CEP)

QUALIFICAÇÃO: ______________________________

(RG, CPF, CARTEIRA DE TRABALHO, ESTADO CIVIL ETC.)

MOTIVO DA DEFESA:

(os motivos de fato que sustentam a defesa)

____

____

FUNDAMENTO DA DEFESA:

(os fundamentos de direito que sustentam a defesa)

____

____

____

PROVAS A SEREM PRODUZIDAS:

____

____

____

LOCAL e DATA

____

ASSINATURA (do próprio ou do representante legal)

Observação: Instaurado o PAAC, o interessado será notificado para apresentar defesa escrita, documentos ou provas, no prazo de dez dias, contados a partir da ciência. A notificação deverá conter a descrição do indício de irregularidade detectado, a quantificação do valor devido e o número do PAAC a que se refere. O art. 12 da Instrução Normativa do INSS n. 74/14 destaca sobre a defesa:

Art. 12. A defesa, formulada por escrito, conterá:

I — o órgão ou autoridade administrativa a que se dirige;

II — o número do PAAC a que se refere;

III — a identificação e endereço do interessado ou de quem o represente;

IV — as razões de fato e de direito; e

V — os documentos ou provas em que se fundamentar.

Ao interessado caberá a prova dos fatos que tenha alegado, sem prejuízo do dever atribuído à autoridade julgadora, para instrução do processo. As atividades de instrução destinadas a averiguar e comprovar os dados necessários à tomada de decisão serão realizadas de ofício, sem prejuízo do direito dos interessados de propor atuações probatórias.

5.2. Recurso em face de razões de legalidade e mérito

RECURSO EM FACE DE RAZÕES DE LEGALIDADE E DE MÉRITO À ________ (Deve ser dirigido à autoridade que proferiu a decisão e será encaminhado para a autoridade superior se não for reconsiderado no prazo de 5 dias)

Referente ao PAAC n.: ____________________

(NOME)

RECORRENTE: ____________________

(NOME)

RECORRIDO — (ÓRGÃO): ____________________

(LOCALIDADE)

ENDEREÇO PARA CORRESPONDÊNCIA: ____________________

(RUA, N., BAIRRO, CIDADE, MUNICÍPIO, ESTADO, CEP)

MOTIVO DO RECURSO:

____

____

____

RAZÕES DO RECURSO:

____

____

____

____

LOCAL e DATA

____

ASSINATURA (do próprio ou do representante legal)

Observação: A decisão administrativa é passível de recurso, em face de razões de legalidade e de mérito. É de trinta dias o prazo para interposição de recurso administrativo, contado a partir da ciência ou divulgação oficial da decisão recorrida. O recurso será dirigido à autoridade que proferiu a decisão, a qual, se não a reconsiderar no prazo de cinco dias, o encaminhará à autoridade superior. Observação: se o recorrente alegar que a decisão administrativa contraria enunciado de súmulas e atos normativos vinculantes, caberá à autoridade prolatora da decisão impugnada, se não a reconsiderar, explicitar, antes de encaminhar o recurso à autoridade superior, as razões da aplicabilidade ou inaplicabilidade do entendimento vinculante, conforme o caso. Se da aplicação do disposto neste artigo puder decorrer gravame à situação do recorrente, este deverá ser cientificado para que formule suas alegações antes da decisão.

5.3. Revisão administrativa

As decisões administrativas poderão ser revistas, a qualquer tempo, a pedido ou de ofício, quando surgirem fatos novos ou circunstâncias relevantes suscetíveis de justificar a sua reforma.

6. *Processo administrativo de análise e julgamento das irregularidades em Regime Próprio de Previdência Social (RPPS) de Estado, do Distrito Federal ou de Município, apuradas em auditoria fiscal direta*

6.1. Impugnação da Decisão-Notificação

IMPUGNAÇÃO apresentada ao Diretor do DRPSP

NAF N.: ________

ÓRGÃO AUTUANTE: ______________________________
(NOME)

ENTE FEDERATIVO AUTUADO: ______________________________
(NOME)

RPPS COM A IRREGULARIDADE CONSTATADA: ______________________________
(NOME)

ENDEREÇO PARA CORRESPONDÊNCIA: ______________________________
(RUA, N., BAIRRO, CIDADE, MUNICÍPIO, ESTADO, CEP)

QUALIFICAÇÃO: ______________________________
(RG, CPF, CARTEIRA DE TRABALHO, ESTADO CIVIL ETC.)

MOTIVO DA DEFESA:
(os motivos de fato que sustentam a defesa)
____
____

FUNDAMENTO DA DEFESA:
(os fundamentos de direito que sustentam a defesa)
____
____

PROVAS A SEREM PRODUZIDAS:
____
____

____
LOCAL e DATA

____
ASSINATURA (do próprio ou do representante legal)

Observação: O ente federativo interessado poderá apresentar impugnação, no prazo de 30 dias, contados da data do recebimento da NAF (Notificação de Auditoria Fiscal). A impugnação, instruída com a prova de representação legal do ente federativo, será formalizada por meio de documento original e protocolada diretamente na Secretaria de Políticas de Previdência Social — SPPS ou remetida por via postal, hipótese em que será considerada tempestiva se postada no prazo de 30 dias. Decorrido o prazo de 30 dias, sem impugnação, as irregularidades apontadas na NAF serão consideradas procedentes, ensejando seu imediato registro no Sistema de Informações dos Regimes Públicos de Previdência Social — CADPREV. O Auditor Fiscal analista designado apreciará a impugnação e as provas, observando os fatos e circunstâncias constantes dos autos, e concluirá sobre a procedência ou improcedência das irregularidades apontadas na NAF, submetendo sua conclusão à autoridade imediatamente superior, que deverá proferir a Decisão-Notificação.

A portaria MPS n. 530/14 trata do processo administrativo previdenciário para análise e julgamento das irregularidades em Regime Próprio de Previdência Social (RPPS) de Estado, do Distrito Federal ou de Município, apuradas em auditoria fiscal direta. O art. 1º dessa norma destaca a finalidade desse processo administrativo. Vejamos:

> Art. 1º O Processo Administrativo Previdenciário — PAP, no âmbito do Ministério da Previdência Social — MPS, destina-se à análise e julgamento das irregularidades em Regime Próprio de Previdência Social — RPPS de Estado, do Distrito Federal ou de Município, apuradas em auditoria fiscal direta, observadas as normas contidas nesta Portaria.
>
> Parágrafo único. Não se aplica o disposto nesta Portaria à análise das irregularidades apuradas em auditoria indireta, que observará o ato normativo do MPS que dispõe sobre a emissão do Certificado de Regularidade Previdenciária — CRP.

A impugnação mencionará:

— a qualificação do impugnante;

— os pontos de discordância e os motivos de fato e de direito em que se fundamenta o pedido;

— os documentos que a acompanham, demonstrando a sua relação com os motivos de fato em que se fundamenta o pedido;

— os termos de acordo de parcelamento ou reparcelamento, formalizados e encaminhados à SPPS por meio do Sistema de Informações dos Regimes Públicos de Previdência Social — módulo *Web* — CADPREV-Web, para regularização de débitos relacionados ao PAP.

6.2. Recurso da Decisão-Notificação

IMPUGNAÇÃO apresentada a_________
(autoridade superior a que tenha proferido à decisão-notificação)

NAF N.: ________

ÓRGÃO AUTUANTE: ____

(NOME)

ENTE FEDERATIVO AUTUADO: __________________________________

(NOME)

RPPS COM A IRREGULARIDADE CONSTATADA: ________________________

(Nome)

ENDEREÇO PARA CORRESPONDÊNCIA: ______________________________

(RUA, N., BAIRRO, CIDADE, MUNICÍPIO, ESTADO, CEP)

QUALIFICAÇÃO: ____

(RG, CPF, CARTEIRA DE TRABALHO, ESTADO CIVIL ETC.)

MOTIVO DO RECURSO:
(os motivos de fato que sustentam o recurso)

____

____

FUNDAMENTO DO RECURSO:
(os fundamentos de direito que sustentam o recurso)

____

____

____

PROVAS A SEREM PRODUZIDAS:

____

____

____

LOCAL e DATA

____

ASSINATURA (do próprio ou do representante legal)

Observação: A Decisão-Notificação conterá identificação do PAP, ementa, relatório resumido, fundamentação, conclusão e ordem de intimação, devendo apreciar todas as razões de defesa suscitadas pelo impugnante. A Decisão-Notificação deverá ser concluída no prazo máximo de 180 dias a partir da apresentação da impugnação. Considera-se apresentada a impugnação na data de sua postagem na empresa concessionária de serviço postal ou, se pessoal, na data de seu protocolo na SPPS. O prazo de 180 dias poderá ser prorrogado uma única vez, desde que prévia e expressamente autorizado pelo Diretor do DRPSP, mediante justificativa, não podendo o novo prazo exceder a 180 dias.

Caberá recurso voluntário no prazo de 30 dias contados da ciência da Decisão-Notificação. O recurso, instruído com a prova de representação legal do ente federativo, será formalizado por meio de documento original e protocolado diretamente na SPPS ou remetido por via postal, hipótese em que será considerado tempestivo se postado de 30 dias após a ciência da Decisão-Notificação. O recurso, as provas, os fatos e as circunstâncias constantes dos autos serão analisados pelo Auditor Fiscal analista designado, que concluirá pela procedência ou improcedência das irregularidades mantidas na Decisão-Notificação, submetendo sua conclusão a autoridade superior àquela que tenha proferido a Decisão-Notificação, que deverá proferir a Decisão de Recurso.

A autoridade competente poderá determinar a realização de diligências quando necessário complementar ou esclarecer informações. O ente federativo será cientificado da determinação para realização de diligências e do procedimento a ser observado. As diligências deverão ser realizadas no prazo máximo de 90 dias, contados a partir da data da ciência, pelo ente federativo, da determinação de sua realização, podendo ser prorrogado por até 90 dias pelo Diretor do Departamento dos Regimes de Previdência no Serviço Público, mediante justificativa.

6.3. Modelo de projeto de lei (parcelamento especial)(16)

Lei n. __________, de (dia) de (mês) de (ano).

Dispõe sobre o reparcelamento e parcelamento de débitos do Município de (NOME DO MUNICÍPIO) com seu Regime Próprio de Previdência Social — RPPS.

O Prefeito Municipal de (NOME DO MUNICÍPIO), no uso de suas atribuições legais;

Faz saber que a Câmara Municipal de (NOME DO MUNICÍPIO) aprovou e eu sanciono a seguinte Lei:

Art. 1º Fica autorizado o parcelamento e/ou reparcelamento dos débitos do Município de (NOME DO MUNICÍPIO) com seu Regime Próprio de Previdência Social — RPPS, gerido pelo (NOME DA UNIDADE GESTORA), relativos a competências até fevereiro de 2013, observado o disposto no art. 5º-A da Portaria MPS n. 402/08, na redação das Portarias MPS ns. 21/13 e 307/13:

I — os débitos oriundos de contribuições previdenciárias devidas e não repassadas pelo Município (patronal), em até 240 (duzentas e quarenta) prestações mensais, iguais e consecutivas;

II — os débitos oriundos de contribuições previdenciárias descontadas dos segurados ativos, aposentados e pensionistas, em até 60 (sessenta) prestações mensais, iguais e consecutivas;

III — os débitos não decorrentes de contribuições previdenciárias, em até 60 (sessenta) prestações mensais, iguais e consecutivas.

(16) Disponível em: <http://www.previdencia.gov.br/modelo-de-legislao-de-rpps/>. Acesso em: 25.2.2015.

Art. 2º Para apuração do montante devido1 os valores originais serão atualizados pelo (ÍNDICE), acrescido de juros (SIMPLES ou COMPOSTOS) de (TAXA) % (EXTENSO) ao mês e multa de (TAXA) % (EXTENSO), acumulados desde a data de vencimento até a data da assinatura do termo de acordo de parcelamento ou reparcelamento.

§ 1º As prestações vincendas serão atualizadas mensalmente pelo (ÍNDICE), acrescido de juros (SIMPLES ou COMPOSTOS) de (TAXA) % (EXTENSO) ao mês, acumulados desde a data de consolidação do montante devido no termo de acordo de parcelamento ou reparcelamento até o mês do pagamento.

§ 2º As prestações vencidas serão atualizadas mensalmente pelo (ÍNDICE), acrescido de juros (SIMPLES ou COMPOSTOS) de (TAXA) % (EXTENSO) ao mês e multa de TAXA % (EXTENSO), acumulados desde a data de vencimento da prestação até o mês do efetivo pagamento.

Art. 3º Fica autorizada a vinculação do Fundo de Participação dos Municípios — FPM como garantia das prestações acordadas no termo de parcelamento ou reparcelamento, não pagas no seu vencimento.

Parágrafo único. A garantia de vinculação do FPM deverá constar de cláusula do termo de parcelamento ou reparcelamento e de autorização fornecida ao agente financeiro responsável pelo repasse das cotas, e vigorará até a quitação do termo.

Art. 4º Esta Lei entrará em vigor na data de sua publicação, revogadas as disposições em contrário.

(LOCAL), (DIA) de (MÊS) de (ANO).

____

(NOME DO PREFEITO)

Prefeito Municipal

PUBLICADO EM _____/_____/_____ NO ________________________

6.4. Modelo de projeto de lei (parcelamento convencional)(17)

MODELO DE PROJETO DE LEI — PARCELAMENTO CONVENCIONAL

Lei n. ______, de (dia) de (mês) de (ano).

Dispõe sobre o parcelamento de débitos do Município de (NOME DO MUNICÍPIO) com seu Regime Próprio de Previdência Social — RPPS.

O Prefeito Municipal de (NOME DO MUNICÍPIO), no uso de suas atribuições legais;

Faz saber que a Câmara Municipal de (NOME DO MUNICÍPIO) aprovou e eu sanciono a seguinte Lei:

Art. 1º Fica autorizado o parcelamento dos débitos oriundos das contribuições previdenciárias devidas e não repassadas pelo Município (patronal) ao Regime Próprio de Previdência Social — RPPS, das competências (MÊS/ANO) a (MÊS/ANO), em até 60 (sessenta) prestações mensais, iguais e consecutivas, nos termos do art. 5º da Portaria MPS n. 402/08, na redação das Portarias MPS ns. 21/13 e 307/13.

Parágrafo único. É vedado o parcelamento, para o período a que se refere o *caput* deste artigo, de débitos oriundos de contribuições previdenciárias descontadas dos segurados ativos, aposentados e pensionistas e de débitos não decorrentes de contribuições previdenciárias.

(17) Disponível em: <http://www.previdencia.gov.br/modelo-de-legislao-de-rpps/>. Acesso em: 25.2.2015.

Art. 2º Para apuração do montante devido os valores originais serão atualizados pelo (ÍNDICE), acrescido de juros (SIMPLES ou COMPOSTOS) de (TAXA) % (EXTENSO) ao mês e multa de (TAXA) % (EXTENSO), acumulados desde a data de vencimento até a data da assinatura do termo de acordo de parcelamento.

§ 1º As prestações vincendas serão atualizadas mensalmente pelo (ÍNDICE), acrescido de juros (SIMPLES ou COMPOSTOS) de (TAXA) % (EXTENSO) ao mês, acumulados desde a data de consolidação do montante devido no termo de acordo de parcelamento até o mês do pagamento.

§ 2º As prestações vencidas serão atualizadas mensalmente pelo (ÍNDICE), acrescido de juros (SIMPLES ou COMPOSTOS) de (TAXA) % (EXTENSO) ao mês e multa de TAXA % (EXTENSO), acumulados desde a data de vencimento da prestação até o mês do efetivo pagamento.

Art. 3º Fica autorizada a vinculação do Fundo de Participação dos Municípios — FPM como garantia das prestações acordadas no termo de parcelamento, não pagas no seu vencimento.

Parágrafo único. A garantia de vinculação do FPM deverá constar de cláusula do termo de parcelamento e de autorização fornecida ao agente financeiro responsável pelo repasse das cotas, e vigorará até a quitação do termo.

Art. 4º Esta Lei entrará em vigor na data de sua publicação, revogadas as disposições em contrário.

(LOCAL), (DIA) de (MÊS) de (ANO).

____

(NOME DO PREFEITO)

Prefeito Municipal

PUBLICADO EM ____/____/____ NO ________________

6.5. Modelo de projeto de lei (alteração de alíquotas)(18)

MODELO DE PROJETO DE LEI — ALTERAÇÃO DE ALÍQUOTAS

LEI N. NNNN/AAAA

Altera as alíquotas de contribuição previdenciária devidas pelo Município ao Regime Próprio de Previdência Social — RPPS.

O Prefeito Municipal de (NOME DO MUNICÍPIO), no uso de suas atribuições legais;

Faz saber que a Câmara Municipal de (NOME DO MUNICÍPIO) aprovou e eu sanciono a seguinte Lei:

Art. 1º A contribuição previdenciária de responsabilidade do ente relativa ao custo normal dos benefícios previdenciários e ao custeio das despesas correntes e de capital necessárias à organização e funcionamento da unidade gestora do RPPS será de XX,XX%, incidente sobre a totalidade da remuneração de contribuição dos servidores ativos.

Art. 2º Fica instituída contribuição a cargo do ente no percentual de XX,XX%, relativa ao custo suplementar destinado à amortização do déficit atuarial, incidente sobre a totalidade da remuneração de contribuição dos servidores ativos, para o período de AAAA (ano inicial) a AAAA (ano final).

(18) Disponível em: <http://www.previdencia.gov.br/modelo-de-legislao-de-rpps/>. Acesso em: 25.2.2015.

Art. 3º As contribuições correspondentes às alíquotas do custo normal e suplementar, relativas ao exercício de AAAA (ano inicial), serão exigidas a partir do primeiro dia do mês seguinte ao da publicação desta lei.

Art. 4º Caso a reavaliação atuarial anual indique a necessidade de majoração do plano de custeio, as alíquotas de contribuição do ente poderão ser revistas por meio de Decreto expedido pelo Poder Executivo.

Art. 5º Esta Lei entrará em vigor na data de sua publicação, revogadas as disposições em contrário.

(LOCAL), (DIA) de (MÊS) de (ANO).

____

(NOME DO PREFEITO)

Prefeito Municipal

PUBLICADA EM _____/_____/_____ NO ___________________________

6.6. Enunciados administrativos

6.6.1. *Súmulas especiais da Previc*

Súmula Previc n. 1: o prazo para apresentação de defesa em face de auto de infração conta-se a partir da última notificação válida, quando forem dois ou mais os autuados no mesmo processo administrativo.

Súmula PREVIC n. 2: aplica-se na Previdência Complementar Fechada o princípio da retroatividade da norma mais benéfica, inclusive na hipótese de enquadramento decorrente da alteração promovida pela Resolução CMN n. 3.792, de 24.9.2009.

Súmula PREVIC n. 3: a destinação periódica de valores a inativos a título de verba complementar insere-se no âmbito de fiscalização da PREVIC quando presentes elementos estruturantes da relação jurídica de previdência privada: complementariedade; autonomia em relação aos regimes de previdência social; facultatividade; contratualidade; constituição de reservas para os benefícios programados e de prestações continuadas; e independência da relação de trabalho do beneficiário.

6.6.2. *Súmulas especiais da CARF*

Súmula CARF n. 3: para a determinação da base de cálculo do Imposto de Renda das Pessoas Jurídicas e da Contribuição Social sobre o Lucro, a partir do ano-calendário de 1995, o lucro líquido ajustado poderá ser reduzido em, no máximo, trinta por cento, tanto em razão da compensação de prejuízo como em razão da compensação da base de cálculo negativa.

Súmula CARF n. 55: o saldo devedor da correção monetária complementar, correspondente à diferença verificada em 1990 entre o IPC e o BTNF, não pode ser deduzido na apuração da base de Cálculo da Contribuição Social sobre o Lucro Líquido (CSLL).

Súmula CARF n. 62: a base de cálculo das contribuições previdenciárias será o valor total fixado na sentença ou acordo trabalhista homologado, quando as parcelas legais de incidência não estiverem discriminadas.

Súmula CARF n. 64: não incidem contribuições previdenciárias sobre as verbas concedidas aos segurados empregados a título de auxílio-creche, na forma do art. 7º, inciso XXV, da Constituição Federal, em face de sua natureza indenizatória.

Súmula CARF n. 89: a contribuição social previdenciária não incide sobre valores pagos a título de vale-transporte, mesmo que em pecúnia.

Súmula CARF n. 99: para fins de aplicação da regra decadencial prevista no art. 150, § 4º, do CTN, para as contribuições previdenciárias, caracteriza pagamento antecipado o recolhimento, ainda que parcial, do valor considerado como devido pelo contribuinte na competência do fato gerador a que se referir a autuação, mesmo que não tenha sido incluída, na base de cálculo desse recolhimento, parcela relativa a rubrica especificamente exigida no auto de infração.

6.6.3. *Enunciados do CRPS*

Enunciado n. 4: "Consoante inteligência do § 3º do art. 55 da Lei n. 8.213/91, não será admitida como eficaz para comprovação de tempo de contribuição e para os fins previstos na legislação previdenciária, a ação Reclamatória Trabalhista em que a decisão não tenha sido fundamentada em início razoável de prova material contemporânea constante nos autos do processo".

Enunciado n. 5: "A Previdência Social deve conceder o melhor benefício a que o segurado fizer jus, cabendo ao servidor orientá-lo nesse sentido".

Enunciado n. 6: "O ingresso do segurado em regime próprio de previdência pelo mesmo emprego, importa na sua exclusão automática da Previdência Social para o qual não pode contribuir como facultativo".

Enunciado n. 7: "O tempo de serviço prestado no exterior a empresa não vinculada à Previdência Social brasileira não pode ser computado, salvo tratado de reciprocidade entre Brasil e Estado Estrangeiro onde o trabalho, prestado num, seja contado no outro, para os efeitos dos benefícios ali previstos".

Enunciado n. 8: "Fixada a data do início da incapacidade antes da perda da qualidade de segurado, a falta de contribuição posterior não prejudica o seu direito as prestações previdenciárias".

Enunciado n. 13: "A dependência econômica pode ser parcial, devendo, no entanto, representar um auxílio substancial, permanente e necessário, cuja falta acarretaria desequilíbrio dos meios de subsistência do dependente".

Enunciado n. 14: "Não se indefere benefício sob fundamento de falta de recolhimento de contribuição previdenciária quando esta obrigação for devida pelo empregador".

Enunciado n. 19:"Transcorridos mais de dez anos da data da concessão do benefício, não poderá haver sua suspensão ou cancelamento na hipótese de o interessado não mais possuir a documentação que instruiu o pedido, exceto em caso de fraude ou má-fé".

Enunciado n. 20: "Salvo em relação ao agente agressivo ruído, não será obrigatória a apresentação de laudo técnico pericial para períodos de atividades anteriores à edição da Medida Provisória n. 1.523-10, de 11.10.1996, facultando-se ao segurado a comprovação de efetiva exposição a agentes agressivos à sua saúde ou integridade física mencionados nos formulários SB-40 ou DSS-8030, mediante o emprego de qualquer meio de prova em direito admitido"

Enunciado n. 21: "O simples fornecimento de equipamento de proteção individual de trabalho pelo empregador não exclui a hipótese de exposição do trabalhador aos agentes nocivos à saúde, devendo ser considerado todo o ambiente de trabalho".

Enunciado n. 22: "Considera-se segurada especial a mulher que, além das tarefas domésticas, exerce atividades rurais com o grupo familiar respectivo, aproveitando-se-lhe as provas materiais apresentadas em nome de seu cônjuge ou companheiro, corroboradas por meio de pesquisa, entrevista ou Justificação Administrativa".

Enunciado n. 23: "O pecúlio previsto no inciso II do art. 81 da Lei n. 8.213/91, em sua redação original que não foi pago em vida ao segurado aposentado que retornou à atividade quando dela se afastou, é devido aos seus dependentes ou sucessores, relativamente às contribuições vertidas até 14.4.1994, salvo se prescrito".

Enunciado n. 25: "A notificação do sujeito passivo após o prazo de validade do Mandado de Procedimento Fiscal — MPF — não acarreta nulidade do lançamento".

Enunciado n. 26: "A concessão da pensão por morte ao cônjuge ou companheiro do sexo masculino, no período compreendido entre a promulgação da Constituição Federal de 1988 e o advento da Lei n. 8.213, de 1991, rege-se pelas normas do Decreto n. 83.080, de 24 de janeiro de 1979, seguido pela Consolidação das Leis da Previdência Social (CLPS) expedida pelo Decreto n. 89.312, de 23 de janeiro de 1984, que continuaram a viger até o advento da Lei n. 8.213/91, aplicando-se tanto ao trabalhador do regime previdenciário rural quanto ao segurado do regime urbano".

Enunciado n. 27: "Cabe ao contribuinte individual comprovar a interrupção ou o encerramento da atividade pela qual vinha contribuindo, sob pena de ser considerado em débito no período sem contribuição. A concessão de benefícios previdenciários, requeridos pelo contribuinte individual em débito, é condicionada ao recolhimento prévio das contribuições em atraso, ressalvada a alteração introduzida pelo Decreto n. 4.729/03, no art. 26, § 4º e no art. 216, I, *a,* do Decreto n. 3.048/99, que, a partir da competência abr. 2003, torna presumido o recolhimento das contribuições descontadas dos contribuintes individuais pela empresa contratante de seus serviços".

Enunciado n. 28: "Não se aplica o disposto no art. 76 do Regulamento da Previdência Social, aprovado pelo Decreto n. 3.048/99, para justificar a retroação do termo inicial do benefício auxílio-doença requerido após o trigésimo dia do afastamento da atividade, nos casos em que a perícia médica fixar o início da atividade anterior à data de entrada do requerimento, tendo em vista que esta hipótese não implica em ciência pretérita da Previdência Social".

Enunciado n. 29: "Nos casos de levantamento por arbitramento, a existência do fundamento legal que ampara tal procedimento, seja no relatório Fundamentos Legais do Débito — FLD ou no Relatório Fiscal — REFISC garante o pleno exercício do contraditório e da ampla defesa, não gerando a nulidade do lançamento".

Enunciado n. 30: "Em se tratando de responsabilidade solidária o fisco previdenciário tem a prerrogativa de constituir os créditos no tomador de serviços mesmo que não haja apuração prévia no prestador de serviços".

Enunciado n. 31: "Nos períodos de que trata o art. 15 da Lei n. 8.213/91, é devido o salário-maternidade à segurada desempregada que não tenha recebido indenização por demissão sem justa causa durante a estabilidade gestacional, vedando-se, em qualquer caso, o pagamento em duplicidade".

Enunciado n. 32: "A atividade especial efetivamente desempenhada pelo (a) segurado(a), permite o enquadramento por categoria profissional nos Anexos aos Decretos ns. 53.831/64 e 83.831/79, ainda que divergente do registro em Carteira de Trabalho da Previdência Social — CTPS — e/ou Ficha de Registro de Empregados, desde que comprovado o exercício nas mesmas condições de insalubridade, periculosidade ou penosidade".

Enunciado n. 33: "Para os efeitos de reconhecimento de tempo especial, o enquadramento do tempo de atividade do trabalhador rural, segurado empregado, sob o código 2.2.1 do Quadro anexo ao Decreto n. 53.831, de 25 de março de 1964, é possível quando o regime de vinculação for o da Previdência Social Urbana, e não o da Previdência Rural (PRORURAL), para os períodos anteriores à unificação de ambos os regimes pela Lei n. 8.213, de 1991, e aplica-se ao tempo de atividade rural exercido até 28 de abril de 1995, independentemente de ter sido prestado exclusivamente na lavoura ou na pecuária".

Enunciado n. 34: "O prazo prescricional quinquenal, disposto no parágrafo único do art. 103 da Lei n. 8.213, de 1991, aplica-se às revisões previstas nos arts. 144 e 145 do mesmo diploma legal".

Enunciados revogados: 1, 2, 3, 9, 10, 11, 12, 14, 15, 16, 17, 24.

6.6.4. Decisões da CRPC

Aplicação de recursos:

Recurso voluntário. Conduta infracional caracterizada por aplicar os recursos garantidores em desconformidade com as diretrizes estabelecidas pelo Conselho Monetário Nacional. Art. 64 do Decreto n. 4.942/03. Conflito de interesses. Responsabilidade do dirigente estatutário. Dosimetria da pena. Recurso conhecido e dado parcial provimento. I — O autuado na qualidade de gestor da EFPC, não avaliou potenciais conflitos de interesse dos seus prestadores de serviços e tampouco se assegurou de que o prestador de serviço tomou os cuidados necessários para lidar com os conflitos existentes em decorrência do alinhamento de interesses entre o prestador de serviços e a contraparte da EFPC. Comprovada afronta as diretrizes do Conselho Monetário Nacional; II — Na dosimetria da pena há que se levar em conta fatores intraprocessuais e extraprocessuais. De sorte que a conduta descrita nos autos deve possuir gravidade e potencial danoso devidamente comprovado (fator intraprocessual), ou a conduta do agente infrator em outros casos de irregularidade (reincidência) ser devidamente apontados quando da aplicação da pena. (44190.000048/2011-64 40ª RO de 19.2.2014 Entidade Interessada: CELOS — Fundação Celesc de Seguridade Social. Relator: Antônio Bráulio de Carvalho).

Ajuste atuarial:

Análise dos autos de infração ns. 2/11, 3/11 e 4/11. Ato jurídico perfeito. Contribuição normal. Paridade contributiva. Improcedência. 1. A transação havida entre as patrocinadoras e os participantes e assistidos, em face de processo de revisão e ajuste atuarial de planos de benefícios, por intermédio de estímulo a migração entre planos, com observância das disposições legais vigentes à época, constitui ato jurídico perfeito e deve ser observado para todos os fins, e no âmbito do contrato previdenciário não aproveita, nem prejudica senão aos que nela interviram e pactuaram. (incisos II, XXXVI e XXXIX, do art. 5º; § 3º, art. 202 da CF, c/c arts. 6º e 17 da LC n. 109, de 2001); 2. As contribuições destinadas especificamente para fins de cobertura de despesas administrativas não se incluem no conceito de contribuição normal, ou seja, aquela realizada pela patrocinadora e pelo participante destinada à constituição de reservas, com a finalidade de prover o pagamento de benefícios de caráter previdenciário (§ 3º do art. 202 da CF, c/c os arts. 6º e 7º da LC n. 108, de 2001, e arts. 18 e 19 da LC n. 109, de 2001); 3. A obrigatoriedade de atendimento ao princípio da paridade contributiva aplica-se exclusivamente às contribuições normais, valendo para as demais modalidades de contribuição, rateio de despesas ou obrigações as regras pactuadas no âmbito do contrato previdenciário. (§ 3º do art. 202 da CF, c/c o art. 19 da LC n. 109, de 2001); 4. O cumprimento do regulamento do plano de benefícios da entidade fechada de previdência complementar, conforme aprovado pelo órgão de supervisão, orientação e fiscalização das EFPCs, é dever dos dirigentes da entidade (art. 202 da CF, c/c art. 6º da LC n. 109, de 2001 e art. 90 do Decreto n. 4.942, de 2003); 5. A não caracterização dos fatos descritos no auto de infração, ensejadores de apuração de responsabilidade pela autoridade, bem como a sua tipificação em desacordo com a legislação própria ou vício em um dos seus elementos componentes implicam sua improcedência.

(incisos VII e *caput* do art. 2º, c/c o § 1º do art. 50, da Lei n. 9.784, de 1999, e c/c o inciso IV, do art. 4º do Decreto 4.942, de 2003). 44190.000002/2011-45, 44190.000003/2011-90 e 44190.000004/2011-34 (Entidade Interessada: COPEL — Fundação Copel de Previdência e Assistência Social Relator: Antônio Bráulio de Carvalho 40ª RO de 19.2.2014)

Autorização de órgão competente:

Recurso voluntário. Conduta infracional caracterizada pelo exercício de atividade de previdência complementar sem autorização do órgão competente. Arts. 33, I e 67 da Lei Complementar n. 109/01 c/c art. 102 do Decreto n. 4.942/03. Desistência tácita. Recurso voluntário não conhecido. 40ª RO de 19.2.2014. 45183.000109/2012-26. Entidade Interessada: CAPEBA — Caixa Beneficente do Pastor. Relator: Alano Roberto Santiago Guedes

Autorização de órgão competente:

Aplicação dos recursos garantidores em desacordo com as diretrizes do Conselho Monetário Nacional — CMN. Inobservância da Política de Investimentos. Necessidade de Estudos Técnicos. Não substituição por análise de *rating*. Perigo Abstrato. Prejuízo. Multa Pecuniária. Recurso voluntário não provido. Recurso de ofício provido. Decisão de investimento da Diretoria Executiva. 41ª RO de 19/03/201444150.000001/2013-39 e 44150.000002/2013-83. Entidade Interessada: PREVBEP Caixa de Previdência Social Relator: Adriano Cardoso Henrique.

Acórdão apoiado em mais de um fundamento:

Embargos de Declaração. Alegada contradição inexistente na decisão proferida. Acórdão embargado apoiado em mais de um fundamento. A finalidade dos Embargos é sanar, na decisão proferida, eventual obscuridade, ambiguidade, contradição ou omissão. Não se vislumbra no acórdão desta Câmara a necessidade de saneamento em razão de qualquer desses aspectos, que dificultem o entendimento do resultado do julgamento. Estando o acórdão embargado apoiado em mais de um fundamento, eventual incerteza na configuração em relação a um deles, não retira a clareza, eficácia e robustez da decisão 42ª RO de 10/04/201444190.000002/2011-45, 44190.000003/2011-90 e 44190.000004/2011-34. Entidade Interessada: COPEL — Fundação Copel de Previdência e Assistência Social. Relator: Antônio Bráulio de Carvalho.

Prescrição quinquenal:

Recurso voluntário. Conduta infracional caracterizada pela realização de operação com patrimônio da entidade fechada de previdência complementar sem autorização do órgão estatutário competente ou em desacordo com a política de investimento. Apuração inequívoca de ato infracional por qualquer órgão competente da administração pública, em caso de responsabilidade solidária, aproveita aos demais órgãos. Prescrição quinquenal. 44ª RO de 22.9.2014. 44150.000013/2012-82. Entidade Interessada: CAPOF — Caixa de Assistência e Aposentadoria dos Funcionários do Banco do Estado do Maranhão. Relator: Sérgio Ricardo dos Santos Rosa

Auto de infração nulo:

Recurso de Ofício. Auto de Infração julgado nulo. Aplicação dos recursos garantidores das reservas técnicas, provisões e fundos dos planos de benefícios. Desenquadramento em relação à legislação. Limite de vinte e cinco por cento do patrimônio líquido da instituição financeira.1. A Resolução CMN n. 3.792/2009 trata diferentemente os limites em relação à alocação por emissor — art. 41 que limita o percentual dos recursos garantidores que podem ser investidos em uma mesma instituição financeira — e à concentração por emissor — art. 42 que limita o montante dos investimentos a um percentual do patrimônio líquido de uma mesma instituição financeira. 2. Na alocação por emissor, para as instituições financeiras também são computadas as suas coobrigações, além de se considerar como único emissor os integrantes de um mesmo conglomerado financeiro. 3. Na concentração por emissor são computadas somente os títulos e valores mobiliários de emissão da própria instituição financeira. Decisão: Por unanimidade de votos a Câmara de Recursos da Previdência Complementar conhece do recurso de ofício e nega provimento. 44ª RO de 22/09/201444011.000706/2013-41. Entidade Interessada: Fundação Geap previdência Relator: Paulino Seiji Kuzuhara.

Irregularidade:

Irregularidade praticada por membros da Diretoria Executiva da Fundação Corsan. Inocorrência de prejuízo. Ausência de elemento subjetivo de culpa ou dolo. Inobservância da necessidade de autorização prévia do Conselho Deliberativo. Autorização *a posteriori* deste órgão que referendou os atos praticados. Aplicação do contido no § 2º do art. 22 do Decreto n. 4.942, de 30 de dezembro de 2003. Recurso de ofício conhecido e não provido. 44ª RO de 22/09/201444190.000153/2013-65. Entidade Interessada: Fundação Corsan dos Funcionários da Companhia Riograndense de Saneamento. Relator: Fábio Lucas de Albuquerque Lima.

Manutenção de membros sem os requisitos exigidos:

Auto de infração. Manter membros nos órgãos deliberativo, executivo ou fiscal sem o preenchimento dos requisitos exigidos pela resolução CMN n. 3.792/09. Falta de certificação do AETQ. Inexistência de conduta típica. Inviabilidade de recapitulação na hipótese. Nulidade. 45ª RO de 22/10/201444190.000022/2013-88 Entidade Interessada: CELOS — Fundação Celesc de Seguridade Social. Relator: José Ricardo Sasseron.

Descumprimento das resoluções do CMN:

NULIDADE DO AUTO DE INFRAÇÃO. PREENCHIDOS OS TRÊS REQUISITOS PREVISTOS NO § 2º DO ART. 22 DO DECRETO N. 4.942/03, A SUA APLICAÇÃO FAZ-SE OBRIGATÓRIA, DIANTE DO CARÁTER COGENTE DA NORMA, IMPEDINDO A FISCALIZAÇÃO DE LAVRAR, DE IMEDIATO, O AUTO DE INFRAÇÃO. 1 — O eventual descumprimento de qualquer dispositivo das Resoluções do Conselho Monetário Nacional, que disciplinam os investimentos das entidades fechadas de previdência complementar, não tem, por si só, o condão de afastar a aplicação da previsão contida no § 2º do art. 22 do Decreto 4.942/2003, caso se verifique que o ato considerado infracional não causou qualquer prejuízo financeiro à entidade, ao plano de benefícios por ela administrado ou aos seus participantes. 2 — O fato das CCBs terem sido integralmente liquidadas pela emissora, nas condições pactuadas, antes da lavratura do auto de infração, tornava sem qualquer efeito prático e, de consequência, desnecessária a correção da suposta deficiência da avaliação de risco de crédito procedida pela Entidade, inexistindo pois, neste caso, qualquer motivação para aquele ato administrativo, sob o prisma da possibilidade/necessidade. RECURSO VOLUNTÁRIO CONHECIDO E PROVIDO PARA ACOLHER A PRELIMINAR SUSCITADA E DECLARAR A NULIDADE DO AUTO DE INFRAÇÃO N. 0005/13-49 — ERRS/PREVIC. 45ª RO de 22.10.2014. 44190.000023/2013-22.

Entidade Interessada: CELOS — Fundação Celesc de Seguridade Social. Relator: Newton Carneiro da Cunha.

Ausência de intimação do patrono dos recorrentes:

Previdência complementar. Processo administrativo sancionador. Preliminar de nulidade por ausência de intimação do patrono dos recorrentes — inadmissibilidade — inexistência de exigência legal que determine a intimação conjunta dos autuados e seus advogados concomitantemente — engesse do art. 12, combinado com o art. 6º do Decreto n. 4.942/03, bem como aplicação analógica do art. 214 do CPC — precedentes do STJ — preliminar afastada. Previdência complementar. Processo administrativo sancionador. Preliminar de litisconsórcio passivo necessário — alegação de descumprimento da regra do art. 22, parágrafo único, da Lei Complementar n. 108/01 e consequente necessidade de inclusão no polo passivo do conselho fiscal, conselho deliberativo e CCI — inadmissibilidade — inaplicabilidade da regra referente à apuração de responsabilidade civil ao presente processo sancionador com natureza administrativa — inexistência de determinação legal que imponha a existência de litisconsórcio passivo necessário — preliminar afastada. Previdência complementar. Processo administrativo sancionador. Aplicação de recursos garantidores das reservas técnicas, provisões e fundos dos planos de benefício em desacordo com as diretrizes estabelecidas pelo conselho monetário nacional, infringindo o disposto no § 1º do art. 9º da LC n. 109/01, c/c art. 64 do Decreto n. 4.942, de 30.12.2003 e nos incisos I e IV dos arts. 4º e no 9º — provas documentais carreadas nos autos que compravam o ato infracional — legalidade e adequação das sanções aplicadas. 45ª RO de 22.10.2014. 44190.000021/2013-33. Entidade Interessada: Fundação CEEE de Seguridade Social — ELETROCEEE. Relator: Evelise Paffetti.

Segregação de ativos:

Auto de infração. Previdência Complementar. Segregação de Ativos. Investimentos em instituições bancárias que vieram a falir. Causa externa superveniente. Não Comprovação, ainda que mínima, de culpabilidade. Improcedência da autuação. Recurso de ofício conhecido a que se nega provimento. 45ª RO de 22/10/201444011.000640/2013-99

Entidade Interessada: FIPECQ — Fundação de Previdência Complementar dos Empregados ou Servidores da FINEP, do IPEA, do CNPQ, do INPE e do INPA. Relator: José Ricardo Sasseron.

Aplicação de recursos garantidores de reservas técnicas:

Previdência Complementar. Processo Administrativo Sancionador. Recurso voluntário. Aplicação dos recursos garantidores das reservas técnicas, provisões e fundos dos planos de benefícios. Realização de operação com ações fora de bolsa de valores ou mercado organizado de balcão. 1. O inciso VIII, art. 53 da Resolução CMN n. 3.792, de 2009, veda a realização de operações com ações fora de bolsa de valores ou mercado de balcão organizado, prevendo algumas exceções. 2. A exceção prevista na alínea *b*, exercício do direito de preferência, daquele inciso, engloba o direito de preferência previsto em acordo de acionistas. 46ª RO de 26/11/201445183.000003/2013-11

Entidade Interessada: Previdência Usiminas. Relator: Paulino Seiji Kuzuhara.

Descumprimento de resolução:

Processo Administrativo Sancionador. Auto de Infração. Aplicação de valores garantidores das reservas para pagamento de benefícios, com política de investimento definida pela EFPC mencionando como parâmetro de aferição os valores de aquisição. Irregularidade. Descumprimento do art. 2º da Resolução CGPC n. 4/02. Dever fiduciário. Violação do dever geral de cautela. Impossibilidade de apenação com fulcro no art. 64 do Decreto n. 4.942/03. Julgamento pela manutenção do auto, com aplicação da penalidade de advertência com base no art. 65, inciso I, da Lei Complementar n. 109/01. Recurso conhecido e provido parcialmente. 46ª RO de 26.11.2014.44011.000683/2013-74. Entidade Interessada: Fundiagua — Fundação de Previdência Complementar. Relator: Carlos Marne Dias Alves.

Capítulo 3

O Processo Judicial Previdenciário

1. *Considerações iniciais*

O processo judicial previdenciário tem características próprias (competência, legitimação etc.) que serão tratadas dentro deste capítulo. Marco Aurélio Serau Junior(19) destaca:

> O Processo Judicial Previdenciário é o segmento do Direito Previdenciário (mais do que do Direito Processual Civil) que se dedica ao estudo e exame das chamadas ações previdenciárias [...] A simples figuração do INSS no polo passivo do processo não se presta a distinguir o conceito de lide previdenciária, pois esta autarquia também pode ser demandada em ações de outra natureza (cível, trabalhista, administrativa etc.) [...] Deve o cientista do Direito, portanto, ater-se principalmente ao conteúdo ou natureza do objeto, que deve circundar próximo aos temas (modalidades) de benefícios supramencionados, independentemente do tipo de ação em que veiculada [...] O Processo Judicial Previdenciário, portanto, deve ser delineado não em virtude da legislação processual porventura existente (a qual não é coesa nem sistemática), mas essencialmente em virtude do objeto a que se destina.

2. *Princípios do processo previdenciário*

2.1. Princípio da prioridade processual

Este princípio se aplica a todos os processos em que o idoso figure como parte ou como interveniente. O Estatuto do Idoso (Lei n. 10.741/03) destaca no seu art. 71 este princípio. Vejamos:

> Art. 71. É assegurada prioridade na tramitação dos processos e procedimentos e na execução dos atos e diligências judiciais em que figure como parte ou interveniente pessoa com idade igual ou superior a 60 (sessenta) anos, em qualquer instância.
>
> § 1º O interessado na obtenção da prioridade a que alude este artigo, fazendo prova de sua idade, requererá o benefício à autoridade judiciária competente para decidir o feito, que determinará as providências a serem cumpridas, anotando-se essa circunstância em local visível nos autos do processo.
>
> § 2º A prioridade não cessará com a morte do beneficiado, estendendo-se em favor do cônjuge supérstite, companheiro ou companheira, com união estável, maior de 60 (sessenta) anos.

---

(19) SERAU, Marco Aurélio. *Curso de processo judicial previdenciário*. 4. ed. São Paulo: Método, 2014. p. 43-44.

§ 3º A prioridade se estende aos processos e procedimentos na Administração Pública, empresas prestadoras de serviços públicos e instituições financeiras, ao atendimento preferencial junto à Defensoria Publica da União, dos Estados e do Distrito Federal em relação aos Serviços de Assistência Judiciária.

§ 4º Para o atendimento prioritário será garantido ao idoso o fácil acesso aos assentos e caixas, identificados com a destinação a idosos em local visível e caracteres legíveis.

O processo previdenciário terá que observar a prioridade anteriormente elencada nas suas decisões. O idoso também terá prioridade no atendimento junto ao INSS. Sempre que o idoso estiver numa agência do INSS, terá prioridade de atendimento. O art. 3º, parágrafo único, do Estatuto do Idoso (Lei n. 10.741/03) consigna:

Parágrafo único. A garantia de prioridade compreende:

I — atendimento preferencial imediato e individualizado junto aos órgãos públicos e privados prestadores de serviços à população;

II — preferência na formulação e na execução de políticas sociais públicas específicas;

III — destinação privilegiada de recursos públicos nas áreas relacionadas com a proteção ao idoso;

IV — viabilização de formas alternativas de participação, ocupação e convívio do idoso com as demais gerações;

V — priorização do atendimento do idoso por sua própria família, em detrimento do atendimento asilar, exceto dos que não a possuam ou careçam de condições de manutenção da própria sobrevivência;

VI — capacitação e reciclagem dos recursos humanos nas áreas de geriatria e gerontologia e na prestação de serviços aos idosos;

VII — estabelecimento de mecanismos que favoreçam a divulgação de informações de caráter educativo sobre os aspectos biopsicossociais de envelhecimento;

VIII — garantia de acesso à rede de serviços de saúde e de assistência social locais.

IX — prioridade no recebimento da restituição do Imposto de Renda. (Incluído pela Lei n. 11.765, de 2008).

A Lei n. 11.720/08 trouxe algumas regras interessantes sobre o recadastramento de segurados da Previdência Social. Vejamos:

Art. 1º O recadastramento de segurados da Previdência Social, por qualquer motivo, não poderá ser precedido de prévio bloqueio de pagamento de benefícios.

Art. 2º O recadastramento de segurados da Previdência Social, seja qual for a sua motivação, obrigatoriamente, será efetivado da seguinte forma:

I — prévia notificação pública do recadastramento;

II — estabelecimento de prazo para início e conclusão do recadastramento, nunca inferior a 90 (noventa) dias.

§ 1º O recadastramento de segurados com idade igual ou superior a 60 (sessenta) anos será objeto de prévio agendamento no órgão recadastrador, que o organizará em função da data do aniversário ou da data da concessão do benefício inicial.

§ 2º Quando se tratar de segurado com idade igual ou superior a 80 (oitenta) anos ou que, independentemente da idade, por recomendação médica, estiver impossibilitado de se deslocar, o recadastramento deverá ser realizado na sua residência.

Art. 3º Para todo e qualquer procedimento que envolva a Previdência Social, que tenha como destinatário segurado com idade igual ou superior a 60 (sessenta) anos, o tratamento a lhe ser dispensado deverá observar o que dispõe a Lei n. 10.741, de 1º de outubro de 2003 — Estatuto do Idoso.

A prioridade processual no campo previdenciário facilita o acesso à justiça ao idoso. Os arts. 1.211-A, 1.211-B e 1.211-C do CPC consignam algumas regras relativas à prioridade de tramitação:

Art. 1.211-A. Os procedimentos judiciais em que figure como parte ou interessado pessoa com idade igual ou superior a 60 (sessenta) anos, ou portadora de doença grave, terão prioridade de tramitação em todas as instâncias.

Art. 1.211-B. A pessoa interessada na obtenção do benefício, juntando prova de sua condição, deverá requerê-lo à autoridade judiciária competente para decidir o feito, que determinará ao cartório do juízo as providências a serem cumpridas.

§ 1º Deferida a prioridade, os autos receberão identificação própria que evidencie o regime de tramitação prioritária.

Art. 1.211-C. Concedida a prioridade, essa não cessará com a morte do beneficiado, estendendo-se em favor do cônjuge supérstite, companheiro ou companheira, em união estável.

Novidades sobre o tema: O Anteprojeto do Código de Processo Civil dispõe no art. 966:

Art. 966. Os procedimentos judiciais em que figure como parte ou interessado pessoa com idade igual ou superior a sessenta anos, ou portadora de doença grave, terão prioridade de tramitação em todas as instâncias.

2.2. Princípio da boa-fé

Os atos processuais devem ser realizados com obediência à boa-fé. O processo judicial previdenciário deve seguir rigorosamente a ética do início ao término. A boa-fé processual se inicia no processo administrativo previdenciário no momento do pedido inicial. A relação jurídica entre o segurado e o INSS deve estar plenamente fundamentada na boa-fé. Importante consignar que os fatos levados ao processo devem estar em acordo com a verdade. Registra-se que as partes devem se tratar com urbanidade e respeito.

Vejamos duas jurisprudências interessantes sobre a temática:

AGRAVO REGIMENTAL NO AGRAVO DE INSTRUMENTO. PREVIDENCIÁRIO. BENEFÍCIO PREVIDENCIÁRIO. PAGAMENTO A MAIOR. DEVOLUÇÃO DOS VALORES RECEBIDOS INDEVIDAMENTE PELO SEGURADO AO INSS. ART. 115 DA LEI N. 8.213/91. IMPOSSILIDADE. BOA-FÉ. NATUREZA ALIMENTAR. ALEGAÇÃO DE VIOLAÇÃO AO PRINCÍPIO DA RESERVA DE PLENÁRIO. INOCORRÊNCIA. MATÉRIA INFRACONSTITUCIONAL. 1. A violação constitucional dependente da análise do malferimento de dispositivo infraconstitucional encerra violação reflexa e oblíqua, tornando inadmissível o recurso extraordinário. 2. O princípio da reserva de plenário não resta violado, nas hipóteses em que a norma em comento (art. 115 da Lei n. 8.213/91) não foi declarada inconstitucional nem teve sua aplicação negada pelo Tribunal a quo, vale dizer: a controvérsia foi resolvida com a fundamento na interpretação conferida pelo Tribunal de origem a norma infraconstitucional que disciplina a espécie. Precedentes: AI 808.263-AgR, Primeira Turma Rel. Min. Luiz Fux, DJe de 16.9.2011; Rcl. 6944, Pleno, Rel. Min. Cármen Lúcia, Dje de 13.8.2010; RE 597.467-AgR, Primeira Turma, Rel. Min. Ricardo Lewandowski Dje de 15.6.2011 AI 818.260-AgR, Segunda Turma, Rel. Min. Ellen Gracie, Dje de 16.5.2011, entre outros. 3. *In casu*, o acórdão recorrido assentou: "PREVIDENCIÁRIO. APOSENTADORIA POR TEMPO DE CONTRIBUIÇÃO. COBRANÇA DOS VALORES PAGOS INDEVIDAMENTE. CARÁTER ALIMENTAR DAS PRESTAÇÕES PREVIDENCIÁRIAS. 1. Esta Corte vem se manifestando no sentido da impossibilidade de repetição dos valores recebidos de boa-fé pelo segurado, dado o caráter alimentar das prestações previdenciárias, sendo relativizadas as normas dos arts.115, II, da Lei n. 8.213/91, e 154, § 3º, do Decreto n. 3.048/99. 2. Hipótese em que, diante do princípio da irrepetibilidade ou da não devolução dos alimentos, deve ser afastada a cobrança dos valores recebidos indevidamente pelo segurado, a título de aposentadoria por tempo de contribuição". 4. Agravo regimental desprovido. (AI 849.529-AgR, Rel. Min. Luiz Fux, Primeira Turma, DJe15.3.2012)

PREVIDENCIÁRIO. ADMINISTRATIVO. PROCESSUAL CIVIL. APOSENTADORIA POR TEMPO DE SERVIÇO. REDUÇÃO. LIMITES AO DESFAZIMENTO DE ATO CONCESSÓRIO POR PARTE DA ADMINISTRAÇÃO PÚBLICA. IRREGULARIDADES NA CONCESSÃO. 1. Há e sempre houve limites para a Administração rever atos de que decorram efeitos favoráveis para o particular, em especial aqueles referentes à concessão de benefício previdenciário. 2. O cancelamento de benefício previdenciário pressupõe devido processo legal, ampla defesa e contraditório. 3. A Administração não pode cancelar um benefício previdenciário com base em simples reavaliação de processo administrativo perfeito e acabado. 4. Segundo entendimento do Superior Tribunal de Justiça, consagrado inclusive em recurso especial repetitivo (RESP N. 1.114.938 – AL (2009/0000240-5). Rel. Min. Napoleão Nunes Maia Filho. 3ª Seção do STJ. Unânime. Julgado em 14.4.2010), para os benefícios deferidos antes do advento da Lei n. 9.784/99 o prazo de decadência para a revisão do ato de concessão deve ser contado a partir da data de início de vigência do referido Diploma, ou seja, 1º.2.1999, pois anteriormente não havia norma legal expressa prevendo prazo para tal iniciativa. 5. Ressalva de entendimento pessoal do relator no sentido de que como a Lei n. 6.309/75 previa em seu art. 7º que os processos de interesse de beneficiários não poderiam ser revistos após 5 (cinco) anos, contados de sua decisão final, ficando dispensada a conservação da documentação respectiva além desse prazo, em se tratando de benefício deferido sob a égide do referido Diploma, ou seja, até 14.5.1992 (quando entrou em vigor a Lei n. 8.422, de 13.5.1992, que em seu art. 22 revogou a Lei n. 6.309/75), caso decorrido o prazo de cinco anos, inviável a revisão da situação, ressalvadas as hipóteses de fraude, pois esta não se consolida com o tempo. 6. Com o advento da Lei n. 9.784/99 (art. 54), foi instituído expressamente prazo decadencial de cinco anos para desfazimento de atos administrativos de que decorram efeitos favoráveis para os destinatários, incluídos os atos de concessão de benefício previdenciário. 7. A MP n. 138 (de 19.11.2003, publicada no DOU de 20.11.2003, quando entrou em vigor), instituiu o art. 103-A da Lei n. 8.213/91, estabelecendo prazo decadencial de dez anos para a Previdência Social anular os atos administrativos de que decorram efeitos favoráveis para os seus beneficiários. 8. Como quando a Medida Provisória n. 138 entrou em vigor não haviam decorrido cinco anos a contar do advento da Lei n. 9.784/99, os prazos que tiveram início sob a égide desta Lei foram acrescidos, a partir de novembro de 2003, quando entrou em vigor a MP n. 138/03, de tanto tempo quanto necessário para atingir o total de dez anos. Assim, na prática todos os casos subsumidos inicialmente à regência da Lei n. 9.784/99, passaram a observar o prazo decadencial de dez, anos aproveitando-se, todavia, o tempo já decorrido sob a égide da norma revogada 9. O prazo decadencial somente será considerado interrompido pela Administração quando regularmente notificado o segurado de qualquer medida de autoridade administrativa para instaurar o procedimento tendente a cancelar o benefício. 10. Em toda situação na qual se aprecia ato de cancelamento de benefício previdenciário, (em especial para os benefícios deferidos anteriormente à Lei n. 9.784/99), há necessidade de análise do caso concreto, considerando-se, por exemplo, o tempo decorrido, as circunstâncias que deram causa à concessão do amparo, as condições sociais do interessado, sua idade, e a inexistência de má-fé, tudo à luz do princípio constitucional da segurança jurídica. 11. Nos processos de restabelecimento de benefício previdenciário compete ao INSS o ônus de provar a ocorrência de fraude ou ilegalidade no ato concessório, pois este se reveste de presunção de legitimidade. 12. Apesar de não demonstrada a fraude no caso específico, que não pode ser presumida, não houve comprovação suficiente do desempenho da atividade urbana como autônomo, estando correto o proceder administrativo. (TRF4, AC 5027956-74.2012.404.7100, Quinta Turma, Relator p/ Acórdão Ricardo Teixeira do Valle Pereira, juntado aos autos em 22.7.2013)

2.3. Princípio do quadro mais favorável ao beneficiário

O processo previdenciário judicial deve buscar o atendimento da norma legal em comunhão com o princípio da cidadania. O STF compreende que na análise processual previdenciária cumpre observar o quadro mais favorável ao beneficiário. Vejamos:

APOSENTADORIA — PROVENTOS — CÁLCULO. Cumpre observar o quadro mais favorável ao beneficiário, pouco importando o decesso remuneratório ocorrido em data posterior ao implemento das condições legais. Considerações sobre o instituto do direito adquirido, na voz abalizada da relatora — ministra Ellen Gracie —, subscritas pela maioria. Após o voto da Senhora Ministra Ellen Gracie (Relatora), provendo parcialmente o recurso, pediu vista dos autos o Senhor Ministro Dias Toffoli. Falou pelo recorrido a Dra. Luysien Coelho Marques Silveira, Procuradora do INSS. Presidência do Senhor. Ministro Cezar Peluso. Plenário, 23.2.2011 [...] O Tribunal, por maioria e nos termos do voto da Ministra Ellen Gracie (Relatora), deu parcial provimento ao recurso, vencidos os Ministros Dias Toffoli, Cármen Lúcia, Ricardo Lewandowski e Gilmar Mendes. Votou o Presidente, Ministro Joaquim Barbosa. Redigirá o acórdão o Ministro Marco Aurélio. Não votou a Ministra Rosa Weber por suceder a Ministra Ellen Gracie. Plenário, 21.2.2013. Decisão: O Tribunal, por maioria e nos termos do voto da Ministra Ellen Gracie (Relatora), deu parcial provimento ao recurso, vencidos os Ministros Dias Toffoli, Cármen Lúcia, Ricardo Lewandowski e Gilmar Mendes. Votou o Presidente, Ministro Joaquim Barbosa. Redigirá o acórdão o Ministro Marco Aurélio. Plenário, 21.2.2013. RE 630501/RS — Rio Grande do Sul. Recurso Extraordinário. Relator(a): Min. Ellen Gracie. Relator(a) p/ Acórdão: Min. Marco Aurélio. Julgamento: 21.2.2013. Órgão Julgador: Tribunal Pleno. Publicação. DJe-166 DIVULG 23.8.2013 PUBLIC 26.8.2013. REPERCUSSÃO GERAL — MÉRITO. EMENT V. 2700-01 PP-00057. Parte(s). RECTE.(S): Aloysio Kalil. ADV.(A/S): Daisson Silva Portanova E Outro(A/S). RECDO.(A/S): Instituto Nacional de Seguro Social — INSS. PROC.(A/S)(ES): Procurador-Geral Federal.

2.4. Princípio da vedação do retrocesso social

A análise do processo judicial previdenciário tem que observar o princípio da vedação do retrocesso social. Nesse sentido, as decisões devem observar sempre a garantia da proteção do hipossuficiente. Qualquer medida que seja um retrocesso nesta seara deve estar amparada em lei e comungar com este princípio. Vejamos uma jurisprudência:

> A Turma ressalvou que o fato de se cuidar de vinculação ao regime previdenciário dos servidores da União tampouco afastaria a existência de vício na interpretação conferida ao dispositivo. De igual modo, estaria caracterizada a impossibilidade de a lei atender à norma constitucional inserida por emenda a ela posterior. Nesse ponto, a Lei n. 9.717/98 — que não disporia do fundamento constitucional invocado pelo TCU — seria resultado da conversão, em 27.11.1998, da Medida Provisória n. 1.723, editada em 29.10.1998. Houvesse o dispositivo constitucional invocado (art. 40, § 12) estipulado a adoção de parâmetros de simetria entre os dois regimes na forma preconizada pelo TCU, não constaria em seu texto a ressalva "no que couber". Sinalizou a inexistência de lacuna legislativa a autorizar a aplicação subsidiária do RGPS no que se refere aos benefícios previstos no regime próprio de previdência dos servidores federais. A Lei n. 8.112/90 apresentaria disciplina exaustiva sobre a pensão por morte, em cumprimento ao que disposto no § 5º da norma originária do art. 40 da CF, hoje § 7º.
>
> Considerada a diversidade da natureza das normas previdenciárias em discussão, não se poderia falar em revogação expressa de uma lei pela outra, tampouco em derrogação tácita das alíneas do inciso II do art. 217 da Lei n. 8.112/90 (regime próprio) pelo § 2º do art. 16 da Lei n. 8.213/91 (regime geral). Ademais, as normas dos sistemas de proteção social deveriam ser fundadas na ideia de abrigo aos menos favorecidos, quando colocados em situação de desamparo pela ocorrência de risco social. Dentre as situações constitucionalmente inseridas na previdência social brasileira, estaria a morte de segurado que fosse provedor econômico de determinada pessoa. Nesse aspecto, a preocupação com os indivíduos em relação a eventos que lhes pudessem causar dificuldade ou até mesmo impossibilidade de subsistência estaria na gênese da proteção social almejada pelo Estado contemporâneo. Enfatizou que a interpretação conferida ao art. 5º da Lei n. 9.717/98 pelo TCU, que excluísse da ordem dos beneficiários, tradicionalmente consagrados pela previdência social, pessoa em comprovada situação de dependência econômica do segurado, seria divorciar-se do sistema de proteção formatado na Constituição, a afrontar, ainda, os princípios da vedação do retrocesso social e da proteção ao hipossuficiente. MS 31.770/DF, rel. Min. Cármen Lúcia, 3.11.2014. (MS-31770)

Notadamente, a legislação previdenciária pode ser questionada por meio da ação direta de inconstitucionalidade se prescrever algum normativo contrário aos princípios e direitos fundamentais. Vejamos uma jurisprudência interessante:

> [...] 1. O direito à previdência social constitui direito fundamental e, uma vez implementados os pressupostos de sua aquisição, não deve ser afetado pelo decurso do tempo. Como consequência, inexiste prazo decadencial para a concessão inicial do benefício previdenciário. 2. É legítima, todavia, a instituição de prazo decadencial de dez anos para a revisão de benefício já concedido, com fundamento no princípio da segurança jurídica, no interesse em evitar a eternização dos litígios e na busca de equilíbrio financeiro e atuarial para o sistema previdenciário. 3. O prazo decadencial de dez anos, instituído pela Medida Provisória 1.523, de 28.6.1997, tem como termo inicial o dia 1º de agosto de 1997, por força de disposição nela expressamente prevista. Tal regra incide, inclusive, sobre benefícios concedidos anteriormente, sem que isso importe em retroatividade vedada pela Constituição. 4. Inexiste direito adquirido a regime jurídico não sujeito a decadência. Voto: I. A HIPÓTESE 1. O presente recurso extraordinário discute a incidência do prazo decadencial de dez anos — introduzido pela Medida Provisória n. 1.523, de 28.6.1997 — sobre as pretensões de revisão de benefícios previdenciários instituídos antes dessa inovação legislativa. O caso concreto subjacente envolve aposentadoria por invalidez concedida a **, em 8.6.1995 (fl. 26). O Juizado Federal declarou extinta a demanda ajuizada pela aposentada, com resolução de mérito em seu desfavor. O fundamento foi a suposta decadência do direito à revisão, tendo em vista que a ação somente foi proposta em 3.6.2009, já após o referido prazo decenal. A Turma Recursal dos Juizados Especiais de Sergipe deu provimento ao recurso interposto da sentença e afastou a decadência, determinando ao juízo de origem que analisasse a questão de fundo. Dessa decisão foi interposto o recurso extraordinário. O provimento judicial impugnado tem a seguinte ementa: "DIREITO PREVIDENCIÁRIO. REVISÃO DE BENEFÍCIO PREVIDENCIÁRIO. DECADÊNCIA. NORMA DE DIREITO MATERIAL. APLICAÇÃO APENAS AOS BENEFÍCIOS PREVIDENCIÁRIOS CONCEDIDOS A PARTIR DA EDIÇÃO DE MEDIDA PROVISÓRIA N. 1.523/97. ENTENDIMENTO PACÍFICO DO SUPERIOR TRIBUNAL DE JUSTIÇA E DESTA TURMA RECURSAL. PRECEDENTES. PROVIMENTO DO RECURSO. 1. Esta Corte já firmou entendimento de que o prazo decadencial previsto no *caput* do art. 103 da Lei de Benefícios, introduzido pela Medida Provisória n. 1.523-9, de 27.6.1997, convertida na Lei n. 9.528/97, por se tratar de instituto de direito material, surte efeitos apenas sobre as relações jurídicas constituídas a partir de sua entrada em vigor. Na hipótese dos autos, o benefício foi concedido antes da vigência da inovação mencionada e, portanto, não há que se falar em decadência do direito de revisão, mas, tão somente, da prescrição das parcelas anteriores ao quinquênio antecedente à propositura da ação (STJ, Agravo Regimental no Agravo de Instrumento n. 846.849/RS, Quinta Turma, Relator(a) Jorge Mussi, DJE Data: 3.3.2008). 2. Como o benefício previdenciário revisando foi concedido à parte autora antes da vigência da Medida Provisória no. 1.523-9/97 está imune à incidência do prazo decadencial. 3. Orientação pacífica do Superior Tribunal de Justiça e desta Turma Recursal. 4. Provimento do recurso. 2. A controvérsia tem sua origem no fato de que a Lei n. 8.213/91, que dispõe sobre os Planos de Benefícios da Previdência Social, não continha previsão de prazo para a postulação de benefício previdenciário e tampouco para os pedidos de sua revisão. Previa-se apenas a incidência do prazo de cinco anos para a cobrança de parcelas vencidas e não pagas, preservando-se integralmente o fundo de direito. Confira-se a redação original do art. 103: "Art. 103. Sem prejuízo do direito ao benefício, prescreve em 5 (cinco) anos o direito às prestações não pagas nem reclamadas na época própria, resguardados os direitos dos menores dependentes, dos incapazes e dos ausentes". 3. Posteriormente, a Medida Provisória n. 1.523-9/1997 alterou a redação do dispositivo transcrito, passando a prever prazo decadencial para revisão do benefício inicialmente concedido, nos seguintes termos: "Art. 103. É de dez anos o prazo de decadência de todo e qualquer direito ou ação do segurado ou beneficiário para a revisão do ato de concessão de benefício, a contar do dia primeiro do mês seguinte ao do recebimento da primeira prestação ou, quando for o caso, do dia em que tomar conhecimento da decisão indeferitória definitiva no âmbito administrativo". 4. A questão em debate, cuja repercussão geral foi reconhecida, consiste na aplicação ou não do prazo limitativo de dez anos para a revisão de benefícios previdenciários concedidos antes da MP n. 1.523-9/97. Existem, em verdade, dois pontos a serem enfrentados: 1) a validade e o alcance da própria instituição de prazo para a revisão do ato concessório; e 2) a incidência imediata da alteração normativa a benefícios concedidos anteriormente à sua vigência. 5. As duas questões são analisadas a seguir. II. VALIDADE E ALCANCE DA INSTITUIÇÃO DE PRAZO PARA REVISÃO DO ATO DE CONCESSÃO DE BENEFÍCIO PREVIDENCIÁRIO. 6. O Regime Geral de Previdência Social (RGPS) constitui um sistema básico de proteção

social, de caráter público, institucional e contributivo, que tem por finalidade segurar de forma limitada trabalhadores da iniciativa privada. A previdência social, em sua conformação básica, é um direito fundado na dignidade da pessoa humana, na solidariedade, na cidadania e nos valores sociais do trabalho (CF/88, art. 1º, II, III e IV), bem como nos objetivos da República de construir uma sociedade livre, justa e solidária, avançar na erradicação da pobreza e na redução das desigualdades sociais (CF/88, art. 3º, I e III). 7. Cabe distinguir, porém, entre o direito ao benefício previdenciário em si considerado — isto é, o denominado fundo do direito, que tem caráter fundamental — e a graduação pecuniária das prestações. Esse segundo aspecto é fortemente afetado por um amplo conjunto de circunstâncias sociais, econômicas e atuariais, variáveis em cada momento histórico. Desde a pirâmide etária e o nível de poupança privada praticado pelo conjunto de cidadãos até a conjuntura macroeconômica, com seu impacto sobre os níveis de emprego e renda. 8. Isso faz com que a definição concreta do sistema de previdência precise equacionar interesses por vezes conflitantes: dos trabalhadores ativos e dos segurados, dos contribuintes abastados e das pessoas mais humildes, da geração atual e das futuras. Em linha de princípio, a tarefa de realizar esse complexo equilíbrio situa-se na esfera de conformação do legislador, subordinando-se à decisão política das maiorias parlamentares. Somente haverá invalidade se a escolha legislativa desrespeitar o núcleo essencial do direito em questão. Resta saber se a instituição do prazo ora analisado e a sua incidência sobre os benefícios já concedidos incorreu ou não nesse tipo de vício. 9. Entendo que a resposta é negativa. No tocante ao direito à obtenção de benefício previdenciário, a disciplina legislativa não introduziu prazo algum. Vale dizer: o direito fundamental ao benefício previdenciário pode ser exercido a qualquer tempo, sem que se atribua qualquer consequência negativa à inércia do beneficiário. Esse ponto é reconhecido de forma expressa no art. 102, § 1º, da Lei n. 8.213/91, bem como em diversas passagens em que a referida lei apenas dispõe que o atraso na apresentação do requerimento fará com que o benefício seja devido a contar do pedido, sem efeito retroativo. Nesse sentido, permanecem perfeitamente aplicáveis as Súmulas ns. 443/STF5 e 85/STJ, na medida em que registram a imprescritibilidade do fundo de direito do benefício não requerido. 10. A decadência instituída pela MP n. 1.523-9/97 atinge apenas a pretensão de rever benefício previdenciário. Em outras palavras: a pretensão de discutir a graduação econômica do benefício já concedido. Como é natural, a instituição de um limite temporal máximo destina-se a resguardar a segurança jurídica, facilitando a previsão do custo global das prestações devidas. Em rigor, essa é uma exigência relacionada à manutenção do equilíbrio atuarial do sistema previdenciário, propósito que tem motivado sucessivas emendas constitucionais e medidas legislativas. Em última análise, é desse equilíbrio que depende a continuidade da própria Previdência, não apenas para a geração atual, mas também para as que se seguirão. 11. Com base nesse raciocínio, não verifico inconstitucionalidade na criação, por lei, de prazo de decadência razoável para o questionamento de benefícios já reconhecidos. Essa limitação incide sobre o aspecto patrimonial das prestações. Não há nada de revolucionário na medida em questão. É legítimo que o Estado-legislador, ao fazer a ponderação entre os valores da justiça e da segurança jurídica, procure impedir que situações geradoras de instabilidade social e litígios possam se eternizar. Especificamente na matéria aqui versada, não é desejável que o ato administrativo de concessão de um benefício previdenciário possa ficar indefinidamente sujeito à discussão, prejudicando a previsibilidade do sistema como um todo. Esse ponto justifica um comentário adicional. 12. O Regime Geral de Previdência Social é um sistema de seguro na modalidade de repartição simples, a significar que todas as despesas são diluídas entre os segurados. Não se trata, portanto, de um conjunto de contas puramente individuais, e sim de um sistema fortemente baseado na solidariedade. Isso aumenta a interdependência entre os envolvidos. Diante disso, há maior razão para a estipulação de um prazo razoável para a revisão de atos de concessão, conciliando os interesses individuais com o imperativo de manutenção do equilíbrio financeiro e atuarial do sistema. 13. Com essas considerações, entendo que inexiste violação ao direito fundamental à previdência social, tal como consagrado na Constituição de 1988. Não vislumbro, igualmente, qualquer ofensa à regra constitucional que exige a indicação prévia da fonte de custeio (art. 195, § 5º) — irrelevante na hipótese —, e tampouco aos princípios da irredutibilidade do valor dos benefícios (art. 194, parágrafo único, IV) e da manutenção do seu valor real (art. 201, § 4º). Tais comandos protegem a integridade dos benefícios já instituídos, e não um suposto direito permanente e incondicionado à revisão. 14. Assentada a validade da previsão de prazo, considero que o lapso de 10 (dez) anos é inequivocamente razoável. É tempo mais do que suficiente para a resolução de eventuais controvérsias interpretativas e para que o segurado busque as informações relevantes. É importante notar, nesse cenário, que a Lei n. 8.213/91 passou a prever o mesmo prazo para eventuais pretensões revisionais da Administração, nos termos do seu art. 103-A: "Art. 103-A. O direito da Previdência Social de anular os atos administrativos de que decorram efeitos favoráveis para os seus beneficiários decai em dez anos, contados da data em que foram praticados, salvo comprovada má-fé". 15. No encerramento deste tópico, é possível sintetizar os dois parâmetros gerais que devem reger a matéria: a) não há prazo decadencial para a formulação do requerimento inicial de concessão de benefício previdenciário, que corresponde ao exercício de um direito fundamental relacionado à mínima segurança social do indivíduo; b) a instituição de um prazo decadencial de dez anos para a revisão dos benefícios já concedidos é compatível com a Constituição Federal. Trata-se de uma conciliação razoável entre os interesses individuais envolvidos e os princípios da segurança jurídica e da solidariedade social, dos quais decorre a necessidade de se preservar o equilíbrio atuarial do sistema em benefício do conjunto de segurados atuais e futuros. III. A INCIDÊNCIA IMEDIATA DO NOVO PRAZO SOBRE BENEFÍCIOS PREVIDENCIÁRIOS CONCEDIDOS ANTERIORMENTE A SUA VIGÊNCIA. 16. O segundo ponto a ser equacionado na presente demanda envolve a aplicação intertemporal do art. 103 da Lei n. 8.213/91. Cuida-se de saber: a) se os benefícios previdenciários concedidos pelo INSS antes da instituição do prazo decadencial estariam alcançados pela norma; e b) em caso afirmativo, qual seria o termo inicial do prazo de decadência do direito à revisão desses benefícios. 17. O Supremo Tribunal Federal tem precedentes no sentido de que a lei aplicável para a concessão de benefício, bem como para fixar os critérios de seu cálculo, é a que estava em vigor no momento em que os pressupostos da prestação previdenciária se aperfeiçoaram, aplicando a máxima *tempus regit actum*. Com efeito, no julgamento do RE 415.454 (Rel. Min. Gilmar Mendes), o Plenário, por unanimidade, afirmou que a lei a ser aplicada ao cálculo da pensão por morte era a que estava em vigor no momento do óbito, não havendo direito subjetivo à prevalência de norma posterior mais favorável. Tampouco poderia ser utilizada para esse fim, como é natural, eventual lei superveniente mais gravosa. 18. Naquele julgamento, porém, estabeleceu-se uma clara distinção entre a necessidade de o ato concessivo ser regido pela lei vigente no momento de implementação dos requisitos de concessão e a possibilidade de alteração posterior do regime jurídico de disciplina da relação previdenciária, resguardados os direitos já adquiridos na pendência do regime anterior. 19. Esta é, precisamente, a questão que se coloca no presente recurso: não se incorpora ao patrimônio jurídico de um beneficiário o suposto direito à aplicação de uma determinada regra sobre decadência para eventuais pedidos de revisão do ato concessório. Como a decadência não integra o espectro de pressupostos e condições para a concessão do benefício — sendo um elemento externo à prestação previdenciária —, não se pode exigir a manutenção de seu regime jurídico. 20. No presente caso, a ausência de prazo decadencial para a revisão no momento em que o benefício foi deferido não garante ao beneficiário a manutenção do regime jurídico pretérito, que consagrava a prerrogativa de poder pleitear a revisão da decisão administrativa a qualquer tempo. Como regra, a lei pode criar novos prazos de decadência e de prescrição, ou ainda alterar os já existentes. Ressalvada a hipótese em que os prazos anteriores já tenham se aperfeiçoado, não há direito adquirido ao regime jurídico prévio. O limite, como visto, é a proteção ao núcleo do direito fundamental em questão, que não restou esvaziado como se demonstrou no tópico anterior. 21. O assunto não é novo e podem ser destacados pelo menos dois precedentes em que esta Corte aplicou raciocínio semelhante. O primeiro ocorreu quando do julgamento do RE 93698, em que a 1ª Turma, sob a relatoria do Ministro Soares Muñoz, concluiu pela aplicação imediata de lei nova que reduzia prazo decadencial. No caso em que o lapso já decorrido seria superior ao novo prazo, decidiu-se pela desconsideração do primeiro e adoção imediata do segundo: "EMENTA: decadência. Direito intertemporal. — Se o restante do prazo de decadência fixado na lei for superior ao novo prazo estabelecido pela lei nova, despreza-se o período já transcorrido para levar-se em conta, exclusivamente, o prazo da lei nova, a partir do início de sua vigência. Precedente: AR 905. Incidência da Súmula n. 286. Recurso não conhecido". 22. O segundo precedente foi firmado no julgamento do Recurso Extraordinário 564.354, sob a relatoria da Ministra Cármen Lúcia. No caso, o INSS sustentava a impossibilidade de aplicação dos novos limites previdenciários ("tetos") instituídos pela EC n. 20/98 e pela EC n. 41/04 aos benefícios anteriormente concedidos. Ao analisar a matéria, a Corte assentou que a nova disciplina devia ter aplicação imediata sobre os benefícios concedidos antes das referidas Emendas Constitucionais. Isso porque a mudança não atingia os pressupostos de concessão do benefício, e sim o regime jurídico de sua fruição. Destaco do voto da relatora: "Extrai-se daqueles julgados, citados à guisa de exemplo, afirmar este Supremo Tribunal não ser possível à lei posterior alcançar atos jurídicos efetivados antes de sua vigência, sob pena de ofensa ao princípio do ato jurídico perfeito. Todavia, tem-se, na espécie em foco, situação distinta. A pretensão posta nesta lide respeita à aplicação imediata ou não do novo teto previdenciário trazido pela Emenda Constitucional n. 20/98, e não sua aplicação retroativa. Assim, a meu ver, não há que se falar em ofensa ao ato jurídico perfeito (art. 5º, inc. XXXVI, da Constituição) ou ao princípio da irretroatividade da lei". 23. O mesmo raciocínio deve prevalecer na análise da aplicação intertemporal de novo prazo decadencial. Esse elemento não compõe a estrutura dos pressupostos de um benefício, e sim o regime jurídico instituído para regulamentar a sua percepção corrente. Nesses termos, eventuais alterações posteriores devem ter incidência imediata, sem que se cogite de ofensa a direito adquirido. Vale dizer: o fato de, ao tempo da concessão, não haver limite temporal para futuro pedido de revisão não significa que o segurado tenha um direito adquirido a que tal prazo nunca venha a ser estabelecido. O que se exige, ao revés, é a salvaguarda ao núcleo do direito e a instituição de um regime razoável, que não importe surpresa indevida ou supressão oportunista de pretensões legítimas. 24. Por fim, cabe analisar qual seria o termo inicial da contagem do prazo decadencial em relação aos benefícios concedidos antes da entrada em vigor da MP n. 1.523-9/97. Na redação que a medida provisória deu ao art. 103 da Lei n. 8.213/91, o prazo de dez anos tem o seu curso "a contar do dia primeiro do mês seguinte ao do recebimento da primeira prestação ou, quando for o caso, do dia em que tomar conhecimento da decisão indeferitória definitiva no âmbito administrativo". Ora bem: tendo em vista que a Medida Provisória foi publicada e entrou em vigor em 28.6.1997, a primeira prestação superveniente do benefício foi paga em julho de 1997. Nesse cenário, o termo inicial da prescrição é o dia 1º de agosto daquele mesmo ano. 25. Este foi, igualmente, o entendimento consagrado em decisão unânime proferida pela 1ª Seção do Superior Tribunal de Justiça, no julgamento do REsp 1.303.988-PE, sob a relatoria do Ministro Teori Zavascki: "PREVIDÊNCIA SOCIAL. REVISÃO DO ATO DE CONCESSÃO DE BENEFÍCIO PREVIDENCIÁRIO. DECADÊNCIA. PRAZO. ART. 103 DA LEI N. 8.213/91. BENEFÍCIOS ANTERIORES. DIREITO INTERTEMPORAL. 1. Até o advento da MP 1.523-9/1997 (convertida na Lei n. 9.528/97), não havia previsão normativa de prazo de decadência do direito ou da ação de revisão do ato concessivo de benefício previdenciário. Todavia, com a nova redação, dada pela referida Medida Provisória, ao art. 103 da Lei n. 8.213/91 (Lei de Benefícios da Previdência Social), ficou estabelecido que "É de dez anos o prazo de decadência de todo e qualquer direito ou ação do segurado ou beneficiário para a revisão do ato de concessão de benefício, a contar do dia primeiro do mês seguinte ao do recebimento da primeira prestação ou, quando for o caso, do dia em que tomar conhecimento da decisão indeferitória definitiva no âmbito administrativo". 2. Essa disposição normativa não pode ter eficácia retroativa para incidir sobre o tempo transcorrido antes de sua vigência. Assim, relativamente aos benefícios anteriormente concedidos, o termo inicial do prazo de decadência do direito ou da ação visando à sua revisão tem como termo inicial a data em que entrou em vigor a norma fixando o referido prazo decenal (28.6.1997). Precedentes da Corte Especial em situação análoga (*v. g.*: MS n. 9.112/DF. Min. Eliana Calmon, DJ 14.11.2005; MS 9.115, Min. César Rocha (DJ 7.8.2006, MS 11.123, Min. Gilson Dipp, DJ 5.2.2007, MS 9.092, Min. Paulo Gallotti, DJ 6.9.2006, MS (AgRg) 9.034, Min. Félix Ficher, DL 28.8.2006). 3. Recurso especial provido". 26. Merece especial destaque a seguinte passagem do voto do relator, na qual foi abordada, de forma expressa, a alegação de ofensa a direito adquirido: "Todavia, isso não significa que o legislador esteja impedido de modificar o sistema normativo em relação ao futuro, até porque, conforme de comum sabença, não há direito adquirido à manutenção de regime jurídico. É nessa perspectiva que, a exemplo do que fez a Corte Especial em relação ao art. 54 da Lei n. 9.784, de 1999, deve ser interpretado e aplicado o art. 103 da Lei n. 8.213/91, com a redação que recebeu a partir da MP n. 1.523-9/97 e que resultou na conferida pela Lei n. 10.839/04. Com efeito, se antes da modificação normativa podia o segurado promover a qualquer tempo o pedido de revisão dos atos concessivos do benefício previdenciário, é certo afirmar que a norma superveniente não poderá incidir sobre o tempo passado, de modo a impedir a revisão; mas também é certo afirmar que a nova disposição legal está apta a incidir sobre o tempo futuro, a contar de sua vigência. Portanto, a solução para o problema de direito intertemporal aqui posto só pode ser aquela dada pela Corte Especial na situação análoga: relativamente aos benefícios previdenciários anteriores à nova lei, o prazo decadencial para sua revisão tem como termo inicial o da vigência da superveniente norma, que o estabeleceu. Esse modo de enfrentar a questão de direito intertemporal em situações da espécie é chancelado por abalizada doutrina. É o caso, por exemplo, de Galeno Lacerda, a propósito da redução do prazo decadencial da ação rescisória operada pelo CPC/73 (*Novo direito processual civil e os feitos pendentes*. Rio de Janeiro: Forense, 1974. p. 100-101) e de Câmara Leal, em seu clássico Da Prescrição e da Decadência (Rio de Janeiro: Forense, 1978. p. 90)". 27. De fato, a lei nova que introduz prazo decadencial ou prescricional não tem, naturalmente, efeito retroativo. Em vez disso, deve ser aplicada de forma imediata, inclusive quanto às situações constituídas no passado. Nesse caso, o termo inicial do novo prazo há de ser o momento de vigência da nova lei ou outra data posterior nela fixada. O raciocínio é o mesmo estabelecido em precedentes do Supremo Tribunal Federal relativos à aplicação do art. 54 da Lei n. 9.784/99. 28. No caso concreto em exame, o recurso extraordinário versa interesse de segurada que teve aposentadoria concedida anteriormente à entrada em vigor da MP n. 1.523-9/97. A decisão recorrida deve ser reformada, na medida em que deixou de reconhecer a aplicabilidade do prazo decadencial de dez anos e assentou a possibilidade de revisão do ato de aposentadoria a qualquer tempo. Ao contrário do que entendeu a decisão recorrida, não há, na hipótese, direito adquirido protegido pelo art. 5º, XXXVI, da Constituição Federal. 29. Por essas razões, conheço do recurso extraordinário e lhe dou provimento, para reformar a decisão prolatada pela Turma Recursal dos Juizados Especiais de Sergipe. Como consequência, restabeleço a sentença proferida pelo Juizado Especial Federal de Sergipe no Processo 2009.85.00.502418-05, a qual havia declarado extinto o processo, com resolução de mérito, por força de decadência, nos termos do art. 269, IV, do Código de Processo Civil. 30. É como voto. *acórdão pendente de publicação. **nome suprimido pelo Informativo. INOVAÇÕES LEGISLATIVAS 21 a 25 de outubro de 2013. Lei n. 12.871, de 22.10.2013 — Institui o Programa Mais Médicos, altera as Leis ns. 8.745, de 9.12.1993, e 6.932, de 7.7.1981, e dá outras providências. Mensagem de veto. Publicada no DOU em 23.10.2013, Seção 1, p. 1. Lei n. 12.873, de 24.10.2013 — Autoriza a Companhia Nacional de Abastecimento a utilizar o Regime Diferenciado de Contratações Públicas — RDC, instituído pela Lei n. 12.462, de 4.8.2011, para a contratação de todas as ações relacionadas à reforma, modernização, ampliação ou construção de unidades armazenadoras próprias destinadas às atividades de guarda e conservação de produtos agropecuários em ambiente natural; altera as Leis ns. 8.212, de 24.7.1991, e 8.213, de 24.7.1991, o Decreto-Lei n. 5.452, de 1º.5.1942 — Consolidação das Leis do Trabalho, as Leis ns. 11.491, de 20.6.2007, e 12.512, de 14.10.2011; dispõe sobre os contratos de financiamento do Fundo de Terras e da Reforma Agrária, de que trata a Lei Complementar n. 93, de 4.2.1998; autoriza a inclusão de despesas acessórias relativas à aquisição de imóvel rural nos financiamentos de que trata a Lei Complementar n. 93, de 4.2.1998; institui o Programa Nacional de Apoio à Captação de Água de Chuva e Outras Tecnologias Sociais de Acesso à Água — Programa Cisternas; altera a Lei n. 8.666, de 21.6.1993, o Decreto -Lei n. 167, de 14.2.1967, as Leis ns. 10.406, de 10.1.2002 — Código Civil, 9.718, de 27.11.1998, e 12.546, de 14.9.2011; autoriza a União a conceder subvenção econômica, referente à safra 2011/2012, para produtores independentes de cana-de-açúcar que desenvolvem suas atividades no Estado do Rio de Janeiro; altera a Lei n. 11.101, de 9.2.2005; institui o Programa de Fortalecimento das Entidades Privadas Filantrópicas e das Entidades sem Fins Lucrativos que Atuam na Área da Saúde e que Participam de Forma Complementar do Sistema Único de Saúde — PROSUS; dispõe sobre a utilização pelos Estados, Distrito Federal e Municípios dos registros de preços realizados pelo Ministério da Saúde; autoriza a União, por intermédio do Ministério do Planejamento, Orçamento e Gestão, a conceder o uso de bens públicos imobiliários dominicais, mediante emissão de Certificado de Direito de Uso de Bem Público Imobiliário — CEDUPI; altera o Decreto-Lei n. 3.365, de 21.6.1941; dispõe sobre as dívidas originárias de perdas constatadas nas armazenagens de produtos vinculados à Política de Garantia de Preços Mínimos — PGPM e Estoques Reguladores do Governo Federal, depositados em armazéns de terceiros, anteriores a 31.12.2011; altera a Lei n. 10.438, de 26.4.2002; autoriza o Poder Executivo a declarar estado de emergência fitossanitária ou zoossanitária, quando for constatada situação epidemiológica que indique risco iminente de introdução de doença exótica ou praga quarentenária ausente no País, ou haja risco de surto ou epidemia de doença ou praga já existente; altera a Lei n. 9.430, de 27.12.1996; dispõe sobre o repasse pelas entidades privadas filantrópicas e entidades sem fins lucrativos às suas mantenedoras de recursos financeiros recebidos dos entes públicos; altera a Medida Provisória n. 2.158-35, de 24.8.2001, as Leis ns. 10.848, de 15.3.2004, 12.350, de 20.12.2010, 12.096, de 24.11.2009, 5.869, de 11.1.1973 — Código de Processo Civil, 12.087, de 11.11.2009, e 10.260, de 12.7.2001; e dá outras providências. Publicada no DOU em 25.10.2013, Seção 1, p. 1.

2.5. Princípio da interpretação favorável ao segurado

A interpretação no processo judicial previdenciário deve ser utilizada para facilitar o acesso do segurado ao benefício. Essa interpretação deve estar sempre em comunhão com a realidade fática. Esse princípio é denominado *in dubio pro segurado.* Marco Aurélio Serau Junior[(20)] destaca:

(20) SERAU JUNIOR, Marco Aurélio. *Curso de processo judicial previdenciário.* 4. ed. São Paulo: Método, 2014. p. 43-44.

Uma das principais diferenças do Processo Judicial Previdenciário em relação ao Processo Civil ordinário reside na busca da verdade real. Com efeito, nesse segmento do Direito Previdenciário não se aplica a busca da verdade meramente formal constante a partir dos autos [...] O princípio da verdade real, dentro do Processo Judicial Previdenciário, possui extrema importância em razão das condições em que geralmente se dão os fatos a serem comprovados, com fins previdenciários: informalidade e precariedade das relações de trabalho [...] dificuldade de manterem-se provas/documentos de situações laborais e familiares transcorridas há décadas, diante do baixo grau de instrução de parcela da população.

2.6. Princípio da celeridade processual

O art. 5º, LXXVIII, da Constituição Federal consigna o princípio da celeridade processual. Vejamos:

> Art. 5º Todos são iguais perante a lei, sem distinção de qualquer natureza, garantindo-se aos brasileiros e aos estrangeiros residentes no País a inviolabilidade do direito à vida, à liberdade, à igualdade, à segurança e à propriedade, nos termos seguintes:
>
> [...]
>
> LXXVIII a todos, no âmbito judicial e administrativo, são assegurados a razoável duração do processo e os meios que garantam a celeridade de sua tramitação.

O processo judicial previdenciário deve ser finalizado no menor tempo possível. Vejamos uma jurisprudência nessa perspectiva:

> Em seguida, o Plenário resolveu questão de ordem outrora suscitada pela Min. Ellen Gracie para modular os efeitos da decisão com repercussão geral, no sentido de que fosse limitada aos processos nos quais não houvesse sentença de mérito até a data daquela assentada. Considerou-se que a matéria nunca teria sido tratada de maneira uniforme no Supremo e que, em razão disso, muitos processos já julgados pela justiça do trabalho teriam de ser encaminhados à justiça comum para serem novamente sentenciados — o que ensejaria patente prejuízo à celeridade processual e à eficiência (CF, arts. 5º, LXXVIII; e 37, *caput*). Ademais, os sistemas processuais trabalhista e civil não possuiriam identidade de procedimentos. Vencido o Min. Marco Aurélio, que não admitia modulação, por se cuidar de processo subjetivo. Além disso, por maioria, deliberou-se exigir quórum de 2/3 para modulação de efeitos em sede de recurso extraordinário com repercussão geral reconhecida. Entendeu-se que a maioria qualificada seria necessária para conferir eficácia objetiva ao instrumento, bem como que o instituto da modulação já estaria disciplinado em lei (Lei n. 9.868/99, art. 27), e deveria ser aplicado desta forma. Vencidos os Ministros Dias Toffoli, Luiz Fux, Gilmar Mendes e Celso de Mello, que entendiam haver a necessidade de maioria absoluta, apenas, pois o quórum qualificado seria exigível somente para a edição de Súmula Vinculante, bem como para fins de modulação nos processos de fiscalização abstrata, nos quais declarada a inconstitucionalidade de dispositivo legal. Os Ministros Teori Zavascki e Rosa Weber, embora sucedessem os relatores dos recursos, participaram da votação quanto à modulação de efeitos, por se tratar de questão de ordem. A Min. Rosa Weber, entretanto, não se pronunciou sobre a modulação no caso concreto, visto que a Min. Ellen Gracie já se manifestara a respeito. RE 586453/SE, rel. orig. Min. Ellen Gracie, red. p/ o acórdão Min. Dias Toffoli, 20.2.2013. (RE-586453)

2.7. Princípio do Devido Processo Legal

O princípio do devido processo legal está previsto no art. 5º, LIV, da Constituição Federal. Vejamos:

Art. 5º Todos são iguais perante a lei, sem distinção de qualquer natureza, garantindo-se aos brasileiros e aos estrangeiros residentes no País a inviolabilidade do direito à vida, à liberdade, à igualdade, à segurança e à propriedade, nos termos seguintes:

[...]

LIV — ninguém será privado da liberdade ou de seus bens sem o devido processo legal.

O princípio do devido processo legal objetiva proteger a liberdade e os bens das pessoas garantindo o devido processo legal para responder a qualquer medida que atinja esses direitos (liberdade e propriedade privada). O princípio da cidadania é o fim mediato do princípio anteriormente aludido.

Marco Aurélio Serau Junior[21] destaca:

> O postulado do *due process of law* biparte-se num aspecto processual (*procedural due process*) e noutro aspecto material (*substantive due process*)... ao passo que o primeiro cuida da tutela processual dos direitos, seja o processo judicial ou administrativo, o âmbito material do devido processo legal concerne ao direito material, ou seja, ao próprio conteúdo dos direitos fundamentais do cidadão.

Importante consignar que no aspecto material (*substantive due process of law*) devem ser observados os princípios da razoabilidade e da proporcionalidade. Vejamos uma jurisprudência sobre esse tema:

> O Tribunal iniciou julgamento de mérito de recurso extraordinário interposto por indústria de cigarros no qual se discute a validade de norma que prevê interdição de estabelecimento, por meio de cancelamento de registro especial, em caso do não cumprimento de obrigações tributárias (Decreto-lei n. 1.593/77). Trata-se de recurso interposto contra acórdão do Tribunal Regional Federal da 2ª Região que entendera que o rigor fiscal se ampararia nas características da indústria do cigarro, dentre as quais a circunstância de a tributação ter papel extrafiscal no arrefecimento do consumo e no aparelhamento do Estado para combater a nocividade do produto à saúde pública. Alega a recorrente que o art. 2º, II, do referido decreto consubstanciaria uma sanção política não recepcionada pela Constituição, por contrariedade ao direito à liberdade de trabalho, de comércio e indústria e aos princípios da razoabilidade e da proporcionalidade (CF, arts. 5º, XIII e LIV, e 170). O Min. Joaquim Barbosa, relator, conheceu do recurso, mas lhe negou provimento. Salientou, inicialmente, que a Corte tem confirmado e garantido a proibição constitucional às sanções políticas, invocando o direito ao exercício de atividades econômicas e profissionais lícitas, a violação do *substantive due process of law* (a falta de proporcionalidade e razoabilidade de medidas gravosas que se predispõem a substituir os mecanismos de cobrança de créditos tributários) e a violação do devido processo legal manifestado no direito de acesso aos órgãos do Executivo ou do Judiciário tanto para controle da validade dos créditos tributários quanto para controle do próprio ato que culmina na restrição. Asseverou que essa orientação não serviria, entretanto, de escusa ao deliberado e temerário desrespeito à legislação tributária, não havendo se falar em sanção política se as restrições à prática de atividade econômica combatessem estruturas empresariais que se utilizassem da inadimplência tributária para obter maior vantagem concorrencial. Assim, para ser reputada inconstitucional, a restrição ao exercício de atividade econômica deveria ser desproporcional e não razoável. RE 550769/RJ, rel. Min. Joaquim Barbosa, 7.5.2008. (RE-550769)

Marco Aurélio Serau Junior[22] nos ensina:

> O princípio do *substantive due process*, por decorrência lógica, impõe a aplicação dos princípios da razoabilidade e da proporcionalidade, mediante os quais o Poder Legislativo deve desenvolver sua função de produção de modo razoável: toda norma que não for razoável é contrária ao direito e deve ser controlada pelo Poder Judiciário (NERY JR., 2000, p. 38). Gilmar

(21) SERAU JUNIOR, Marco Aurélio. *Curso de processo judicial previdenciário*. 4. ed. São Paulo: Método, 2014. p. 77.
(22) SERAU JUNIOR, Marco Aurélio. *Curso de processo judicial previdenciário*. 4. ed. São Paulo: Método, 2014. p. 78-81.

Ferreira Mendes leciona que "a doutrina constitucional mais moderna enfatiza que, em se tratando de imposição de restrições a determinados direitos, deve-se indagar não apenas sobre a admissibilidade constitucional da restrição eventualmente fixada (reserva legal), mas também sobre a compatibilidade das restrições estabelecidas com o princípio a proporcionalidade" [...] O ilustre constitucionalista afirma que a ofensa ao princípio do devido processo legal em seu aspecto substantivo (proporcionalidade/razoabilidade) permite a invalidação de normas que contenham tal vício: "a argumentação desenvolvida pelo Supremo Tribunal Federal não deixa dúvida de que, na espécie, a legitimidade dessas medidas restritivas há de ser aferida no contexto de uma relação meio fim [...], devendo ser pronunciada a inconstitucionalidade da lei que contenha limitações inadequadas, desnecessárias ou desproporcionais (não-razoáveis). Trata-se à evidência, de aplicação da proporcionalidade ou da proibição de excesso no juízo de constitucionalidade" (MENDES, 2000, p. 112).

Vejamos duas jurisprudências interessantes:

[...] ARQUIVAMENTO DE ALTERAÇÃO SOCIETÁRIA NA JUNTA COMERCIAL. CERTIDÃO DE REGULARIDADE FISCAL. ART. 47, I, "d", DA LEI N. 8.212/91. EXIGIBILIDADE. 1. O C. Supremo Tribunal Federal, no julgamento da ADI n. 173/DF, manifestou-se especificamente em relação às normas que condicionam a prática de atos da vida civil e empresarial à quitação de créditos tributários, caracterizando-as como sanção política. Não houve qualquer menção em relação aos artigos 47 da Lei n. 8.212/91. 2. O art. 47, "d", da Lei n. 8.212/91, com a nova redação dada pela Lei n. 9.528/97 exige "Certidão Negativa de Débito — CND, fornecida pelo órgão competente, nos casos de registro ou arquivamento, no órgão próprio, de ato relativo a baixa ou redução de capital de firma individual, redução de capital social, cisão total ou parcial, transformação ou extinção de entidade ou sociedade comercial ou civil e transferência de controle de cotas de sociedades de responsabilidade limitada". 3. Ademais, a exigência pelo legislador da regularidade fiscal não viola o devido processo legal, eis que a empresa devedora da Previdência Social pode, a todo momento, suspender a exigibilidade do crédito, ao discutir administrativa ou judicialmente, parcelar e, se for o caso, oferecer caução. 3. Agravo improvido. (TRF4 5004492-44.2013.404.0000, Terceira Turma, Relator p/ Acórdão Carlos Eduardo Thompson Flores Lenz, juntado aos autos em 21.3.2013)

PROCESSUAL CIVIL. AÇÃO ANULATÓRIA DE DÉBITO. INSCRIÇÃO EM DÍVIDA ATIVA — INDEVIDA. PREVIDÊNCIA SOCIAL PAGAMENTOS INDEVIDOS. NÃO ENQUADRAMENTO COMO DÍVIDA NÃO TRIBUTÁRIA. A jurisprudência deste Tribunal e do colendo STJ deixam claro que a cobrança de proventos pagos pelo Instituto Previdenciário indevidamente ao segurado, seja por erro, seja por má-fé deste, não pode ser admitida pela inscrição em dívida ativa, o que viola o princípio constitucional do devido processo legal (art. 5º, inciso LIV, da CF/88), tornando-se necessário, desta forma, o ajuizamento da ação ordinária por parte da Fazenda Pública, através do processo de conhecimento, assegurado ao devedor o contraditório e a ampla defesa. Assim, não demonstrada a má-fé do segurado é indevida a cobrança dos valores pagos ao autor a título de benefício previdenciário. (TRF4, AC 5003501-88.2011.404.7000, Sexta Turma, Relator p/ Acórdão João Batista Pinto Silveira, juntado aos autos em 27.9.2013)

3. A ação previdenciária

3.1. Prévio requerimento administrativo

O Supremo Tribunal Federal decidiu sobre a necessidade do prévio requerimento administrativo para que o segurado possa ingressar com a ação judicial. Vejamos a decisão:

[...] RECURSO EXTRAORDINÁRIO. REPERCUSSÃO GERAL. PRÉVIO REQUERIMENTO ADMINISTRATIVO E INTERESSE EM AGIR. 1. A instituição de condições para o regular exercício do direito de ação é compatível com o art. 5º, XXXV, da Constituição. Para se caracterizar a presença de interesse em agir, é preciso haver necessidade de ir a juízo. 2. A concessão de benefícios previdenciários depende de requerimento do interessado, não se caracterizando ameaça ou lesão a direito antes de sua apreciação e indeferimento pelo INSS, ou se excedido o prazo legal para sua análise. É bem de ver, no entanto, que a exigência de prévio requerimento não se confunde com o exaurimento das vias administrativas. 3. A exigência de prévio requerimento administrativo não deve prevalecer quando o entendimento da Administração for notória e reiteradamente contrário à postulação do segurado. 4. Na hipótese de pretensão de revisão, restabelecimento ou manutenção de benefício anteriormente concedido, considerando que o INSS tem o dever legal de conceder a prestação mais vantajosa possível, o pedido poderá ser formulado diretamente em juízo — salvo se depender da análise de matéria de fato ainda não levada ao conhecimento da Administração —, uma vez que, nesses casos, a conduta do INSS já configura o não acolhimento ao menos tácito da pretensão. 5. Tendo em vista a prolongada oscilação jurisprudencial na matéria, inclusive no Supremo Tribunal Federal, deve-se estabelecer uma fórmula de transição para lidar com as ações em curso, nos termos a seguir expostos. 6. Quanto às ações ajuizadas até a conclusão do presente julgamento (3.9.2014), sem que tenha havido prévio requerimento administrativo nas hipóteses em que exigível, será observado o seguinte: (i) caso a ação tenha sido ajuizada no âmbito de Juizado Itinerante, a ausência de anterior pedido administrativo não deverá implicar a extinção do feito; (ii) caso o INSS já tenha apresentado contestação de mérito, está caracterizado o interesse em agir pela resistência à pretensão; (iii) as demais ações que não se enquadrem nos itens (i) e (ii) ficarão sobrestadas, observando-se a sistemática a seguir. 7. Nas ações sobrestadas, o autor será intimado a dar entrada no pedido administrativo em 30 dias, sob pena de extinção do processo. Comprovada a postulação administrativa, o INSS será intimado a se manifestar acerca do pedido em até 90 dias, prazo dentro do qual a Autarquia deverá colher todas as provas eventualmente necessárias e proferir decisão. Se o pedido for acolhido administrativamente ou não puder ter o seu mérito analisado devido a razões imputáveis ao próprio requerente, extingue-se a ação. Do contrário, estará caracterizado o interesse em agir e o feito deverá prosseguir. 8. Em todos os casos acima — itens (i), (ii) e (iii) —, tanto a análise administrativa quanto a judicial deverão levar em conta a data do início da ação como data de entrada do requerimento, para todos os efeitos legais. 9. Recurso extraordinário a que se dá parcial provimento, reformando-se o acórdão recorrido para determinar a baixa dos autos ao juiz de primeiro grau, o qual deverá intimar a autora — que alega ser trabalhadora rural informal — a dar entrada no pedido administrativo em 30 dias, sob pena de extinção. Comprovada a postulação administrativa, o INSS será intimado para que, em 90 dias, colha as provas necessárias e profira decisão administrativa, considerando como data de entrada do requerimento a data do início da ação, para todos os efeitos legais. O resultado será comunicado ao juiz, que apreciará a subsistência ou não do interesse em agir. Decisão. Após o voto do Ministro Roberto Barroso (Relator), que dava parcial provimento ao recurso, no que foi acompanhado pelos Ministros Teori Zavascki, Rosa Weber, vencida quanto ao conhecimento, Luiz Fux, Gilmar Mendes, Celso de Mello e Ricardo Lewandowski, e os votos dos Ministros Marco Aurélio e Cármen Lúcia, que negavam provimento ao recurso, o julgamento foi suspenso. Ausente o Ministro Dias Toffoli, participando da VI Conferência Ibero-Americana sobre Justiça Eleitoral, no México, na qualidade de Presidente do Tribunal Superior Eleitoral. Falaram: pelo Instituto Nacional do Seguro Social, INSS, o Dr. Marcelo de Siqueira Freitas, Procurador Geral Federal; pela recorrida, o Dr. Thiago Martinelli Veiga, OAB/SC 30.112; pela Defensoria Pública-Geral da União, o Dr. Antônio Ezequiel Inácio Barbosa, e, pelo Instituto Brasileiro de Direito Previdenciário — IBDP, a Dra. Gisele Kravchychyn. Presidência do Ministro Ricardo Lewandowski, Vice-Presidente no exercício da Presidência. Plenário, 27.8.2014. Decisão: Adiado o julgamento. Ausentes, justificadamente, o Ministro Celso de Mello, a Ministra Cármen Lúcia e o Ministro Dias Toffoli, que participa da VI Conferência Ibero-Americana sobre Justiça Eleitoral, no México, na qualidade de Presidente do Tribunal Superior Eleitoral. Presidência do Ministro Ricardo Lewandowski, Vice-Presidente no exercício da Presidência. Plenário, 28.8.2014. Decisão: Prosseguindo no julgamento, o Tribunal, por maioria e nos termos do voto do Relator, deu parcial provimento ao recurso, vencidos, em menor extensão, a Ministra Rosa Weber, e, integralmente, os Ministros Marco Aurélio e Cármen Lúcia. Colhido o voto do Ministro Dias Toffoli, que acompanhou o Relator. Presidiu o julgamento o Ministro Ricardo Lewandowski, Vice-Presidente no exercício da Presidência. Plenário, 3.9.2014. RE 631240/MG — MINAS GERAIS. RECURSO EXTRAORDINÁRIO. Relator(a): Min. Roberto Barroso. Julgamento: 3.9.2014. Órgão Julgador: Tribunal Pleno

Vejamos algumas exposições dessa jurisprudência:

> Exposição n. 1: "A concessão de benefícios previdenciários depende de requerimento do interessado, não se caracterizando ameaça ou lesão a direito antes de sua apreciação e indeferimento pelo INSS, ou se excedido o prazo legal para sua análise".

Observação 1: "a exigência de prévio requerimento não se confunde com o exaurimento das vias administrativas".

Observação 2: A exigência de prévio requerimento administrativo não deve prevalecer quando o entendimento da Administração for notória e reiteradamente contrário à postulação do segurado.

Exposição n. 2: "Na hipótese de pretensão de revisão, restabelecimento ou manutenção de benefício anteriormente concedido, considerando que o INSS tem o dever legal de conceder a prestação mais vantajosa possível, o pedido poderá ser formulado diretamente em juízo — salvo se depender da análise de matéria de fato ainda não levada ao conhecimento da Administração —, uma vez que, nesses casos, a conduta do INSS já configura o não acolhimento ao menos tácito da pretensão".

Exposição n. 3: Tendo em vista a prolongada oscilação jurisprudencial na matéria, inclusive no Supremo Tribunal Federal, deve-se estabelecer uma fórmula de transição para lidar com as ações em curso, nos termos a seguir expostos. Quanto às ações ajuizadas até a conclusão do presente julgamento (3.9.2014), sem que tenha havido prévio requerimento administrativo nas hipóteses em que exigível, será observado o seguinte: (i) caso a ação tenha sido ajuizada no âmbito de Juizado Itinerante, a ausência de anterior pedido administrativo não deverá implicar a extinção do feito; (ii) caso o INSS já tenha apresentado contestação de mérito, está caracterizado o interesse em agir pela resistência à pretensão; (iii) as demais ações que não se enquadrem nos itens (i) e (ii) ficarão sobrestadas, observando-se a sistemática a seguir. Nas ações sobrestadas, o autor será intimado a dar entrada no pedido administrativo em 30 dias, sob pena de extinção do processo. Comprovada a postulação administrativa, o INSS será intimado a se manifestar acerca do pedido em até 90 dias, prazo dentro do qual a Autarquia deverá colher todas as provas eventualmente necessárias e proferir decisão. Se o pedido for acolhido administrativamente ou não puder ter o seu mérito analisado devido a razões imputáveis ao próprio requerente, extingue-se a ação. Do contrário, estará caracterizado o interesse em agir e o feito deverá prosseguir. 8. Em todos os casos anteriores — itens (i), (ii) e (iii) —, tanto a análise administrativa quanto a judicial deverão levar em conta a data do início da ação como data de entrada do requerimento, para todos os efeitos legais.

Exposição n. 4: "Comprovada a postulação administrativa, o INSS será intimado para que, em 90 dias, colha as provas necessárias e profira decisão administrativa, considerando como data de entrada do requerimento a data do início da ação, para todos os efeitos legais. O resultado será comunicado ao juiz, que apreciará a subsistência ou não do interesse em agir".

3.2. Legitimidade

3.2.1. Legitimidade ativa

A ação previdenciária deve ser utilizada pelos segurados e dependentes da Seguridade Social. Marco Aurélio Serau Junior[23] destaca:

> A legitimidade ativa do Processo Judicial Previdenciário compete a segurados e dependentes, os beneficiários da Seguridade Social nos termos do art. 10 da Lei n. 8.213/91 — Lei de Benefícios (ou, num prisma de amplo acesso à justiça, aqueles que buscam o reconhecimento

(23) SERAU JUNIOR, Marco Aurélio. *Curso de processo judicial previdenciário*. 4. ed. São Paulo: Método, 2014. p. 140.

judicial dessa condição). A legitimidade ativa característica do Processo judicial Previdenciário pode ser observada também em sua dimensão coletiva, ou seja, os segurados e dependentes podem mover esse tipo de demanda também nas modalidades coletivas admitidas na legislação processual (notadamente, mandados de segurança coletivos e ações civis públicas [...]. Também pode ocorrer a sucessão do polo ativo, o que ocorre frequentemente nas ações previdenciárias, especialmente no caso de óbito do autor, vindo seus herdeiros a discutir não a implementação do benefício, mas eventuais atrasados a que o *de cujus* teria direito.

Vale ressaltar que a ação previdenciária pode incluir questões referentes a vários regimes de Previdência Social (Previdência Complementar, RGPS, RPPS etc.).

As ações previdenciárias têm como característica principal o alcance do pedido (benefício, aposentadoria etc.) do segurado (ou dependente) mediante a tutela jurisdicional.

3.2.2. *Legitimidade passiva*

No polo passivo da ação previdenciária está a instituição previdenciária responsável pelo regime previdenciário em questão. Notadamente, no RGPS, o polo passivo será composto pelo INSS. No RPPS (Regime Próprio da Previdência Social) estará no polo passivo a respectiva instituição que administra e conduz a previdência em regime próprio.

Uma outra possibilidade é a inclusão no polo passivo da instituição que administra a previdência complementar. Existe também a formação de litisconsórcio passivo entre o INSS e o RPPS. Vejamos uma jurisprudência interessante:

> Este agravo de instrumento foi interposto por Dino Mezzari contra decisão da Juíza Federal Paula Beck Bohn que, nos autos de ação ordinária proposta pela agravante contra a União objetivando a concessão de aposentadoria estatutária, mediante cômputo de tempo de trabalho especial convertido em comum, exercido como médico sob o regime celetista antes do advento da Lei n. 8.112/90, indeferiu a antecipação da tutela requerida e, na sequência, converteu o julgamento em diligência e determinou a intimação do autor para que promovesse a citação do Instituto Nacional do Seguro Social — INSS na condição de litisconsorte passivo necessário. A decisão tem o seguinte teor (eventos 25 e 29): Evento 25 "Não há, no caso sub examine, risco de ineficácia da medida, em sendo apreciada na sentença, mormente considerando que a lide oferece condição de imediato julgamento, pois o autor já apresentou réplica à contestação apresentada pela ré e não há necessidade de instrução do feito. Assim, indefiro a antecipação dos efeitos da tutela. Intime-se o demandante. Sem prejuízo, façam-se os autos conclusos para sentença". Evento 29 "Trata-se de pedido de concessão de aposentadoria por tempo de serviço, com proventos integrais, formulado por servidor vinculado ao Ministério da Saúde no Estado do Rio Grande do Sul, mediante cômputo do tempo de serviço prestado ao extinto INAMPS, como celetista, em atividade insalubre. Nessa hipótese, o Tribunal Regional Federal da 4ª Região tem decidido pela necessidade de formação de litisconsórcio passivo entre a entidade encarregada da expedição de certidão de contagem recíproca de tempo de serviço — Instituto Nacional do Seguro Social — e a entidade na qual a certidão deverá ser averbada para cômputo do tempo de serviço, com o acréscimo legal, para fins de aposentadoria. Confira-se: EMENTA: PROCESSUAL CIVIL E ADMINISTRATIVO. SERVIDOR PÚBLICO. LEGITIMIDADE PASSIVA DO INSS. LITISCONSÓRCIO PASSIVO ENTRE INSS E UNIVERSIDADE FEDERAL DE SANTA CATARINA. INTERESSE DE AGIR DA PARTE AUTORA CONFIGURADO. REVISÃO DO ATO DE APOSENTADORIA, PARA INCLUSÃO DE TEMPO DE SERVIÇO ESPECIAL LABORADO COMO CELETISTA. ATIVIDADE INSALUBRE. PRESCRIÇÃO DO FUNDO DE DIREITO. INOCORRÊNCIA. REQUERIMENTO ADMINISTRATIVO. INTERRUPÇÃO. MARCO INICIAL DA PRESCRIÇÃO PARA PAGAMENTO DAS DIFERENÇAS. HONORÁRIOS ADVOCATÍCIOS. APELOS DAS RÉS DESPROVIDOS APELO DA AUTORA PROVIDO. 1. É pacífico nesta Corte o entendimento de que, nesta espécie de ação, em que se postula o aproveitamento de tempo de serviço especial laborado sob o regime celetista para efeito de obtenção/revisão de benefício estatutário, a hipótese é de litisconsórcio passivo entre o INSS e o órgão empregador ao qual é vinculado o servidor (no caso, a UFSC), e perante o qual será requerida a inclusão e averbação do tempo de

serviço convertido e certificado pelo INSS. 2. Tendo o réu contestado o mérito da ação, está suprida a ausência do prévio requerimento administrativo da parte autora, configurando a existência de pretensão resistida, que leva ao interesse processual da parte. Afastada a alegação do INSS quanto à falta de interesse de agir da parte autora. 3. A revisão do ato de concessão de aposentadoria de servidor público, para fins de incluir em seu tempo de serviço o acréscimo decorrente da conversão de tempo de serviço trabalhado como celetista em condições especiais, com a integralização dos proventos e o pagamento das diferenças decorrentes da revisão, submete-se à prescrição do fundo de direito prevista no art. 1º do Decreto n. 20.910/32. Precedentes do STJ. 4. Embora a revisão do ato de aposentadoria esteja sujeita à prescrição do fundo de direito, cabendo ao servidor reclamá-la dentro do prazo de 5 anos de sua concessão, nos termos do art. 1º do Decreto n. 20.910/32, no caso houve a interrupção da marcha prescricional, diante da existência de pedido administrativo de averbação do tempo especial, afastando a inércia do requerente. Inocorrência da prescrição do fundo de direito na espécie. 5. O marco inicial da fluência da prescrição quinquenal recai sobre o momento do ato de inativação; ou, caso requerida administrativamente a averbação do tempo de serviço convertido, tal requerimento interrompe a marcha prescricional, pois afasta a inércia do requerente, iniciando-se daí a contagem da prescrição. Hipótese em que a autora aposentou-se em 2003, ajuizando a presente ação judicial em 2010, porém em 2007 protocolizou requerimento administrativo, o que suspendeu a fluência da prescrição. 6. O servidor público ex-celetista faz jus à contagem do tempo de serviço prestado sob a égide da CLT em condições perigosas e insalubres na forma da legislação vigente, à época da prestação de serviço, ou seja, com o acréscimo previsto na legislação previdenciária de regência. Demonstrada no caso a efetiva exposição da autora, como cozinheira no Restaurante Universitário (RU/UFSC), aos agentes insalubres no período questionado, cujo ambiente estava exposto ao agente nocivo calor, acima do limite legal, faz ela jus à conversão e averbação do referido tempo, para fins de revisão de sua aposentadoria e consequente pagamento das diferenças. 7. Apelo da autora provido, para fixar como marco inicial da prescrição para pagamento das diferenças a data do pedido administrativo, e não a data do ajuizamento da ação judicial. 8. Honorários advocatícios mantidos em 10% sobre o valor da condenação, por ser este o percentual adotado pela Turma. 9. Apelos do INSS e da UFSC desprovidos. (TRF4, APELREEX 5002872-33.2010.404.7200, Terceira Turma, Relator p/ Acórdão Carlos Eduardo Thompson Flores Lenz, juntado aos autos em 21.7.2011) Portanto, é imperativo que o Instituto Nacional do Seguro Social igualmente integre o polo passivo desta ação, por força do art. 47 do Código de Processo Civil. Desse modo, converto o julgamento em diligência e determino a intimação do autor para que, no prazo de 10 dias, promova a citação do INSS na qualidade de litisconsorte passivo necessário. O agravante alega, em breve síntese, que: (a) já reúne o tempo de serviço para aposentadoria voluntária, mediante a conversão em comum do tempo especial laborado como médico anteriormente à instituição do RJU, pelo multiplicador 1,4, sendo ilegítimo o obstáculo imposto pela administração à jubilação; (b) é desnecessária a integração do INSS ao polo passivo da demanda, pois a natureza especial da atividade de médico, no período em que é postulada a conversão, é dada pelo enquadramento legal; (c) ademais, como o trabalho foi exercido perante o próprio órgão ao qual o autor se encontra vinculado e pretende se aposentar, é desnecessária a expedição de certidão de tempo de serviço, cabendo ao próprio órgão reconhecer a natureza especial da atividade e fazer a devida conversão em tempo comum. É o relatório. Decido. Está pacificado o entendimento no sentido de que os servidores públicos que exerceram atividade especial em período anterior à edição da Lei n. 8.112/90 sob o regime geral da previdência social fazem jus à conversão desse tempo em tempo de serviço comum para fins de obtenção de aposentadoria estatutária, devendo essa conversão obedecer aos critérios previstos na legislação previdenciária em vigor quando o serviço foi prestado. Confira-se: ADMINISTRATIVO. EX-CELETISTA. ESTATUTÁRIO. CONTAGEM DE TEMPO DE SERVIÇO. ATIVIDADE INSALUBRE. FATOR DE CONVERSÃO. APOSENTADORIA. PRESCRIÇÃO. FUNDO DE DIREITO. HONORÁRIOS ADVOCATÍCIOS. SUCUMBÊNCIA RECÍPROCA. 1. Se a parte autora laborou sob condições insalubres durante o período em que era regida pela CLT, faz jus à contagem especial do tempo de serviço. 2. A jurisprudência do Superior Tribunal de Justiça firmou posicionamento no sentido de que o servidor público ex-celetista faz jus à contagem do tempo de serviço celetista prestado em condições perigosas e insalubres na forma da legislação vigente à época da prestação de serviço. 3. No Superior Tribunal de Justiça, é pacífico o entendimento de que a prescrição da pretensão à revisão do ato de aposentadoria de servidor público, com a inclusão do tempo de serviço exercido sob condições insalubres, é do fundo de direito nos termos do art. 1º do Decreto n. 20.910/32. 4. Sucumbência recíproca nos termos do *caput* do art. 21 do Código de Processo Civil. (TRF4, AC 2004.71.00.034130-5, Quarta Turma, Relator Candido Alfredo Silva Leal Junior, DE 4.11.2014) PREVIDENCIÁRIO. APOSENTADORIA POR TEMPO DE SERVIÇO. CONVERSÃO DE TEMPO ESPECIAL EM COMUM. POSSIBILIDADE. O segurado que presta serviço em condições especiais, nos termos da legislação então vigente, e que teria direito por isso à aposentadoria especial, faz jus ao cômputo do tempo nos moldes previstos à época em que realizada a atividade. Isso se verifica à medida em que se trabalha. Assim, eventual alteração no regime ocorrida posteriormente, mesmo que não mais reconheça aquela atividade como especial, não retira do trabalhador o direito à contagem do tempo de serviço na forma anterior, porque já inserida em seu patrimônio jurídico. É permitida a conversão de tempo de serviço prestado sob condições especiais em comum, para fins de concessão de aposentadoria. (TRF4, APELREEX 5004123-71.2010.404.7108, Quarta Turma, Relator p/ Acórdão Luís Alberto D'azevedo Aurvalle, juntado aos autos em 29.10.2014) AGRAVO EM APELAÇÃO. ADMINISTRATIVO. SERVIDOR PÚBLICO. CONTAGEM DE TEMPO DE SERVIÇO INSALUBRE APÓS A LEI N. 8.112/90. REGIME CELETISTA. POSSIBILIDADE. DIREITO ADQUIRIDO. INAPLICABILIDADE, *IN CASU*, DO DISPOSTO NO ART. 40, § 4º, DA CONSTITUIÇÃO FEDERAL. 1. "O reconhecimento da atividade exercida como especial é regido pela legislação vigente quando de sua prestação, passando a integrar, como direito adquirido, o patrimônio jurídico do trabalhador, não se aplicando legislação nova que imponha restrições à admissão do tempo de serviço especial. Assim é a orientação adotada pelo e. STJ". (AGREsp n. 493.458-RS, Rel. Min. Gilson Dipp, 5ª T., DJ 23.6.2003, e REsp n. 491.338-RS, Rel. Min. Hamilton Carvalhido, 6ª T., DJ 23.6.2003). 2. "É entendimento pacífico nesta Corte e no STJ que o servidor público, ex-celetista, que exerceu atividade especial, assim considerada em lei vigente à época de sua prestação, tem direito adquirido à contagem de tempo de serviço com o devido acréscimo legal [...]" (AC n. 2006.70.00.014628-0/PR, Rel. Des. Federal Carlos Eduardo Thompson Flores Lenz, 3ª T., un., 22.5.2007, DJ 3.6.2007). 3. O § 4º do art. 40 da Constituição Federal estabelece que não haverá aposentadoria especial para o servidor público, até o advento de legislação complementar que a regulamente, porém não proíbe o aproveitamento de tempo de serviço especial prestado sob a égide da CLT. Desta forma, não há vedação à conversão do período comprovadamente trabalhado em condições especiais à época em que os servidores eram regidos pelo regime celetista. 4. Agravo improvido. (TRF4 5003373-13.2012.404.7201, Terceira Turma, Relator p/ Acórdão Carlos Eduardo Thompson Flores Lenz, juntado aos autos em 30.1.2014) No período em que o tempo de serviço é controvertido — 1982 a 1990 —, o reconhecimento da natureza especial era dado pelo simples enquadramento da atividade nos decretos regulamentadores. Ou seja, o exercício de atividade profissional considerada especial nos decretos previdenciários fazia presumir a exposição do trabalhador a agentes insalubres, sendo desnecessária a prova da exposição efetiva a tais agentes. Ilustro com precedentes das Turmas de Direito Previdenciário deste Tribunal: PREVIDENCIÁRIO. PROCESSUAL CIVIL. AUSÊNCIA DE PEDIDO DE RECONHECIMENTO DE TEMPO ESPECIAL NA VIA ADMINISTRATIVA. CARÊNCIA DE AÇÃO. INOCORRÊNCIA. ATIVIDADE ESPECIAL. MÉDICO. CONCESSÃO DE APOSENTADORIA ESPECIAL. CONSECTÁRIOS. [...] 2. O enquadramento por categoria profissional é cabível até 28.4.1995; após, é necessária a demonstração de efetiva exposição a agentes insalubres. 3. Uma vez exercida atividade enquadrável como especial, sob a égide da legislação que a ampara, o segurado adquire o direito ao reconhecimento como tal. 4. Constando dos autos a prova necessária a demonstrar o exercício de atividade sujeita a condições especiais, conforme a legislação vigente na data da prestação do trabalho, deve ser reconhecido o respectivo tempo de serviço. [...] (TRF4, APELREEX 5009004-47.2012.404.7003, Sexta Turma, Relator p/ Acórdão João Batista Pinto Silveira, juntado aos autos em 21.11.2014)

PREVIDENCIÁRIO E PROCESSO CIVIL. CONTAGEM RECÍPROCA. TEMPO DE SERVIÇO ESPECIAL. ENQUADRAMENTO POR CATEGORIA PROFISSIONAL. MÉDICO. APOSENTADORIA POR TEMPO DE SERVIÇO. 1. O reconhecimento da especialidade e o enquadramento da atividade exercida sob condições nocivas são disciplinados pela lei em vigor à época em que efetivamente exercidos, passando a integrar, como direito adquirido, o patrimônio jurídico do trabalhador. 2. Até 28.4.1995 é admissível o reconhecimento da especialidade por categoria profissional ou por sujeição a agentes nocivos, admitindo-se qualquer meio de prova (exceto para ruído e calor); a partir de 29.4.1995 não mais é possível o enquadramento por categoria profissional, sendo necessária a comprovação da exposição do segurado a agentes nocivos por qualquer meio de prova até 5.3.1997 e, a partir de então, através de formulário embasado em laudo técnico, ou por meio de perícia técnica. 3. As atividades de médico exercidas até 28.4.1995 devem ser reconhecidas como especiais em decorrência do enquadramento por categoria profissional previsto à época da realização do labor. 4. Preenchidos os requisitos cumulativos para a concessão da aposentadoria por tempo de contribuição/serviço, tem o segurado direito ao benefício. (TRF4, APELREEX 5014181-26.2011.404.7100, Quinta Turma, Relator p/ Acórdão (auxílio Lugon) Taís Schilling Ferraz, juntado aos autos em 15.9.2014)

PREVIDENCIÁRIO. RESTABELECIMENTO DE APOSENTADORIA POR TEMPO DE CONTRIBUIÇÃO. REQUISITOS. TEMPO DE SERVIÇO URBANO. CTPS. PROVA PLENA. ATIVIDADE ESPECIAL. HABITUALIDADE E PERMANÊNCIA. LAUDO. AGENTES NOCIVOS BIOLÓGICOS. CATEGORIA PROFISSIONAL. MÉDICO. EQUIPAMENTOS DE PROTEÇÃO INDIVIDUAL. MARCO INICIAL DO RESTABELECIMENTO DO BENEFÍCIO. ANTECIPAÇÃO DE TUTELA. [...] 2. O reconhecimento da especialidade e o enquadramento da atividade exercida sob condições nocivas são disciplinados pela lei em vigor à época em que efetivamente exercidos, passando a integrar, como direito adquirido, o patrimônio jurídico do trabalhador. [...] 4. Até 28.4.1995 é admissível o reconhecimento da especialidade por categoria profissional ou por sujeição a agentes nocivos, aceitando-se qualquer meio de prova (exceto para ruído e calor); a partir de 29.4.1995 não mais é possível o enquadramento por categoria profissional, devendo existir comprovação da sujeição a agentes nocivos por qualquer meio de prova até 5.3.1997 e, a partir de então, por meio de formulário embasado em laudo técnico, ou por meio de perícia técnica. [...] 10. A atividade de médico exercida até 28.4.1995 deve ser reconhecida como especial em decorrência do enquadramento por categoria profissional. [...] (TRF4, APELREEX 5003191-63.2013.404.7113, Sexta Turma, Relator p/ Acórdão Celso Kipper, juntado aos autos em 26.6.2014) P

REVIDENCIÁRIO. TEMPO ESPECIAL. CATEGORIA PROFISSIONAL. AGENTES BIOLÓGICOS. AVERBAÇÃO. 1. Demonstrado o exercício de tarefa sujeita a enquadramento por categoria profissional (médico), o período até 28.4.1995 deve ser considerado como tempo especial. 2. Não restou comprovada a exposição a agentes biológicos no período posterior a 28.4.1995, em que extinto o enquadramento por categoria profissional. [...] (TRF4, AC 5003044-86.2012.404.7011, Sexta Turma, Relator p/ Acórdão Paulo Paim da Silva, juntado aos autos em 22.5.2014) Portanto, sendo certo que o autor exerceu a função de médico anteriormente à conversão ao regime estatutário promovido pela Lei n. 8.112/90, atividade classificada como especial nos quadros anexos aos Decretos ns. 53.831/64 e 83.080/79, ele faz jus à conversão desse tempo especial em tempo de serviço comum, utilizando-se o fator 1,4 nessa conversão. Efetuada a conversão do tempo de serviço especial em comum, se estiver implementado o requisito de tempo de contribuição e preenchidos os demais requisitos legais, a administração deverá deferir imediatamente a aposentadoria ao autor. Sobre a necessidade de citação do INSS na condição de litisconsorte passivo necessário, não sendo evidente a ilegitimidade passiva da autarquia, indefiro o efeito suspensivo ao recurso. Ante o exposto, defiro em parte a antecipação da tutela recursal para o fim de determinar à ré que proceda à conversão do tempo de serviço especial exercido pelo autor na condição de médico anteriormente à mudança para o regime estatutário promovida pela Lei n. 8.112/90 e, se atendidos os requisitos legais necessários, implante em favor do autor a aposentadoria pretendida. Intimem-se, sendo a ré inclusive para resposta. Comunique-se ao juízo de origem o teor desta decisão, para fins de ciência e cumprimento. (TRF4, AG 5029255-75.2014.404.0000, Quarta Turma, Relator Candido Alfredo Silva Leal Junior, juntado aos autos em 19.12.2014)

Vejamos algumas jurisprudências:

Cuida-se de agravo de instrumento, com pedido de efeito suspensivo, interposto contra decisão na qual o Julgador monocrático assim dispôs: Ante o exposto: a) reconheço a ilegitimidade passiva do INSS em relação aos pedidos de (i) revisão da pensão por morte, a fim de que o valor do benefício seja fixado em montante correspondente aos proventos de aposentadoria recebidos em vida pelo instituidor, e de (ii) reajuste do benefício na mesma data e proporção referentes aos vencimentos do pessoal da ativa, extinguindo o processo, nesse ponto, sem resolução de mérito, na forma do art. 267, VI, CPC, e b) excluo do polo passivo da presente ação a FUNCEF, devendo a Secretaria, além de retificar a autuação, proceder na extração de cópia da presente decisão e dos demais documentos juntados aos autos, efetivando, oportunamente, a sua remessa à Justiça Estadual. Preclusa a presente decisão, saneadora do feito, voltem-me conclusos. Sustenta o Agravante, em síntese, a legitimidade do INSS para responder pelo pedido principal de revisão de pensão por morte, bem como a existência de litisconsórcio, uma vez que ambos os Agravados são responsáveis pela revisão requerida.

Requer, ainda, a antecipação dos efeitos da tutela a fim de revisar a pensão nos termos pretendidos, passando a ser paga nos mesmos moldes e valores recebidos por seu falecido marido a título de aposentadoria (R$ 10.737,69 na competência agosto/2012, devidamente corrigido até a efetiva implantação). Entendo que a decisão agravada merece ser mantida pelos próprios fundamentos, abaixo transcritos: Em primeiro lugar, pontua-se que o autor, quando passou à inatividade, esteve inicialmente vinculado ao Serviço de Assistência e Seguro Social dos Economiários (SASSE), entidade responsável pelo regime de previdência dos funcionários da Caixa Econômica Federal, criada pela Lei n. 3.149/57. A edição da Lei n. 6.430/77, por sua vez, ocasionou a extinção do SASSE, quando então os aposentados como o autor foram alçados à condição de segurados obrigatórios do regime previdenciário da Lei n. 3.807/60 (Lei Orgânica da Previdência Social). Art. 1º Fica extinto o Serviço de Assistência e Seguro Social dos Economiários (SASSE), autarquia federal criada pelo Lei n. 3.149, de 21 de maio de 1957, passando os servidores e diretores da Caixa Econômica Federal (CEF), bem como servidores da Associação dos Servidores da Caixa Econômica, à condição de segurados obrigatórios do regime de previdência social da Lei n. 3.807,de 26 de agosto de 1960, e legislação posterior. § 1º A filiação prevista neste artigo será automática, cabendo ao Instituto Nacional de Previdência Social (INPS), a partir da data da entrada em vigor desta Lei, garantir a esses segurados e respectivos dependentes, sem solução de continuidade, o direito às prestações do referido regime de previdência social. § 2º O tempo de filiação ao SASSE será computado pelo INPS para todos os fins, inclusive período de carência. § 3º Os benefícios pecuniários em manutenção no SASSE, passarão, a partir da entrada em vigor desta Lei, à responsabilidade do INPS, inclusive quanto ao reajustamento previsto no art. 67, §§ 1º e 2º, da Lei n. 3.807, de 26 de agosto de 1960, prestando aquele Instituto aos segurados e dependentes com eles relacionados os serviços a que tenham direito, na forma do citado regime previdenciário. § 4º Ficam garantidos aos atuais segurados do SASSE os benefícios não requeridos ou em fase de processamento, a que tenha feito jus até a data da extinção da autarquia, podendo esse direito ser exercitado a qualquer tempo. Ainda, no seu art. 2º, a Lei n. 6.430/77 oficializou a transferência, do SASSE ao então INPS, de bens e recursos de valores correspondente às reservas técnicas dos benefícios concedidos e a conceder. Não disse a lei, frise-se, que esse patrimônio repassado ao INSS tinha por objetivo garantir aos aposentados do SASSE, em caráter permanente, proventos idênticos aos servidores da ativa da CEF. De outro lado, o patrimônio remanescente foi repassado à Caixa Econômica Federal e às Caixas Econômicas Estaduais que tivessem servidores filiados ao SASSE, para que estas mantivessem ou instituíssem fundações de caráter privado com a finalidade de assegurar à classe dos economiários "prestações previdenciárias complementares" (art. 2º, § 2º, da Lei n. 6.430/1977). Em vista disso, a jurisprudência, à qual adiro, fixou entendimento de que a equiparação pretendida pela parte autora não pode ser imposta ao INSS, que fica obrigado apenas ao pagamento do benefício até o limite do teto do Regime Geral da Previdência, imputando-se a parte excedente ao "teto" à entidade de previdência complementar criada para esse fim.

PREVIDENCIÁRIO. PENSÃO POR MORTE DE ECONOMIÁRIO, TRANSFERIDA DO SASSE AO INSS. COMPLEMENTAÇÃO. ENCARGO QUE NÃO CABE AO INSS, QUE DEVE REAJUSTAR O BENEFÍCIO À LUZ DAS NORMAS APLICÁVEIS AOS DEMAIS BENEFÍCIOS DE PRESTAÇÃO CONTINUADA. 1. Com o advento da Lei n. 6.430/77, as aposentadorias e pensões a cargo do SASSE, então extinto, foram repassadas ao então INPS, passando a reger-se pelo Regime Geral de Previdência Social, inclusive no que tange aos respectivos reajustes. 2. Eventual direito à complementação dessas aposentadorias e pensões, tendo por parâmetro à remuneração do pessoal da ativa, não constitui encargo do INSS, e sim da entidade de previdência complementar instituída para esse fim. (TRF4, AC 2003.04.01.048846-8, Sexta Turma, Relator Sebastião Ogê Muniz, DE 21.2.2007) No mesmo sentido, aponto ainda os seguintes precedentes: TRF4, APELREEX 2003.71.00.014938-4, Quinta Turma, Relator Rogerio Favreto, DE 16.2.2012, AC 2001.72.08.000774-0, Quinta Turma, Relator Luís Alberto D'azevedo Aurvalle, DE 28.8.2007, entre outros. Assim, o instituidor da pensão tornou-se segurado obrigatório da Previdência Social por força do art. 1º da Lei n. 6.430/77 e, por essa sua condição, a autora, na oportunidade em que requereu o benefício, teve de se sujeitar às regras vigentes no RGPS ao tempo do óbito, conforme preconiza a Súmula n. 340 do STJ, inclusive, por evidente, quanto ao "teto". É importante lembrar que a parte autora, na presente ação, também se insurgiu contra o fato de não ter o INSS sequer aplicado os reajustes periódicos do regime geral no valor do seu benefício, medida que, na linha da jurisprudência antes mencionada, seria de obrigação da autarquia. A própria parte autora, no entanto, comunicou, no Evento 38, que seu benefício de pensão por morte fora enfim reajustado, restando em aberto, nesse ponto, apenas o pagamento das parcelas vencidas desde a competência de 1/2013 — matéria, aliás, a ser dirimida em sede de sentença. Em sendo assim, corroborado pela jurisprudência do E. TRF4, é perfeitamente possível concluir que o INSS só tem legitimidade passiva para responder ao pedido de revisão da pensão da autora com vistas à aplicação dos mesmos reajustes incidentes aos benefícios do RGPS. Reconheço, de outro lado, a ilegitimidade do INSS no que se refere aos pedidos de (a) revisão da pensão por morte a fim de que equivalha aos proventos de aposentadoria recebidos em vida pelo instituidor e de (b) reajuste do benefício na mesma data e proporção referentes aos vencimentos do pessoal da ativa, já que tais encargos, consoante orientação do TRF4, tocam exclusivamente à entidade de previdência complementar instituída para esse fim. Uma vez limitada a legitimidade do INSS a um dos pedidos, e da corré, portanto, relativamente ao outro, resta analisar a questão alusiva à competência da Justiça Federal. Na forma antes exposta, INSS e FUNCEF são demandados por motivos diversos, cada qual respondendo apenas por um dos pedidos. Também não há, entre o INSS e a FUNCEF, litisconsórcio passivo necessário. Não havendo idêntico pedido contra ambos os réus — e ainda que os pedidos sejam conexos entre si — e não estando presente, no caso, hipótese de litisconsórcio passivo necessário, não me resta outra solução senão declarar a incompetência dessa Justiça Federal quanto à pretensão formulada em face da FUNCEF, com fulcro na regra prevista no art. 109, I, CF. Foi exatamente o que decidiu o Superior Tribunal de Justiça no julgamento do CC 119.090/MG, precedente no qual me amparo e que passo a transcrever: CONFLITO DE COMPETÊNCIA. JUSTIÇA FEDERAL E JUSTIÇA ESTADUAL. CUMULAÇÃO INDEVIDA DE PEDIDOS. RÉUS DISTINTOS NA MESMA AÇÃO. BANCO DO BRASIL E CAIXA ECONÔMICA FEDERAL. CONEXÃO. INEXISTÊNCIA. IMPOSSIBILIDADE DE JULGAMENTO DOS PEDIDOS PELO MESMO JUÍZO. INCOMPETÊNCIA ABSOLUTA EM RAZÃO DA PESSOA. ART. 109, I, DA CONSTITUIÇÃO FEDERAL. NECESSIDADE DE CISÃO DO PROCESSO. 1. Compete à Justiça Estadual processar e julgar demanda proposta contra o Banco do Brasil, sociedade de economia mista. Precedentes. 2. Nos termos do art. 109, I, da Constituição Federal, compete à Justiça Federal processar e julgar ação proposta em face da Caixa Econômica Federal, empresa pública federal. 3. Configura-se indevida a cumulação de pedidos, *in casu,* porquanto formulada contra dois réus distintos, o Banco do Brasil e a Caixa Econômica Federal. 4. Mesmo que se cogite de eventual conexão entre os pedidos formulados na exordial, ainda assim eles não podem ser julgados pelo mesmo juízo, ante a incompetência absoluta, em razão da pessoa, da Justiça Estadual para processar e julgar ação contra a Caixa Econômica Federal e a mesma incompetência absoluta, ratione personae, da Justiça Federal para julgar demanda e face do Banco do Brasil S/A, nos termos do art. 109, I, da Constituição Federal. 5. Nos termos da Súmula n. 170/STJ, *verbis*: "compete ao Juízo onde primeiro for intentada a ação envolvendo acumulação de pedidos, trabalhista e estatutário decidi-la nos limites da sua jurisdição, sem prejuízo do ajuizamento de nova causa, com pedido remanescente, no juízo próprio". 6. Cabe à Justiça Estadual decidir a lide nos limites de sua jurisdição, ou seja, processar e julgar o pedido formulado contra o Banco do Brasil, competindo à Justiça Federal o julgamento da pretensão formulada contra a Caixa Econômica Federal — CEF. 7. Cisão determinada com o intuito de evitar inócua e indesejada posterior discussão acerca da prescrição da pretensão de cobrança formulada contra a CEF no interregno da interrupção havida com a citação válida dos demandados e a nova propositura da demanda. 8. CONFLITO DE COMPETÊNCIA CONHECIDO PARA DETERMINAR A CISÃO DO PROCESSO, DECLARANDO COMPETENTE A JUSTIÇA ESTADUAL PARA A PRETENSÃO FORMULADA CONTRA O BANCO DO BRASIL E A JUSTIÇA FEDERAL PARA A PRETENSÃO FORMULADA CONTRA A CAIXA ECONÔMICA FEDERAL. (CC 119.090/MG, Rel. Ministro Paulo De Tarso Sanseverino, Segunda Seção, julgado em 12.9.2012, DJe 17.9.2012) Acrescento, ainda, que tendo a aposentadoria por tempo de serviço do falecido sido concedida com DIP em 11.10.1976 (Evento 1, PROCADM10, p. 25), portanto antes da edição da Lei n. 6.430/77, trata-se de responsabilidade exclusiva do INSS, conforme se extrai do seguinte julgado de que fui Relator: BENEFÍCIO POR INCAPACIDADE. EX-SASSE. RESPONSABILDADE DO INSS. Com a extinção do Serviço de Assistência e Seguro Social dos Economiários (SASSE) pela Lei n. 6.430/77 os benefícios em manutenção passaram para responsabilidade exclusiva do INSS, não havendo necessidade de o FUNCEF integrar a lide revisional, em que se discute, ademais, apenas questões referentes ao reajuste pelos índices previdenciários. Os benefícios anteriores à Lei n. 6.430/77, que foram repassados ao INSS, devem ser reajustados nas mesmas épocas e índices dos benefícios em geral, o que foi observado no presente caso. Todavia, verificando que o valor reajustado restou inferior a um salário mínimo, este deve ser garantido. (TRF4, APELREEX 5025000-65.2010.404.7000, Sexta Turma, Relator p/ Acórdão Paulo Paim da Silva, juntado aos autos em 24.5.2013).

Frente ao exposto, indefiro o pedido de efeito suspensivo. Intimem-se, sendo a parte agravada nos termos do art. 527, V, do CPC. Após, voltem conclusos. (TRF4, AG 5020003-48.2014.404.0000, Sexta Turma, Relator Paulo Paim da Silva, juntado aos autos em 20.8.2014)

PROCESSUAL CIVIL. LEGITIMIDADE PASSIVA *AD CAUSAM.* LANÇAMENTO. INDEVIDO REALIZADO PELO MUNICÍPIO. FUNDAMENTO NÃO ATACADO. SÚMULA N. 283 DO STF. ACÓRDÃO EMBASADO EM DIREITO LOCAL E NOS FATOS E PROVAS. REVISÃO. SÚMULAS NS. 280/STF E 7/STJ. 1. Os fundamentos que embasaram o acórdão recorrido para reconhecer a legitimidade passiva do IPAJM não foram impugnados nas razões do recurso especial. Aplicação da inteligência da Súmula n. 283/STF. 2. O Tribunal a quo concluiu que o ora agravante é parte legítima para figurar no polo passivo da demanda alicerçado nas premissas de que: a) a pretensão do autor está amparado na LC n. 353/06; e b) foi o Instituto que efetivamente pagou os proventos do autor e não permitiu o enquadramento na modalidade remuneratória (e-STJ fl. 224).3. A revisão do acórdão para acolher-se a pretensão do agravante, de afastá-lo do polo passivo da lide, exige análise de lei local e do acervo fático probatório dos autos, o que inviabiliza a realização de tal procedimento pelo STJ, no recurso especial, nos termos das Súmulas ns. 280/STF e 7/STJ, respectivamente. 4. Agravo regimental não provido. AgRg no AREsp 205446/ES. AGRAVO REGIMENTAL NO AGRAVO EM RECURSO ESPECIAL. 2012/0153897-8 Ministro Castro Meira (1125)

PROCESSUAL CIVIL. ART. 535 DO CPC. NEGATIVA DE JURISDIÇÃO NÃO CONFIGURADA. MANDADO DE SEGURANÇA. ILEGITIMIDADE PASSIVA DO MUNICÍPIO DE VITÓRIA-ES. CONTRIBUIÇÃO PREVIDENCIÁRIA. PROVENTOS DE APOSENTADORIA. 1. O Colegiado de origem examinou todas as questões fáticas e jurídicas relevantes ao deslinde da lide de forma sólida e fundamentada, portanto não se configura a alegada negativa de jurisdição. 2. A pessoa jurídica de direito público detentora de legitimidade passiva em mandado de segurança cujo escopo é a abstenção de desconto em proventos mensais de aposentadoria de servidor municipal inativo a título de contribuição previdenciária é o Instituto de Previdência e Assistência dos Servidores do Município de Vitória-IPAMV, autarquia municipal com personalidade jurídica própria e autonomia administrativa, financeira e patrimonial, segundo a Lei Municipal 4.399/97. Precedentes de ambas as Turmas de Direito Público do STJ. REsp 984032/ES RECURSO ESPECIAL 2007/0207504-8 Ministro Castro Meira.

PROCESSUAL CIVIL — CONTRIBUIÇÃO PREVIDENCIÁRIA INCIDENTE SOBRE PROVENTOS DE APOSENTADORIA — ACÓRDÃO COM FUNDAMENTO EXCLUSIVAMENTE CONSTITUCIONAL — ILEGITIMIDADE PASSIVA DO MUNICÍPIO DE VITÓRIA-ES — EXTINÇÃO DO FEITO SEM JULGAMENTO DO MÉRITO. 1. Não compete a esta Corte, em sede de especial, analisar possível afronta a dispositivos constitucionais, de acordo com os precisos termos do art. 105, III, alíneas "a", "b" e "c", da CF/88. 2. Recurso especial inviável no mérito, visto que o Tribunal de origem examinou a causa sob fundamento exclusivamente constitucional. 3. O Instituto de Previdência e Assistência dos Servidores do Município de Vitória — IPAMV é entidade autárquica municipal, provida de personalidade jurídica própria e autonomia administrativa, financeira e patrimonial, razão pela qual é a pessoa jurídica de direito público que possui legitimidade para figurar no polo passivo de ação ajuizada com o intuito de repetir indébito tributário relativo a desconto efetuado nos proventos de aposentadoria de servidor municipal inativo. Precedente da Primeira Turma do STJ. 4. Recurso especial do IPAMV não conhecido. 5. Recurso especial do Município de Vitória — ES provido. REsp 983979/ES. RECURSO ESPECIAL. 2007/0208183-8 Relatora: Ministra Eliana Calmon.

Descomplicando: Marco Aurélio Serau Junior[(24)] destaca alguns aspectos sobre a representação processual do INSS. Vejamos:

> O INSS é representado processualmente pelos quadros de sua procuradoria, a qual é vinculada, numa estrutura administrativa mais ampla, á Advocacia-geral da União-AGU. Anteriormente á implementação dos quadros da Procuradoria Federal do INSS, a autarquia podia valer-se da contratação de procuradores *ad hoc,* principalmente para exercer sua defesa em municípios pelo interior do país. Essa situação não mais nos afigura viável. A promulgação da Lei n.

(24) SERAU JUNIOR, Marco Aurélio. *Curso de processo judicial previdenciário.* 4. ed. São Paulo: Método, 2014. p. 146.

11.457/07, que criou a Receita Federal do Brasil (conhecida como "Super-Receita"), e transferiu a representação processual nos feitos que digam respeito às contribuições previdenciárias à Procuradoria da Fazenda Nacional, em nada altera a representação processual do INSS no que concerne aos processos relativos a benefícios previdenciários.

3.3. Prazos processuais previdenciários

Os prazos processuais para o INSS contestar ou recorrer são contados em quádruplo para contestar e em dobro para recorrer, conforme a dicção do art. 188 do CPC. Vejamos:

> Art. 188. Computar-se-á em quádruplo o prazo para contestar e em dobro para recorrer quando a parte for a Fazenda Pública ou o Ministério Público.

Importante consignar que o Anteprojeto do Novo Código de Processo Civil destaca o prazo processual em dobro para qualquer manifestação de autarquia (ou fundação) da União, dos Estados e Municípios. O INSS é uma autarquia da União, nesse caso, se inclui nessa norma. Também estão incluídas as autarquias estaduais e municipais. As autarquias federais, estaduais e municipais que regulam o RPPS (Regime Próprio de Previdência Social) também têm prazo em dobro para contestar e recorrer, de acordo com o art. 95 do Anteprojeto do Novo Código de Processo Civil. Vejamos:

> Art. 95. A União, os Estados, o Distrito Federal, os Municípios e suas respectivas autarquias e fundações de direito público gozarão de prazo em dobro para todas as suas manifestações processuais, cuja contagem terá início a partir da vista pessoal dos autos, mediante carga ou remessa.

Nota explicativa: Importante consignar que a Lei n. 9.717/98 dispõe sobre as regras gerais para a organização e o funcionamento dos regimes próprios de previdência social dos servidores públicos da União, dos Estados, do Distrito Federal e dos Municípios, dos militares dos Estados e do Distrito Federal e dá outras providências.

Importante consignar também os arts. 93, 149 e 186 do Anteprojeto do novo Código de Processo Civil. Vejamos:

> Art. 93. A Defensoria Pública gozará de prazo em dobro para todas as suas manifestações processuais, cuja contagem terá início a partir da vista pessoal dos autos, mediante carga ou remessa.
>
> Art. 149. O Ministério Público, seja como parte, seja como fiscal da lei, gozará de prazo em dobro para se manifestar nos autos, que terá início a partir da sua intimação pessoal mediante carga ou remessa.
>
> Parágrafo único. Findo o prazo para manifestação do Ministério Público sem o oferecimento de parecer, o juiz comunicará o fato ao Procurador-Geral, que deverá fazê-lo ou designar um membro que o faça no prazo de dez dias.
>
> Art. 186. Os litisconsortes que tiverem diferentes procuradores, a Fazenda Pública, o Ministério Público e a Defensoria Pública terão prazos contados em dobro para se manifestar nos autos.

Luiz Antônio Miranda Amorim Silva[25] consigna:

> [...] observa-se umas das grandes modificações propostas, qual seja a fixação de prazo geral em dobro para a Fazenda Pública, afastando o antigo prazo em quádruplo para contestar. O mesmo dispositivo, por outro lado, confere uma prerrogativa de grande importância, a vista pessoal do processo como marco inicial da contagem dos prazos contra o Poder Público.

(25) SILVA, Luiz Antônio Miranda. Disponível em: <http://www.editorajuspodivm.com.br/i/f/temas%20AGU%20soltas.pdf>.

Daniel Guarnetti dos Santos[26] destaca:

> O anteprojeto do novo Código de Processo Civil, identificado como Projeto de Lei do Senado (PLS) n. 166/10, traz em seu bojo diversas alterações processuais desfavoráveis à Fazenda Pública — União, Estados, Distrito Federal, Municípios, e respectivas autarquias e fundações públicas —, quando comparados ao atual Código Processual Civil (Lei n. 5.869/73).
>
> Pinçando as principais alterações, aborda-se inicialmente o art. 186 do aludido anteprojeto, que alterando o art. 188 do atual CPC, extingue o prazo em quádruplo da Fazenda Pública para contestar, fixando apenas prazo em dobro para sua manifestação nos autos, de igual modo para o Ministério Público, Defensoria Pública, e litisconsortes com diferentes advogados. Como é cediço, as procuradorias fazendárias, além do elevado volume de trabalho a que estão sujeitas, dependem em regra, para a elaboração da defesa judicial do Ente Público, de informações e documentos que encontram-se distribuídos pelos órgãos da Administração Pública. Assim, a redução do prazo para a Fazenda contestar as ações judiciais por certo irá criar risco a qualidade de sua defesa, podendo inclusive inviabilizar o princípio da eventualidade (art. 300 do atual CPC), ou seja, a alegação na contestação de toda matéria defensória.

3.4. Regras especiais

Vejamos algumas regras especiais:

Regra n. 1: O INSS é isento de custas e emolumentos e demais taxas judiciárias, bem como de depósito prévio e multa em ação rescisória, em quaisquer foros e instâncias. O art. 24-A da Lei n. 9.028/95 consigna:

> Art. 24-A. A União, suas autarquias e fundações, são isentas de custas e emolumentos e demais taxas judiciárias, bem como de depósito prévio e multa em ação rescisória, em quaisquer foros e instâncias. (Incluído pela Medida Provisória n. 2.180-35, de 2001)

Regra n. 2: O INSS está dispensado de autenticar as cópias reprográficas dos documentos que apresentem em juízo. O art. 24 da Lei n. 10.522/02 consigna:

> Art. 24. As pessoas jurídicas de direito público são dispensadas de autenticar as cópias reprográficas de quaisquer documentos que apresentem em juízo.

Vejamos uma jurisprudência nesse sentido:

> PRELIMINARMENTE. INSS. NÃO CONHECIMENTO DO RECURSO. PROCURAÇÃO EM CÓPIA SIMPLES. Hipótese na qual, ao contrário do que alega a recorrida, o instrumento de procuração juntado pelo INSS contém certidão, firmada por funcionário pertencente aos quadros do órgão previdenciário, atestando que a cópia confere com original. De outra parte, ainda que assim não fosse, o fato de ente público juntar aos autos de qualquer processo documento em cópia reprográfica simples, sem autenticação, não constitui óbice ao seu conhecimento, pois o art. 24 da Lei n. 10.522/02 dispensa expressamente a autenticação das cópias dos documentos juntados pelas pessoas jurídicas de direito público. Nesse sentido, também, a OJ n. 134, da SDI-1, do C. TST. Preliminar afastada. NO MÉRITO. HOMOLOGAÇÃO DE ACORDO. RECOLHIMENTO PREVIDENCIÁRIO. AUSÊNCIA DE DISCRIMINAÇÃO DAS PARCELAS. Quando não observada a determinação do § 3º do art. 832 consolidado, no sentido de indicar a natureza jurídica das parcelas constantes da homologação, a contribuição previdenciária incide sobre o total do acordo, consoante prevê expressamente a norma do art.

---

(26) SANTOS, Daniel Guarnetti dos. A fazenda pública no anteprojeto do novo código de processo civil. *Jus Navigandi*, Teresina, ano 15, n. 2708, 30 nov. 2010. Disponível em: <http://jus.com.br/artigos/17934>. Acesso em: 4.2.2015.

43, parágrafo único, da Lei n. 8.812/91, assim como o § 2º do art. 276 do Decreto n. 3.048/99. Recurso provido, no particular.

ACORDAM os Juízes da 2ª Turma do Tribunal Regional do Trabalho da 4ª Região: preliminarmente, à unanimidade de votos, afastar a prefacial de não conhecimento do recurso ordinário, levantada nas contrarrazões da reclamada. No mérito, por maioria, vencida parcialmente a Exma. Juíza Vanda Krindges Marques, dar provimento ao recurso ordinário para determinar a incidência dos recolhimentos previdenciários sobre o total do valor constante no acordo firmado entre as partes, nos termos da legislação vigente, pelos reclamados, no percentual de 20%. Intimem-se. Porto Alegre, 7 de julho de 2004. TRIBUNAL REGIONAL DO TRABALHO DA 4ª REGIÃO. ACÓRDÃO. 00754-2003-382-04-00-4 RO. João Ghisleni Filho — Juiz-Relator.

Regra n. 3: Nas ações previdenciárias haverá uma tramitação mais célere nos processos em que haja pessoa com idade superior ou igual a 60 anos. Vejamos o art. 71 do Estatuto do Idoso (Lei n. 10.741/03):

Art. 71. É assegurada prioridade na tramitação dos processos e procedimentos e na execução dos atos e diligências judiciais em que figure como parte ou interveniente pessoa com idade igual ou superior a 60 (sessenta) anos, em qualquer instância.

§ 1º O interessado na obtenção da prioridade a que alude este artigo, fazendo prova de sua idade, requererá o benefício à autoridade judiciária competente para decidir o feito, que determinará as providências a serem cumpridas, anotando-se essa circunstância em local visível nos autos do processo.

§ 2º A prioridade não cessará com a morte do beneficiado, estendendo-se em favor do cônjuge supérstite, companheiro ou companheira, com união estável, maior de 60 (sessenta) anos.

§ 3º A prioridade se estende aos processos e procedimentos na Administração Pública, empresas prestadoras de serviços públicos e instituições financeiras, ao atendimento preferencial junto à Defensoria Publica da União, dos Estados e do Distrito Federal em relação aos Serviços de Assistência Judiciária.

§ 4º Para o atendimento prioritário será garantido ao idoso o fácil acesso aos assentos e caixas, identificados com a destinação a idosos em local visível e caracteres legíveis.

Organizando o estudo:

Importante mencionar algumas regras relativas à comunicação dos atos processuais. Marco Aurélio Serau Junior(27) destaca:

> No processo que corre pelas instâncias comuns (ou seja, aqueles que não são ajuizados no Juizado Especial Federal) as intimações e notificações dos Procuradores Federais patronos da autarquia previdenciária fazem-se pessoalmente, necessariamente, a teor do disposto nos arts. 38 da Lei Complementar n. 73/93 e 17 da Lei n. 10.910/04. As intimações, ademais de se efetuarem na pessoa do Procurador, deverão ocorrer por meio de entrega dos autos com vista (remessa dos autos). No caso das citações e intimações dirigidas ao INSS que não ocorrem pela forma pessoal e sem carga dos autos a jurisprudência identifica uma forma de nulidade absoluta do processo. Entretanto, essa forma de nulidade só ocorre a partir da vigência da já referida Lei n. 10.910/04. Anteriormente a esse marco temporal, a alegação de nulidades processuais deveria obedecer ao sistema de preclusões processuais, consoante as regras gerais dessa matéria constantes do CPC [...]. No caso dos processos que tramitem perante os Juizados Especiais Federais, a ciência dos atos processuais aos procuradores restou consolidado pelo STF no ARE 648.629, julgado sob a sistemática da repercussão geral.

(27) SERAU JUNIOR, Marco Aurélio. *Curso de processo judicial previdenciário*. 4. ed. São Paulo: Método, 2014. p. 43-44.

4. O processo previdenciário propriamente dito

4.1. Considerações iniciais

No item 3.1 (desta obra) comentamos sobre a necessidade do requerimento administrativo previdenciário antes da impetração da ação judicial previdenciária. Essa realidade encontra procedência na jurisprudência do STF. Vejamos:

> A exigibilidade de prévio requerimento administrativo como condição para o regular exercício do direito de ação, para que se postule judicialmente a concessão de benefício previdenciário, não ofende o art. 5º, XXXV, da CF (XXXV — a lei não excluirá da apreciação do Poder Judiciário lesão ou ameaça a direito). Esse o entendimento do Plenário, que, em conclusão de julgamento e por maioria, proveu parcialmente recurso extraordinário em que discutida a possibilidade de propositura de ação judicial para pleitear aposentadoria rural por idade, por parte de segurada que não formulara prévio requerimento administrativo — v. Informativo 756. Preliminarmente, por maioria, o Colegiado conheceu do recurso. Vencida, no ponto, a Ministra Rosa Weber, que entendia cuidar-se de ofensa meramente reflexa à Constituição. No mérito, o Colegiado asseverou que, na situação dos autos, para se caracterizar a presença de interesse em agir, seria preciso haver necessidade de ir a juízo. Reputou que a concessão de benefício previdenciário dependeria de requerimento do interessado, e não se caracterizaria ameaça ou lesão a direito antes de sua apreciação e eventual indeferimento pelo INSS, ou se o órgão não oferecesse resposta após 45 dias. Ressalvou que a exigência de prévio requerimento não se confundiria, entretanto, com o exaurimento das vias administrativas. Consignou, ainda, que a exigência de prévio requerimento administrativo não deveria prevalecer quando o entendimento da Administração fosse notório e reiteradamente contrário à postulação do segurado. Acresceu que, nas hipóteses de pretensão de revisão, restabelecimento ou manutenção de benefício anteriormente concedido — uma vez que o INSS teria o dever legal de conceder a prestação mais vantajosa possível — o pedido poderia ser formulado diretamente em juízo, porque nesses casos a conduta do INSS já configuraria o não acolhimento da pretensão. RE 631240/MG, rel. Min. Roberto Barroso, 3.9.2014. (RE-631240)

Importante consignar que o ingresso com o processo administrativo no INSS é importantíssimo para a impetração da ação judicial previdenciária. Ressalta-se que o processo administrativo relativo ao Regime Próprio da Previdência Social tem o seu início na própria instituição do RPPS. Desta feita, recomenda-se também que o segurado do RPPS ingresse diretamente com o processo administrativo previdenciário antes de buscar a via judicial.

4.2. Formação do processo judicial

4.2.1. Citação

A citação válida (ou o comparecimento espontâneo do réu) dá início ao processo judicial previdenciário. Os art. 213 e 214 do CPC destacam:

> Art. 213. Citação é o ato pelo qual se chama a juízo o réu ou o interessado a fim de se defender.
>
> Art. 214. Para a validade do processo é indispensável a citação inicial do réu.
>
> § 1º O comparecimento espontâneo do réu supre, entretanto, a falta de citação.
>
> § 2º Comparecendo o réu apenas para arguir a nulidade e sendo esta decretada, considerar-se-á feita a citação na data em que ele ou seu advogado for intimado da decisão.

Marco Aurélio Serau Junior[28] destaca:

(28) SERAU JUNIOR, Marco Aurélio. *Curso de processo judicial previdenciário*. 4. ed. São Paulo: Método, 2014. p. 43-44.

O processo é formado a partir da citação válida, consoante regra tradicional do Processo Civil. Em matéria previdenciária esse importante ato processual ainda apresenta alguns caracteres diferenciados. Além de interromper a prescrição, funciona como o termo *a quo* a partir do qual incidem os juros de mora. Ademais, inexistindo comprovação do requerimento administrativo relativo à concessão de benefício, vale como termo inicial (Data de Início de Benefício — DIB).

Novidades sobre a matéria:

O Anteprojeto do Novo CPC traz as seguintes disposições relativas à citação:

Art. 195. A citação é o ato pelo qual se convocam o réu, o executado ou o interessado para integrar a relação processual.

Parágrafo único. Do mandado de citação constará também, se for o caso, a intimação do réu para o comparecimento, com a presença de advogado, à audiência de conciliação, bem como a menção do prazo para contestação, a ser apresentada sob pena de revelia.

Art. 196. Para a validade do processo é indispensável a citação inicial do réu ou do executado.

§ 1º O comparecimento espontâneo do réu ou do executado supre a falta ou a nulidade da citação, contando-se a partir de então o prazo para a contestação.

§ 2º Rejeitada a alegação de nulidade, o réu será considerado revel.

Art. 197. A citação válida induz litispendência e faz litigiosa a coisa e, ainda quando ordenada por juiz incompetente, constitui em mora o devedor e interrompe a prescrição.

§ 1º A litispendência e a interrupção da prescrição retroagirão à data da propositura da ação.

§ 2º Incumbe à parte adotar as providências necessárias para a citação do réu nos dez dias subsequentes ao despacho que a ordenar, sob pena de não se considerar interrompida a prescrição e instaurada litispendência na data da propositura.

§ 3º A parte não será prejudicada pela demora imputável exclusivamente ao serviço judiciário.

§ 4º O efeito retroativo do § 1º aplica-se à decadência e aos demais prazos extintivos previstos em lei.

Art. 198. Transitada em julgado a sentença de mérito proferida em favor do réu antes da citação, cabe ao escrivão comunicá-lo do resultado do julgamento.

Art. 199. A citação do réu será feita pessoalmente, ao seu representante legal ou ao procurador legalmente autorizado.

I — da data em que houver concluído o ato processual anterior, se lhe foi imposto pela lei;

II — da data em que tiver ciência da ordem, quando determinada pelo juiz.

§ 1º Ao receber os autos, certificará o serventuário o dia e a hora em que ficou ciente da ordem referida no inciso II.

§ 2º Tratando-se de processo eletrônico, a movimentação da conclusão deverá ser imediata.

Art. 201. Não se fará a citação, salvo para evitar o perecimento do direito:

I — a quem estiver assistindo a ato de culto religioso;

II — ao cônjuge, companheiro ou a qualquer parente do morto, consanguíneo ou afim, em linha reta ou na linha colateral em segundo grau, no dia do falecimento e nos sete dias seguintes;

III — aos noivos, nos três primeiros dias de bodas;

IV — aos doentes, enquanto grave o seu estado.

Art. 202. Também não se fará citação quando se verificar que o réu é mentalmente incapaz ou está impossibilitado de recebê-la.

§ 1º O oficial de justiça descreverá e a certificará minuciosamente a ocorrência.

§ 2º O juiz nomeará médico para examinar o citando, que apresentará laudo em cinco dias.

§ 3º Reconhecida a impossibilidade, o juiz dará ao citando um curador, observando, quanto à sua escolha, a preferência estabelecida na lei e restringindo a nomeação à causa.

§ 4º A citação será feita na pessoa do curador, a quem incumbirá a defesa do réu.

Art. 203. A citação se fará:

I — pelo correio;

II — por oficial de justiça;

III — por edital;

IV — por meio eletrônico, conforme regulado em lei.

Art. 204. A citação será feita pelo correio para qualquer comarca do país, exceto:

I — nas ações de estado;

II — quando for ré pessoa incapaz;

III — quando for ré pessoa de direito público;

IV — quando o réu residir em local não atendido pela entrega domiciliar de correspondência;

V — quando o autor a requerer de outra forma.

Art. 205. Deferida a citação pelo correio, o escrivão remeterá ao citando cópias da petição inicial e do despacho do juiz e comunicará o prazo para a resposta, o endereço do juízo e o respectivo cartório.

§ 1º A carta será registrada para entrega ao citando, exigindo-lhe o carteiro, ao fazer a entrega, que assine o recibo. Sendo o réu pessoa jurídica, será válida a entrega a pessoa com poderes de gerência geral ou de administração.

§ 2º Da carta de citação no processo de conhecimento constará também a intimação do réu para o comparecimento, com a presença de advogado, à audiência de conciliação, bem como a menção do prazo para contestação, ser apresentada sob pena de revelia.

Art. 206. A citação será feita por meio de oficial de justiça nos casos ressalvados neste Código ou na lei, ou quando frustrada a citação pelo correio.

Art. 207. O mandado que o oficial de justiça tiver de cumprir deverá conter:

I — os nomes do autor e do réu, bem como os respectivos domicílios ou residências;

II — o fim da citação, com todas as especificações constantes da petição inicial;

III — a cominação, se houver;

IV — o dia, a hora e o lugar do comparecimento;

V — a cópia do despacho;

VI — o prazo para defesa;

VII — a assinatura do escrivão e a declaração de que o subscreve por ordem do juiz.

§ 1º O mandado poderá ser em breve relatório, quando o autor entregar em cartório, com a petição inicial, tantas cópias desta quantos forem os réus, caso em que as cópias, depois de conferidas com o original, farão parte integrante do mandado.

§ 2º Aplica-se ao mandado de citação o disposto no § 2º do art. 205.

Art. 208. Incumbe ao oficial de justiça procurar o réu e, onde o encontrar, citá-lo:

I — lendo-lhe o mandado e entregando-lhe a contrafé;

II — portando por fé se recebeu ou recusou a contrafé;

III — obtendo a nota de ciente ou certificando que o réu não a apôs no mandado.

Art. 209. Quando, por três vezes, o oficial de justiça houver procurado o réu em seu domicílio ou residência sem o encontrar, deverá, havendo suspeita de ocultação, intimar qualquer pessoa da família ou, em sua falta, qualquer vizinho de que, no dia imediato, voltará a fim de efetuar a citação, na hora que designar.

Art. 210. No dia e na hora designados, o oficial de justiça, independentemente de novo despacho, comparecerá ao domicílio ou à residência do citando a fim de realizar a diligência.

§ 1º Se o citando não estiver presente, o oficial de justiça procurará informar-se das razões da ausência, dando por feita a citação, ainda que o citando se tenha ocultado em outra comarca ou seção judiciária.

§ 2º Da certidão da ocorrência, o oficial de justiça deixará contra-fé com pessoa da família ou com qualquer vizinho, conforme o caso, declarando-lhe o nome.

Art. 211. Feita a citação com hora certa, o escrivão enviará ao réu carta ou telegrama, dando-lhe de tudo ciência.

Art. 212. Nas comarcas contíguas de fácil comunicação e nas que se situem na mesma região metropolitana, o oficial de justiça poderá efetuar citações ou intimações em qualquer delas.

Art. 213. A citação por edital será feita:

I — quando desconhecido ou incerto o réu;

II — quando ignorado, incerto ou inacessível o lugar em que se encontrar;

III — nos casos expressos em lei.

§ 1º Considera-se inacessível, para efeito de citação por edital, o país que recusar o cumprimento de carta rogatória.

§ 2º No caso de ser inacessível o lugar em que se encontrar o réu, a notícia de sua citação será divulgada também pelo rádio, se na comarca houver emissora de radiodifusão.

Art. 214. São requisitos da citação por edital:

I — a afirmação do autor ou a certidão do oficial informando a presença das circunstâncias autorizadoras;

II — a publicação do edital no sítio eletrônico do tribunal respectivo, certificada nos autos;

III — a determinação, pelo juiz, do prazo, que variará entre vinte dias e dois meses, correndo da data da primeira publicação;

IV — a advertência sobre os efeitos da revelia, se o litígio versar sobre direitos disponíveis.

Parágrafo único. O juiz, levando em consideração as peculiaridades da comarca ou da seção judiciária, poderá determinar que a publicação do edital seja feita por outros meios.

Art. 215. A parte que requerer a citação por edital, alegando dolosamente os requisitos para a sua realização, incorrerá em multa de cinco vezes o salário mínimo vigente na sede do juízo.

Parágrafo único. A multa reverterá em benefício do citando.

4.2.2. A petição inicial

A petição inicial previdenciária deve estar instruída com todos os requisitos processuais e também os documentos essenciais para a comprovação do pedido. Os arts. 282 a 285 do Código de Processo Civil trazem algumas regras importantes sobre a petição inicial. Vejamos:

Art. 282. A petição inicial indicará:

I — o juiz ou tribunal, a que é dirigida;

II — os nomes, prenomes, estado civil, profissão, domicílio e residência do autor e do réu;

III — o fato e os fundamentos jurídicos do pedido;

IV — o pedido, com as suas especificações;

V — o valor da causa;

VI — as provas com que o autor pretende demonstrar a verdade dos fatos alegados;

VII — o requerimento para a citação do réu.

Art. 283. A petição inicial será instruída com os documentos indispensáveis à propositura da ação.

Art. 284. Verificando o juiz que a petição inicial não preenche os requisitos exigidos nos arts. 282 e 283, ou que apresenta defeitos e irregularidades capazes de dificultar o julgamento de mérito, determinará que o autor a emende, ou a complete, no prazo de 10 (dez) dias.

Parágrafo único. Se o autor não cumprir a diligência, o juiz indeferirá a petição inicial.

Art. 285. Estando em termos a petição inicial, o juiz a despachará, ordenando a citação do réu, para responder; do mandado constará que, não sendo contestada a ação, se presumirão aceitos pelo réu, como verdadeiros, os fatos articulados pelo autor. (Redação dada pela Lei n. 5.925, de 1º.10.1973)

Art. 285-A. Quando a matéria controvertida for unicamente de direito e no juízo já houver sido proferida sentença de total improcedência em outros casos idênticos, poderá ser dispensada a citação e proferida sentença, reproduzindo-se o teor da anteriormente prolatada. (Incluído pela Lei n. 11.277, de 2006)

§ 1º Se o autor apelar, é facultado ao juiz decidir, no prazo de 5 (cinco) dias, não manter a sentença e determinar o prosseguimento da ação. (Incluído pela Lei n. 11.277, de 2006)

§ 2º Caso seja mantida a sentença, será ordenada a citação do réu para responder ao recurso. (Incluído pela Lei n. 11.277, de 2006)

Art. 285-B. Nos litígios que tenham por objeto obrigações decorrentes de empréstimo, financiamento ou arrendamento mercantil, o autor deverá discriminar na petição inicial, dentre as obrigações contratuais, aquelas que pretende controverter, quantificando o valor incontroverso. (Incluído pela Lei n. 12.810, de 2013)

§ 1º O valor incontroverso deverá continuar sendo pago no tempo e modo contratados. (Renumerado do parágrafo único pela Lei n. 12.873, de 2013)

§ 2º O devedor ou arrendatário não se exime da obrigação de pagamento dos tributos, multas e taxas incidentes sobre os bens vinculados e de outros encargos previstos em contrato, exceto se a obrigação de pagar não for de sua responsabilidade, conforme contrato, ou for objeto de suspensão em medida liminar, em medida cautelar ou antecipação dos efeitos da tutela. (Incluído pela Lei n. 12.873, de 2013)

Novidades sobre a matéria: Os arts. 303 a 306 do Anteprojeto do Novo CPC destacam:

Art. 303. A petição inicial indicará:

I — o juízo ou o tribunal a que é dirigida;

II — os nomes, os prenomes, o estado civil, a profissão, o domicílio e a residência do autor e do réu;

III — o fato e os fundamentos jurídicos do pedido;

IV — o pedido com as suas especificações;

V — o valor da causa;

VI — as provas com que o autor pretende demonstrar a verdade dos fatos alegados;

VII — o requerimento para a citação do réu.

Art. 304. A petição inicial será instruída com os documentos indispensáveis à propositura da ação.

Art. 305. Verificando o juiz que a petição inicial não preenche os requisitos dos arts. 303 e 304 ou que apresenta defeitos e irregularidades capazes de dificultar o julgamento de mérito, determinará que o autor, no prazo de quinze dias, a emende ou a complete, indicando com precisão o que deve ser corrigido.

Parágrafo único. Se o autor não cumprir a diligência, o juiz indeferirá a petição inicial.

Art. 306. Na petição inicial e na contestação, as partes apresentarão o rol de testemunhas cuja oitiva pretendam, devidamente qualificadas, em número não superior a cinco.

4.2.3. Propositura da ação

O art. 263 do CPC consigna que a ação considera-se proposta, tanto que a petição inicial seja despachada pelo juiz, ou simplesmente distribuída, onde houver mais de uma vara. Vejamos:

Art. 263. Considera-se proposta a ação, tanto que a petição inicial seja despachada pelo juiz, ou simplesmente distribuída, onde houver mais de uma vara. A propositura da ação, todavia, só produz, quanto ao réu, os efeitos mencionados no art. 219 depois que for validamente citado.

Novidades sobre a matéria: O art. 297 do Anteprojeto do novo CPC destaca:

Art. 297. Considera-se proposta a ação quando a petição inicial for protocolada. A propositura da ação, todavia, só produz quanto ao réu os efeitos mencionados no art. 197 depois que for validamente citado.

O art. 197 do anteprojeto do novo CPC consigna:

Art. 197. A citação válida induz litispendência e faz litigiosa a coisa e, ainda quando ordenada por juiz incompetente, constitui em mora o devedor e interrompe a prescrição.

§ 1º A litispendência e a interrupção da prescrição retroagirão à data da propositura da ação.

§ 2º Incumbe à parte adotar as providências necessárias para a citação do réu nos dez dias subsequentes ao despacho que a ordenar, sob pena de não se considerar interrompida a prescrição e instaurada litispendência na data da propositura.

§ 3º A parte não será prejudicada pela demora imputável exclusivamente ao serviço judiciário.

§ 4º O efeito retroativo do § 1º aplica-se à decadência e aos demais prazos extintivos previstos em lei.

4.2.4. *Os pedidos da petição inicial*

O processo judicial previdenciário observa também os requisitos previstos no art. 286 do CPC. Vejamos eles:

Art. 286. O pedido deve ser certo ou determinado. É lícito, porém, formular pedido genérico:

I — nas ações universais, se não puder o autor individuar na petição os bens demandados;

II — quando não for possível determinar, de modo definitivo, as consequências do ato ou do fato ilícito;

III — quando a determinação do valor da condenação depender de ato que deva ser praticado pelo réu.

Art. 287. Se o autor pedir que seja imposta ao réu a abstenção da prática de algum ato, tolerar alguma atividade, prestar ato ou entregar coisa, poderá requerer cominação de pena pecuniária para o caso de descumprimento da sentença ou da decisão antecipatória de tutela (arts. 461, § 4º, e 461-A).

Art. 288. O pedido será alternativo, quando, pela natureza da obrigação, o devedor puder cumprir a prestação de mais de um modo.

Parágrafo único. Quando, pela lei ou pelo contrato, a escolha couber ao devedor, o juiz lhe assegurará o direito de cumprir a prestação de um ou de outro modo, ainda que o autor não tenha formulado pedido alternativo.

Art. 289. É lícito formular mais de um pedido em ordem sucessiva, a fim de que o juiz conheça do posterior, em não podendo acolher o anterior.

Art. 290. Quando a obrigação consistir em prestações periódicas, considerar-se-ão elas incluídas no pedido, independentemente de declaração expressa do autor; se o devedor, no curso do processo, deixar de pagá-las ou de consigná-las, a sentença as incluirá na condenação, enquanto durar a obrigação.

Art. 291. Na obrigação indivisível com pluralidade de credores, aquele que não participou do processo receberá a sua parte, deduzidas as despesas na proporção de seu crédito.

Art. 292. É permitida a cumulação, num único processo, contra o mesmo réu, de vários pedidos, ainda que entre eles não haja conexão.

§ 1º São requisitos de admissibilidade da cumulação:

I — que os pedidos sejam compatíveis entre si;

II — que seja competente para conhecer deles o mesmo juízo;

III — que seja adequado para todos os pedidos o tipo de procedimento.

§ 2º Quando, para cada pedido, corresponder tipo diverso de procedimento, admitir-se-á a cumulação, se o autor empregar o procedimento ordinário.

Art. 293. Os pedidos são interpretados restritivamente, compreendendo-se, entretanto, no principal os juros legais.

Art. 294. Antes da citação, o autor poderá aditar o pedido, correndo à sua conta as custas acrescidas em razão dessa iniciativa.

Novidades sobre a matéria:

Art. 307. O pedido deve ser certo e determinado, sendo lícito, porém, formular pedido genérico:

I — nas ações universais, se não puder o autor individuar na petição os bens demandados;

II — quando não for possível determinar, desde logo, as consequências do ato ou do fato ilícito;

III — quando a determinação do objeto ou do valor da condenação depender de ato que deva ser praticado pelo réu.

Parágrafo único. O disposto neste artigo aplica-se ao pedido contraposto.

Art. 308. O pedido será alternativo quando, pela natureza da obrigação, o devedor puder cumprir a prestação de mais de um modo.

Parágrafo único. Quando, pela lei ou pelo contrato, a escolha couber ao devedor, o juiz lhe assegurará o direito de cumprir a prestação de um ou de outro modo, ainda que o autor não tenha formulado pedido alternativo.

Art. 309. É lícito formular mais de um pedido em ordem sucessiva, a fim de que o juiz conheça do posterior, se não acolher o anterior.

Art. 310. Na ação que tiver por objeto cumprimento de obrigação em prestações sucessivas, estas serão consideradas incluídas no pedido, independentemente de declaração expressa do autor; se o devedor, no curso do processo, deixar de pagá-las ou de consigná-las, serão incluídas na condenação, enquanto durar a obrigação.

Art. 311. Na obrigação indivisível com pluralidade de credores, aquele que não participou do processo receberá a sua parte, deduzidas as despesas na proporção de seu crédito.

Art. 312. É lícita a cumulação, num único processo, contra o mesmo réu, de vários pedidos, ainda que entre eles não haja conexão.

§ 1º São requisitos de admissibilidade da cumulação:

I — que os pedidos sejam compatíveis entre si;

II — que seja competente para conhecer deles o mesmo juízo;

III — que seja adequado para todos os pedidos o tipo de procedimento.

§ 2º Quando, para cada pedido, corresponder tipo diverso de procedimento, será admitida a cumulação, se o autor empregar o procedimento comum e for este adequado à pretensão.

Art. 313. Os pedidos são interpretados restritivamente, compreendendo-se, entretanto, no principal, os juros legais, a correção monetária e as verbas de sucumbência.

Art. 314. O autor poderá, enquanto não proferida a sentença, aditar ou alterar o pedido e a causa de pedir, desde que o faça de boa-fé e que não importe em prejuízo ao réu, assegurado o contraditório mediante a possibilidade de manifestação deste no prazo mínimo de quinze dias, facultada a produção de prova suplementar.

Parágrafo único. Aplica-se o disposto neste artigo ao pedido contraposto e à respectiva causa de pedir.

4.2.5. *Citação*

A citação é o ato pelo qual se chama a juízo o réu ou o interessado a fim de se defender. Para a validade do processo é indispensável a citação inicial do réu. O comparecimento espontâneo do réu supre, entretanto, a falta de citação. (ver os arts. 213 e 214 do CPC).

Registra-se que, comparecendo o réu apenas para arguir a nulidade e sendo esta decretada, considerar-se-á feita a citação na data em que ele ou seu advogado for intimado da decisão.

O art. 217 do CPC traz alguns impedimentos temporais citatórios, isto é, aquelas situações que serão capazes de impedir a citação em determinado lapso de tempo. Vejamos:

Art. 217. Não se fará, porém, a citação, salvo para evitar o perecimento do direito:

I – (Revogado pela Lei n. 8.952, de 13.12.1994);

I – a quem estiver assistindo a qualquer ato de culto religioso; (Inciso II renumerado pela Lei n. 8.952, de 13.12.1994);

II – ao cônjuge ou a qualquer parente do morto, consanguíneo ou afim, em linha reta, ou na linha colateral em segundo grau, no dia do falecimento e nos 7 (sete) dias seguintes; (Inciso III renumerado pela Lei n. 8.952, de 13.12.1994;

III – aos noivos, nos 3 (três) primeiros dias de bodas; (Inciso IV renumerado pela Lei n. 8.952, de 13.12.1994;

IV – aos doentes, enquanto grave o seu estado. (Inciso V renumerado pela Lei n. 8.952, de 13.12.1994;

Em todos esses casos a citação poderá ser feita para evitar o perecimento de direito conforme o *caput* do artigo anterior.

Observação: Também não se fará citação quando se verificar que o réu é demente ou está impossibilitado de recebê-la. O oficial de justiça passará certidão, descrevendo minuciosamente a ocorrência. O juiz nomeará um médico, a fim de examinar o citando. O laudo será apresentado em 5 (cinco) dias. Reconhecida a impossibilidade, o juiz dará ao citando um curador, observando, quanto à sua escolha, a preferência estabelecida na lei civil. A nomeação é restrita à causa. A citação será feita na pessoa do curador, a quem incumbirá a defesa do réu. (Ver o art. 218 do CPC).

O art. 219 do CPC traz os efeitos da citação. Vejamos:

Art. 219. A citação válida torna prevento o juízo, induz litispendência e faz litigiosa a coisa; e, ainda quando ordenada por juiz incompetente, constitui em mora o devedor e interrompe a prescrição.

§ 1º A interrupção da prescrição retroagirá à data da propositura da ação.

§ 2º Incumbe à parte promover a citação do réu nos 10 (dez) dias subsequentes ao despacho que a ordenar, não ficando prejudicada pela demora imputável exclusivamente ao serviço judiciário.

§ 3º Não sendo citado o réu, o juiz prorrogará o prazo até o máximo de 90 (noventa) dias.

§ 4º Não se efetuando a citação nos prazos mencionados nos parágrafos antecedentes, haver-se-á por não interrompida a prescrição.

§ 5º O juiz pronunciará, de ofício, a prescrição.

§ 6º Passada em julgado a sentença, a que se refere o parágrafo anterior, o escrivão comunicará ao réu o resultado do julgamento.

O art. 264 do CPC registra regras especiais relativas à citação. Vejamos:

Art. 264. Feita a citação, é defeso ao autor modificar o pedido ou a causa de pedir, sem o consentimento do réu, mantendo-se as mesmas partes, salvo as substituições permitidas por lei.

Parágrafo único. A alteração do pedido ou da causa de pedir em nenhuma hipótese será permitida após o saneamento do processo.

Novidades sobre a matéria: O Anteprojeto do Novo CPC traz algumas inovações relativas à citação. Vejamos:

Art. 151. Os atos e os termos processuais não dependem de forma determinada, senão quando a lei expressam ente a exigir, considerando-se válidos os que, realizados de outro modo, lhe preencham a finalidade essencial.

§ 1º Quando o procedimento ou os atos a serem realizados se revelarem inadequados às peculiaridades da causa, deverá o juiz, ouvidas as partes e observados o contraditório e a ampla defesa, promover o necessário ajuste.

§ 2º Os tribunais, no âmbito de sua competência, poderão disciplinar a prática e a comunicação oficial dos atos processuais por meios eletrônicos, atendidos os requisitos de autenticidade, integridade, validade jurídica e interoperabilidade estabelecidos pelo órgão competente, nos termos da lei.

§ 3º Os processos podem ser, total ou parcialmente, eletrônicos, de modo que todos os atos e os termos do processo sejam produzidos, transmitidos, armazenados e assinados por meio eletrônico, na forma da lei, cumprindo aos interessados obter a tecnologia necessária para acessar os dados, sem prejuízo da disponibilização nos foros judiciários e nos tribunais dos meios necessários para o acesso às informações eletrônicas e da porta de entrada para carregar o sistema com as informações.

§ 4º O procedimento eletrônico deve ter sua sistemática unificada em todos os tribunais, cumprindo ao Conselho Nacional de Justiça a edição de ato que incorpore e regulamente os avanços tecnológicos.

Art. 152. Os atos processuais são públicos. Correm, todavia, em segredo de justiça os processos:

I — em que o exigir o interesse público;

II — que dizem respeito a casamento, filiação, separação dos cônjuges,

III — conversão desta em divórcio, alimentos e guarda de menores;

Parágrafo único. Às partes, aos advogados, aos órgãos do Ministério Público, aos peritos e às testemunhas é facultado rubricar as folhas correspondentes aos atos em que intervieram.

Art. 163. Os termos de juntada, de vista, de conclusão e outros semelhantes constarão de notas data das e rubricadas pelo escrivão.

Art. 164. Os atos e os termos do processo serão digitados, datilografados ou escritos com tinta escura e indelével, assinando-os as pessoas que neles intervieram ou, quando estas não puderem ou não quiserem firmá-los, certificando o escrivão a ocorrência nos autos.

§ 1º Quando se tratar de processo total ou parcialmente eletrônico, os atos processuais praticados na presença do juiz poderão ser produzidos e armazenados de modo integralmente digital em arquivo eletrônico inviolável, na forma da lei, mediante registro em termo, que será assinado digitalmente pelo juiz e pelo escrivão, bem como pelos advogados das partes.

§ 2º No caso do § 1º, eventuais contradições na transcrição deverão ser suscitadas oralmente no momento da realização do ato, sob pena de preclusão, devendo o juiz decidir de plano, e mandar registrar a alegação e a decisão no termo.

Art. 165. É lícito o uso da taquigrafia, da estenotipia ou de outro método idôneo em qualquer juízo ou tribunal.

Art. 166. Não se admitem nos atos e nos termos espaços em branco, bem como entrelinhas, emendas ou rasuras, salvo se aqueles forem inutilizados e estas expressamente ressalvadas.

[...]

Art. 195. A citação é o ato pelo qual se convocam o réu, o executado ou o interessado para integrar a relação processual.

Parágrafo único. Do mandado de citação constará também, se for o caso, a intimação do réu para o comparecimento, com a presença de advogado, à audiência de conciliação, bem como a menção do prazo para contestação, a ser apresentada sob pena de revelia.

Art. 196. Para a validade do processo é indispensável a citação inicial do réu ou do executado.

§ 1º O comparecimento espontâneo do réu ou do executado supre a falta ou a nulidade da citação, contando-se a partir de então o prazo para a contestação.

§ 2º Rejeitada a alegação de nulidade, o réu será considerado revel.

Art. 197. A citação válida induz litispendência e faz litigiosa a coisa e, ainda quando ordenada por juiz incompetente, constitui em mora o devedor e interrompe a prescrição.

§ 1º A litispendência e a interrupção da prescrição retroagirão à data da propositura da ação.

§ 2º Incumbe à parte adotar as providências necessárias para a citação do réu nos dez dias subsequentes ao despacho que a ordenar, sob pena de não se considerar interrompida a prescrição e instaurada litispendência na data da propositura.

§ 3º A parte não será prejudicada pela demora imputável exclusivamente ao serviço judiciário.

§ 4º O efeito retroativo do § 1º aplica-se à decadência e aos demais prazos extintivos previstos em lei.

Art. 198. Transitada em julgado a sentença de mérito proferida em favor do réu antes da citação, cabe ao escrivão comunicá-lo do resultado do julgamento.

Art. 199. A citação do réu será feita pessoalmente, ao seu representante legal ou ao procurador legalmente autorizado.

§ 1º Estando o réu ausente, a citação será feita na pessoa de seu mandatário, administrador, feitor ou gerente, quando a ação se originar de atos por eles praticados.

§ 2º O locador que se ausentar do Brasil sem cientificar o locatário de que deixou na localidade onde estiver situado o imóvel procurador com poderes para receber citação será citado na pessoa do administrador do imóvel encarregado do recebimento dos aluguéis.

Art. 200. A citação se fará em qualquer lugar em que se encontre o réu.

Parágrafo único. O militar em serviço ativo será citado na unidade em que estiver servindo, se não for conhecida a sua residência ou nela não for encontrado.

Art. 201. Não se fará a citação, salvo para evitar o perecimento do direito:

I — a quem estiver assistindo a ato de culto religioso;

II — ao cônjuge, companheiro ou a qualquer parente do morto, consanguíneo ou afim, em linha reta ou na linha colateral em segundo grau, no dia do falecimento e nos sete dias seguintes;

III — aos noivos, nos três primeiros dias de bodas;

IV — aos doentes, enquanto grave o seu estado.

Art. 202. Também não se fará citação quando se verificar que o réu é mentalmente incapaz ou está impossibilitado de recebê-la.

§ 1º O oficial de justiça descreverá e a certificará minuciosamente a ocorrência.

§ 2º O juiz nomeará médico para examinar o citando, que apresentará laudo em cinco dias.

§ 3º Reconhecida a impossibilidade, o juiz dará ao citando um curador, observando, quanto à sua escolha, a preferência estabelecida na lei e restringindo a nomeação à causa.

§ 4º A citação será feita na pessoa do curador, a quem incumbirá a defesa do réu.

Art. 203. A citação se fará:

I — pelo correio;

II — por oficial de justiça;

III — por edital;

IV — por meio eletrônico, conforme regulado em lei.

Art. 204. A citação será feita pelo correio para qualquer comarca do país, exceto:

I — nas ações de estado;

II — quando for ré pessoa incapaz;

III — quando for ré pessoa de direito público;

IV — quando o réu residir em local não atendido pela entrega domiciliar de correspondência;

V — quando o autor a requerer de outra forma.

Art. 205. Deferida a citação pelo correio, o escrivão remeterá ao citando cópias da petição inicial e do despacho do juiz e comunicará o prazo para a resposta, o endereço do juízo e o respectivo cartório.

§ 1º A carta será registrada para entrega ao citando, exigindo-lhe o carteiro, ao fazer a entrega, que assine o recibo. Sendo o réu, pessoa jurídica, será válida a entrega a pessoa com poderes de gerência geral ou de administração.

§ 2º Da carta de citação no processo de conhecimento constará também a intimação do réu para o comparecimento, com a presença de advogado, à audiência de conciliação, bem como a menção do prazo para contestação, a ser apresentada sob pena de revelia.

Art. 206. A citação será feita por meio de oficial de justiça nos casos ressalvados neste Código ou na lei, ou quando frustrada a citação pelo correio.

Art. 207. O mandado que o oficial de justiça tiver de cumprir deverá conter:

I — os nomes do autor e do réu, bem como os respectivos domicílios ou residências;

II — o fim da citação, com todas as especificações constantes da petição inicial;

III — a cominação, se houver;

IV — o dia, a hora e o lugar do comparecimento;

V — a cópia do despacho.

4.2.6. Indeferimento da inicial

Importante consignar a dicção dos arts. 295 e 296 do CPC que tratam das hipóteses em que a petição inicial será indeferida. Vejamos:

Art. 295. A petição inicial será indeferida:

I — quando for inepta;

II — quando a parte for manifestamente ilegítima;

III — quando o autor carecer de interesse processual;

IV — quando o juiz verificar, desde logo, a decadência ou a prescrição.

V — quando o tipo de procedimento, escolhido pelo autor, não corresponder à natureza da causa, ou ao valor da ação; caso em que só não será indeferida, se puder adaptar-se ao tipo de procedimento legal;

VI — quando não atendidas as prescrições dos arts. 39, parágrafo único, primeira parte, e 284.

Parágrafo único. Considera-se inepta a petição inicial quando:

I — lhe faltar pedido ou causa de pedir;

II — da narração dos fatos não decorrer logicamente a conclusão;

III — o pedido for juridicamente impossível;

IV — contiver pedidos incompatíveis entre si.

Art. 296. Indeferida a petição inicial, o autor poderá apelar, facultado ao juiz, no prazo de 48 (quarenta e oito) horas, reformar sua decisão.

Parágrafo único. Não sendo reformada a decisão, os autos serão imediatamente encaminhados ao tribunal competente.

Vale registrar que o indeferimento da inicial no campo previdenciário deve estar em consonância com o princípio do *in dubio pro segurado*. Vejamos as lições de Marco Aurélio Serau Junior(29):

> Neste sentido, ofendem as garantias de acesso à justiça e os princípios aplicáveis ao Processo Judicial Previdenciário, particularmente a ideia de verdade real e interpretação favorável ao segurado, as decisões que girem no sentido de indeferir liminarmente a petição inicial, de ofício ou sob alegação do INSS, em virtude de ausência de documentação; igualmente com moderação devem ser examinadas as decisões judiciais que, embora não determinem a extinção *in limine* do processo, requeiram a emenda da exordial (pois muitas vezes, e com base nos mesmos fundamentos já apresentados, esta emenda será inviável conforme padrões destoantes dos princípios do Processo Judicial Previdenciário.

Importante consignar a Súmula n. 68 do TRF da 4ª Região. Vejamos:

Súmula n. 68: "A prova de dificuldades financeiras, e consequente inexigibilidade de outra conduta, nos crimes de omissão no recolhimento de contribuições previdenciárias, pode ser feita através de documentos, sendo desnecessária a realização de perícia".

4.2.7. Análise das condições da ação

As condições da ação previdenciária estão previstas nos arts. 3º e 4º do CPC. Vejamos:

(29) SERAU JUNIOR, Marco Aurélio. *Curso de processo judicial previdenciário*. 4. ed. São Paulo: Método, 2014. p. 151.

Art. 3º Para propor ou contestar ação é necessário ter interesse e legitimidade.

Art. 4º O interesse do autor pode limitar-se à declaração:

I — da existência ou da inexistência de relação jurídica;

II — da autenticidade ou falsidade de documento.

Parágrafo único. É admissível a ação declaratória, ainda que tenha ocorrido a violação do direito.

Art. 5º Se, no curso do processo, se tornar litigiosa relação jurídica de cuja existência ou inexistência depender o julgamento da lide, qualquer das partes poderá requerer que o juiz a declare por sentença.

Art. 6º Ninguém poderá pleitear, em nome próprio, direito alheio, salvo quando autorizado por lei.

A questão do interesse de agir na ação previdenciária tem um elemento importantíssimo, qual seja, a obrigatoriedade do ingresso na via administrativa. Nesse sentido, colacionamos a decisão do STF sobre o tema:

> [...] 1. A instituição de condições para o regular exercício do direito de ação é compatível com o art. 5º, XXXV, da Constituição. Para se caracterizar a presença de interesse em agir, é preciso haver necessidade de ir a juízo. 2. A concessão de benefícios previdenciários depende de requerimento do interessado, não se caracterizando ameaça ou lesão a direito antes de sua apreciação e indeferimento pelo INSS, ou se excedido o prazo legal para sua análise. É bem de ver, no entanto, que a exigência de prévio requerimento não se confunde com o exaurimento das vias administrativas. 3. A exigência de prévio requerimento administrativo não deve prevalecer quando o entendimento da Administração for notória e reiteradamente contrário à postulação do segurado. 4. Na hipótese de pretensão de revisão, restabelecimento ou manutenção de benefício anteriormente concedido, considerando que o INSS tem o dever legal de conceder a prestação mais vantajosa possível, o pedido poderá ser formulado diretamente em juízo — salvo se depender da análise de matéria de fato ainda não levada ao conhecimento da Administração —, uma vez que, nesses casos, a conduta do INSS já configura o não acolhimento ao menos tácito da pretensão. 5. Tendo em vista a prolongada oscilação jurisprudencial na matéria, inclusive no Supremo Tribunal Federal, deve-se estabelecer uma fórmula de transição para lidar com as ações em curso, nos termos a seguir expostos. 6. Quanto às ações ajuizadas até a conclusão do presente julgamento (3.9.2014), sem que tenha havido prévio requerimento administrativo nas hipóteses em que exigível, será observado o seguinte: (i) caso a ação tenha sido ajuizada no âmbito de Juizado Itinerante, a ausência de anterior pedido administrativo não deverá implicar a extinção do feito; (ii) caso o INSS já tenha apresentado contestação de mérito, está caracterizado o interesse em agir pela resistência à pretensão; (iii) as demais ações que não se enquadrem nos itens (i) e (ii) ficarão sobrestadas, observando-se a sistemática a seguir. 7. Nas ações sobrestadas, o autor será intimado a dar entrada no pedido administrativo em 30 dias, sob pena de extinção do processo. Comprovada a postulação administrativa, o INSS será intimado a se manifestar acerca do pedido em até 90 dias, prazo dentro do qual a Autarquia deverá colher todas as provas eventualmente necessárias e proferir decisão. Se o pedido for acolhido administrativamente ou não puder ter o seu mérito analisado devido a razões imputáveis ao próprio requerente, extingue-se a ação. Do contrário, estará caracterizado o interesse em agir e o feito deverá prosseguir. 8. Em todos os casos acima — itens (i), (ii) e (iii) —, tanto a análise administrativa quanto a judicial deverão levar em conta a data do início da ação como data de entrada do requerimento, para todos os efeitos legais. 9. Recurso extraordinário a que se dá parcial provimento, reformando-se o acórdão recorrido para determinar a baixa dos autos ao juiz de primeiro grau, o qual deverá intimar a autora — que alega ser trabalhadora rural informal — a dar entrada no pedido administrativo em 30 dias, sob pena de extinção. Comprovada a postulação administrativa, o INSS será intimado para que, em 90 dias, colha as provas necessárias e profira decisão administrativa, considerando como data de entrada do requerimento a data do início da ação, para todos os efeitos legais. O resultado será comunicado ao juiz, que apreciará a subsistência ou não do interesse em agir.

O art. 267 do CPC destaca a ausência das condições da ação como causa extintiva do processo. Vejamos:

Art. 267. Extingue-se o processo, sem resolução de mérito:

I — quando o juiz indeferir a petição inicial;

II — quando ficar parado durante mais de 1 (um) ano por negligência das partes;

III — quando, por não promover os atos e diligências que lhe competir, o autor abandonar a causa por mais de 30 (trinta) dias;

IV — quando se verificar a ausência de pressupostos de constituição e de desenvolvimento válido e regular do processo;

V — quando o juiz acolher a alegação de perempção, litispendência ou de coisa julgada;

VI — quando não concorrer qualquer das condições da ação, como a possibilidade jurídica, a legitimidade das partes e o interesse processual;

> **Novidades sobre a matéria:** O Anteprojeto do Novo CPC traz algumas inovações relativas às condições da ação. Vejamos:
>
> Art. 16. Para propor a ação é necessário ter interesse e legitimidade.
>
> Art. 17. Ninguém poderá pleitear direito alheio em nome próprio, salvo quando autorizado por lei.
>
> Art. 18. O interesse do autor pode limitar-se à declaração:
>
> I — da existência ou da inexistência de relação jurídica;
>
> II — da autenticidade ou da falsidade de documento.
>
> Parágrafo único. É admissível a ação declaratória ainda que tenha ocorrido a violação do direito.
>
> Art. 19. Se, no curso do processo, se tornar litigiosa relação jurídica de cuja existência ou inexistência depender o julgamento da lide, o juiz, assegurado o contraditório, a declarará por sentença, com força de coisa julgada.

4.2.8. Alegações preliminares

Na petição inicial podem ser alegadas questões preliminares. Vejamos a dicção do art. 301 do CPC:

Art. 301. Compete-lhe, porém, antes de discutir o mérito, alegar:

I — inexistência ou nulidade da citação;

II — incompetência absoluta;

III — inépcia da petição inicial;

IV — perempção;

V — litispendência;

VI — coisa julgada;

VII — conexão;

VIII — incapacidade da parte, defeito de representação ou falta de autorização;

IX — convenção de arbitragem;

X — carência de ação;

XI — falta de caução ou de outra prestação, que a lei exige como preliminar.

§ 1º Verifica-se a litispendência ou a coisa julgada, quando se reproduz ação anteriormente ajuizada.

§ 2º Uma ação é idêntica à outra quando tem as mesmas partes, a mesma causa de pedir e o mesmo pedido.

§ 3º Há litispendência, quando se repete ação, que está em curso; há coisa julgada, quando se repete ação que já foi decidida por sentença, de que não caiba recurso.

§ 4º Com exceção do compromisso arbitral, o juiz conhecerá de ofício da matéria enumerada neste artigo.

Importante consignar que a falta de prévio requerimento administrativo no INSS tem sido entendido como falta de interesse de agir, ensejando a carência da ação. Vejamos algumas jurisprudências:

> Trata-se de agravo de instrumento com pedido de efeito suspensivo interposto de decisão que acolheu a preliminar de carência da ação por falta de interesse de agir ante a falta de prévio requerimento administrativo de reconhecimento de tempo de serviço especial. O agravante alega que levou ao conhecimento do INSS todos os documentos que entendia necessários para ver seu benefício deferido. Contudo, em nenhum momento, foi informada sobre a necessidade de apresentar outros documentos para efeito de garantir a concessão de um benefício mais vantajoso. Assevera que é dever da Administração, mais precisamente de seus agentes, esclarecer de quais outros meios poderia se valer para obter o benefício que ora pleiteia em juízo. Afirma que, em muitas oportunidades, a autarquia nega-se a orientar os segurados e, em seguida, usa desse artifício para imputar-lhes falta de interesse de agir. É o relato. Decido. O presente agravo submete-se à Lei n. 11.187, de 19.10.2005, que alterou o regramento aplicável a este recurso. Em sua nova redação, os arts. 522 e 527 do CPC estabelecem como regra a forma retida do agravo, reservando a via de instrumento para os casos de inadmissão da apelação, os relativos aos efeitos em que o apelo é recebido e, por derradeiro, os de decisão suscetível de causar à parte lesão grave e de difícil reparação. Em se tratando, porém, do exame de uma das condições da ação, entendo caracterizada a potencial irreversibilidade da decisão agravada. Assim sendo, uma vez que conta com condições de trânsito, o presente agravo deve ser processado e julgado por este Tribunal. Em casos similares, esta Turma tem-se orientado no sentido de que, por ocasião do requerimento administrativo, incumbe à Autarquia orientar o segurado de forma adequada no tocante ao cômputo correto dos períodos trabalhados, inclusive quanto à especialidade, tendo em vista (1) o caráter de direito social da previdência social, intimamente vinculado à concretização da cidadania e ao respeito da dignidade humana, a demandar uma proteção social eficaz aos segurados, (2) o dever constitucional, por parte da autarquia previdenciária (enquanto Estado sob a forma descentralizada), de tornar efetivas as prestações previdenciárias aos beneficiários e (3) a obrigação do INSS — seja em razão dos princípios acima elencados, seja a partir de uma interpretação extensiva do art. 105 da Lei de Benefícios ("A apresentação de documentação incompleta não constitui motivo para a recusa do requerimento do benefício") — de conceder aos segurados o melhor benefício a que têm direito, ainda que, para tanto, tenha que orientar, sugerir ou solicitar os documentos necessários. Assim sendo, caso a autarquia previdenciária não adote uma conduta positiva no sentido de orientar o segurado a trazer a documentação necessária ante a possibilidade de ser beneficiado com o reconhecimento de tempo especial, está caracterizado o interesse de agir. É irrelevante, nesse sentido, que o segurado não tenha requerido formalmente o reconhecimento de tempo de serviço especial. Transcrevo, por oportuno, excerto do voto da lavra do Desembargador Federal Victor Luiz dos Santos Laus, na AC n. 2004.71.00.036720-3, *verbis*: [...] Ademais, é corolário da condição de parte hipossuficiente que a Autarquia, quando da apreciação do pedido concessório, informe ao pretendente ao amparo a respeito de seus direitos, havendo, inclusive, previsão legal nesse sentido, posto que "Compete ao Serviço Social esclarecer junto aos beneficiários seus direitos sociais e os meios de exercê-los e estabelecer conjuntamente com eles o processo de solução dos problemas que emergirem da sua relação com a Previdência Social, tanto no âmbito interno da instituição como na dinâmica da sociedade" (art. 88 da LB). Daí porque a composição de peças informativas (formulários-padrão e laudos técnicos) em época posterior à concessão dos proventos, em si, não é óbice a impedir a oposição das conclusões nelas veiculadas à autarquia quando

esta, repito, devendo apurar de ofício as reais condições do trabalho, não o faz e tampouco cumpre o papel orientador prescrito na legislação, sendo caso, portanto, de excepcional afastamento do óbice de ordem processual. Registro que esta Turma se posicionou neste sentido em recente julgamento, *verbis*: "PROCESSUAL CIVIL. PREVIDENCIÁRIO. AUSÊNCIA DE PEDIDO DE RECONHECIMENTO DE TEMPO ESPECIAL NA VIA ADMINISTRATIVA. CARÊNCIA DE AÇÃO. INOCORRÊNCIA. SENTENÇA ANULADA. 1. Não cabe cogitar da falta de interesse de agir pela ausência de postulação de tempo especial na ocasião do requerimento do benefício na via administrativa, tendo em vista o dever da Autarquia de orientar o segurado de forma adequada no tocante ao cômputo correto dos períodos trabalhados, inclusive quanto à especialidade. 2. Deve ser declarada nula a sentença cabendo o retorno dos autos à origem para que seja enfrentado o mérito do período especial". (DE 13.5.2010) Ante o exposto, defiro o pedido de efeito suspensivo. Comunique-se ao Juízo de origem. Intime-se a parte agravada na forma do art. 527, V, do CPC. Após, voltem conclusos. (TRF4, AG 0002992-28.2013.404.0000, Sexta Turma, Relator João Batista Pinto Silveira, DE 31.5.2013)

PREVIDENCIÁRIO. ATIVIDADE RURAL. TEMPO ESPECIAL. CARÊNCIA DA AÇÃO. INTERESSE DE AGIR. APOSENTADORIA POR TEMPO DE SERVIÇO. REQUISITOS. 1. Comprovado o exercício de atividade rural, na qualidade de segurado especial, mediante início de prova material, complementada por prova testemunhal idônea. 2. Tendo a autarquia apresentado contestação de mérito, não há que se falar em carência da ação por falta de interesse de agir 3. Comprovada a exposição do segurado a agente nocivo, na forma exigida pela legislação previdenciária aplicável à espécie, possível reconhecer-se a especialidade da atividade laboral por ele exercida. 4. No caso dos autos, a parte autora tem direito à aposentadoria por tempo de serviço, porquanto implementados os requisitos para sua concessão. (TRF4, APELREEX 2006.71.00.045771-7, Sexta Turma, Relatora Vânia Hack de Almeida, DE 29.1.2015)

PREVIDENCIÁRIO. EMBARGOS DE DECLARAÇÃO. ERRO MATERIAL. EXISTÊNCIA. PRELIMINAR DE CARÊNCIA DE AÇÃO AFASTADA. ANÁLISE DA PENSÃO POR MORTE DE ESPOSA. TRABALHADORA RURAL. ÓBITO POSTERIOR À CONSTITUIÇÃO FEDERAL DE 1988 E ANTERIOR À LEI N. 8.213/91. PRINCÍPIO DA ISONOMIA. QUALIDADE DE SEGURADA DEMONSTRADA. DEPENDÊNCIA ECONÔMICA PRESUMIDA. PRESCRIÇÃO QUINQUENAL. OCORRÊNCIA. 1. Embargos de declaração providos para afastar a preliminar de carência de ação por ausência de prévio requerimento administrativo constante do voto do acórdão. 2. São requisitos para a concessão do amparo: (a) a qualidade de segurado do instituidor da pensão; e (b) a dependência econômica do beneficiário, que, na hipótese de esposo é presumida (art. 16, § 4º, da Lei n. 8.213/91). 3. A constituição Federal de 1998 consagrou o princípio da igualdade entre homens e mulheres e, em decorrência disso, estabeleceu a concessão do benefício a ambos os cônjuges. 4. Em atenção ao princípio da isonomia, deve ser estendido ao cônjuge varão o direito ao recebimento de pensão por morte de esposa ou companheira nos casos em que o óbito se deu após o advento da constituição Federal de 1998 e antes da entrada em vigor da Lei n. 8.213/91. Precedentes do STF. 5. Comprovada a qualidade de segurada especial da falecida, fazem jus o requerente ao benefício de pensão por morte postulado. 6. Reconhecida a prescrição quinquenal das parcelas anteriores ao ajuizamento da ação em relação aos valores devidos ao viúvo. (TRF4, APELREEX 0004950-88.2014.404.9999, Sexta Turma, Relatora Vânia Hack de Almeida, DE 21.1.2015)

PROCESSO CIVIL E PREVIDENCIÁRIO. CARÊNCIA DA AÇÃO. INOCORRÊNCIA. PREVIDENCIÁRIO. AUXÍLIO-RECLUSÃO. FUGA DO APENADO. PERÍODO DE GRAÇA. QUALIDADE DE SEGURADO COMPROVADA. PENSÃO POR MORTE. CONCESSÃO. CORREÇÃO MONETÁRIA E JUROS DE MORA. 1. O direto enfrentamento do mérito por ocasião da contestação caracteriza pretensão resistida, não havendo que se falar em carência da ação por falta de interesse de agir. 2. As pretensões de direito social fundamental (Constituição Federal, arts. 6º, 194, 201 e 203) impõem interpretação das normas infraconstitucionais, inclusive as de caráter processual, conducente à efetivação e concretização daqueles direitos, respeitados os demais princípios constitucionais. 3. O segurado que foge da prisão mantém a qualidade de segurado se recapturado em menos de 12 meses, na forma do art. 15, IV, da Lei n. 8.213/91. 4. Comprovada a qualidade de segurado, pois não decorridos mais de 12 meses entre a evasão e o novo recolhimento à prisão, e devidamente cumpridos, e incontroversos, os demais requisitos legais, é devida a concessão do auxílio-reclusão nos períodos de encarceramento. 5. O reconhecimento de união estável pode ser comprovado por testemunhos idôneos e coerentes, informando a existência da relação more uxório, tendo em vista que a Lei n. 8.213/91 exige início de prova material apenas para a comprovação de tempo de serviço, não repetindo semelhante imposição para fins de união estável. 6. Comprovada a união estável, e presentes, de forma incontroversa, os demais requisitos legais é devida a concessão de pensão por morte aos dependentes no segurado falecido, desde o óbito, para os filhos menores — contra os quais não corre a prescrição —, e desde a citação para a ex-companheira, porque ausente prévio requerimento administrativo. 7. As parcelas vencidas serão corrigidas monetariamente pelo IGP-DI, no período de 5.1996 a 3.2006 (art. 10 da Lei n. 9.711/98 e art. 20, §§ 5º e 6º, da Lei n. 8.880/94), e pelo INPC, no período de 4.2006 a 6.2009 (art. 31, Lei n. 10.741/03 e art. 41-A, Lei n. 8.213/91). 8. Não incide a Lei n. 11.960/09 para correção monetária dos atrasados (correção equivalente à poupança) porque declarada inconstitucional (ADIs ns. 4.357 e 4.425/STF), com efeitos *erga omnes* e *ex tunc* — e mesmo eventual modulação não atingirá processos de conhecimento. (TRF4, APELREEX 5033728-18.2012.404.7100, Sexta Turma, Relatora p/ Acórdão Vânia Hack de Almeida, juntado aos autos em 9.6.2014)

[...] 1. O prévio protocolo de requerimento junto ao INSS é necessário à caracterização da existência da lide. A postulação na via judicial — ainda que sem o exaurimento da via administrativa — só se torna possível após a recusa ou demora na apreciação do pleito pelo INSS, ante a necessidade de uma pretensão resistida a justificar o acesso à via judicial. Contestada a ação em seu mérito, estabelece-se o conflito, fazendo surgir o interesse na propositura da demanda, em razão de sua clara utilidade, suprindo-se a carência de ação dantes existente. No entanto, este TRF — 1ª Região já firmou jurisprudência no sentido de que, havendo ou não contestação pela Autarquia, a ausência de prévio requerimento administrativo não impede, em nenhuma dessas hipóteses, a apreciação do pedido pelo Poder Judiciário. Portanto, curvo-me à decisão majoritária, ressalvando meu ponto de vista pessoal. 2. A causa não se encontra em condições de imediato julgamento, nos termos do § 3º do art. 515 do Código de Processo Civil. 3. Em conformidade com o art. 203, *caput* e inciso V, da Constituição Federal, regulamentado pelo art. 20 da Lei n. 8.742/93, o benefício de prestação continuada, possui caráter assistencial, natureza não contributiva e dirige-se à proteção da pessoa portadora de deficiência ou do idoso, mediante o pagamento de um salário mínimo, desde que preenchidos os requisitos ali especificados. Destina-se, assim, a pessoas portadoras de deficiência, ou ao idoso, que não tenham condições de prover a sua própria subsistência ou tê-la provida por sua família. 4. A parte autora apresentou documentos que, em princípio, poderão, mediante confirmação da prova testemunhal, atestar a eventual veracidade dos fatos trazidos na exordial. Contudo, não foi elaborado o estudo socioeconômico para estimar a renda auferida pela família, sem que tenha havido a análise da possibilidade econômica do núcleo familiar ao qual pertence a parte autora, não seria possível, na hipótese, aferir a hipossuficiência financeira exigida para a concessão do benefício assistencial pleiteado. 5. Apelação da parte autora provida para anular a sentença e determinar, em consequência, o retorno dos autos à origem para a realização da prova necessária ao deslinde da questão, após o que, observadas as formalidades legais, deve ser proferida nova sentença, concedendo ou negando o benefício. TRF. 1ª Região. Relator: Desembargador Federal Ney Bello. Relator (conv.): Juiz Federal Carlos Augusto Pires Brandão (conv.). Apelação cível n. 0052206-20.2013.4.01.9199/MG. Processo Orig.: 0259087-45.2009.8.13.0778.

Marco Aurélio Serau Junior[30] destaca outras hipóteses de reconhecimento da carência da ação. Vejamos:

> Carência de ação por perda superveniente de objeto: concessão administrativa de benefício. Ajuizada a demanda previdenciária, e acaso regularmente processada por inexistir qualquer vício processual, ela poderá ser extinta sem julgamento de mérito, por ausência de condição de ação, inclusive quando esta ocorre supervenientemente à propositura da ação [...]. Uma outra hipótese de reconhecimento de carência de ação consiste na perda do interesse de agir em razão da homologação de transação entre as partes.

O art. 132 da Lei n. 8.213/91 consigna:

Art. 132. A formalização de desistência ou transigência judiciais, por parte de procurador da Previdência Social, será sempre precedida da anuência, por escrito, do Procurador-Geral do Instituto Nacional do Seguro Social — INSS, ou do presidente desse órgão, quando os valores em litígio ultrapassarem os limites definidos pelo Conselho Nacional de Previdência Social — CNPS.

(30) SERAU JUNIOR, Marco Aurélio. *Curso de processo judicial previdenciário*. 4. ed. São Paulo: Método, 2014. p. 168-169.

O art. 302 do CPC destaca a necessidade de impugnação de fatos específicos na petição inicial. Vejamos:

Art. 302. Cabe também ao réu manifestar-se precisamente sobre os fatos narrados na petição inicial. Presumem-se verdadeiros os fatos não impugnados, salvo:

I — se não for admissível, a seu respeito, a confissão;

II — se a petição inicial não estiver acompanhada do instrumento público que a lei considerar da substância do ato;

III — se estiverem em contradição com a defesa, considerada em seu conjunto.

Parágrafo único. Esta regra, quanto ao ônus da impugnação especificada dos fatos, não se aplica ao advogado dativo, ao curador especial e ao órgão do Ministério Público.

4.2.9. Competência previdenciária

4.2.9.1. Considerações iniciais

A competência previdenciária é uma questão que está ligada diretamente à natureza da causa em questão. Vejamos cada uma delas nos itens a seguir.

4.2.9.2. Regra Geral da competência para o INSS

O art. 109, I, da Constituição Federal define a justiça federal como órgão competente para processar e julgar as ações em que o INSS (entidade autárquica) seja parte. Vejamos:

Art. 109. Aos juízes federais compete processar e julgar:

I — as causas em que a União, entidade autárquica ou empresa pública federal forem interessadas na condição de autoras, rés, assistentes ou oponentes, exceto as de falência, as de acidentes de trabalho e as sujeitas à Justiça Eleitoral e à Justiça do Trabalho;

Vejamos uma jurisprudência sobre o tema:

Cuida-se de agravo de instrumento, com pedido de efeito suspensivo, interposto pela Caixa Econômica Federal — CEF contra decisão proferida em ação indenizatória por vícios construtivos em imóvel financiado, que indeferiu o ingresso da CEF no feito e determinou a remessa dos autos à Justiça Estadual. A decisão agravada foi vertida nos seguintes termos: A competência da Justiça Federal é de natureza absoluta. Não se prorroga por conexão nem compete aos Juízes Federais decidir causas entre pessoas não elencadas no art. 109 da Constituição Federal. Além disso, compete ao Juiz Federal decidir exclusivamente sobre a intervenção de ente federal no feito. Nesse sentido a Súmula n. 150 do Superior Tribunal de Justiça: COMPETE À JUSTIÇA FEDERAL DECIDIR SOBRE A EXISTÊNCIA DE INTERESSE JURÍDICO QUE JUSTIFIQUE A PRESENÇA, NO PROCESSO, DA UNIÃO, SUAS AUTARQUIAS OU EMPRESAS PÚBLICAS Desse modo, a Justiça Federal não está vinculada por decisão da Justiça Estadual. Intimada a Caixa Econômica Federal para manifestar interesse de integrar a lide, assinalou que quanto à autora Norma Regina da Silva Lemos não há interesse, já que não possui o seu contrato vinculação com o SFH. No que se refere aos autores Francisco Juarez de Oliveira Lucardo, Jorge Glair Camacho Herrera, Jorge Moraes da Silva e Tatiana da Silva Silveira há interesse, pois há apólice pública (ramo 66). Em razão da contratação de seguro, pretende a parte autora obter cobertura securitária decorrente de vício construtivo. A jurisprudência do Superior Tribunal de Justiça firmou-se no sentido de que cabe a intervenção da Caixa em processos deste jaez nas seguintes condições: DIREITO PROCESSUAL CIVIL. SFH. SEGURO. AÇÃO INDENIZATÓRIA. CAIXA ECONÔMICA FEDERAL. INTERESSE. INTERVENÇÃO. LIMITES E CONDIÇÕES. INCIDENTE DE PROCESSO REPETITIVO. ART. 543-C DO CPC. 1. Nas ações envolvendo seguros de mútuo habitacional no âmbito do Sistema Financeiro Habitacional — SFH, a Caixa Econômica Federal — CEF — detém interesse jurídico para ingressar na lide como assistente simples somente nos contratos celebrados de 2.12.1988 a 29.12.2009 — período compreendido entre as edições da Lei n. 7.682/88 e da MP n. 478/09 — e nas hipóteses em que o instrumento estiver vinculado ao Fundo de Compensação de Variações Salariais — FCVS (apólices públicas, ramo 66). 2. Ainda que compreendido no mencionado lapso temporal, ausente a vinculação do contrato ao FCVS (apólices privadas, ramo 68), a CEF carece de interesse jurídico a justificar sua intervenção na lide. 3. O ingresso da CEF na lide somente será possível a partir do momento em que a instituição financeira provar documentalmente o seu interesse jurídico, mediante demonstração não apenas da existência de apólice pública, mas também do comprometimento do FCVS, com risco efetivo de exaurimento da reserva técnica do Fundo de Equalização de Sinistralidade da Apólice — FESA, colhendo o processo no estado em que este se encontrar no instante em que houver a efetiva comprovação desse interesse, sem anulação de nenhum ato anterior. 4. Evidenciada desídia ou conveniência na demonstração tardia do seu interesse jurídico de intervir na lide como assistente, não poderá a CEF se beneficiar da faculdade prevista no art. 55, I, do CPC. 5. Na hipótese específica dos autos, tendo sido reconhecida a ausência de vinculação dos contratos de seguro ao FCVS, inexiste interesse jurídico da CEF para integrar a lide. 6. Embargos de declaração parcialmente acolhidos, sem efeitos infringentes. (EDcl nos EDcl no REsp 1091363/SC, Rel. Ministra Maria Isabel Gallotti, Rel. p/ Acórdão Ministra Nancy Andrighi, Segunda Seção, julgado em 10.10.2012, DJe 14.12.2012) Essa decisão foi tomada sob a sistemática de recurso repetitivo, devendo ser seguida em razão de caber ao Superior Tribunal de Justiça a última palavra sobre a interpretação de lei infraconstitucional. No caso dos autos, há de ser reconhecer a impossibilidade de intervenção da Caixa no feito, porquanto não provou documentalmente o comprometimento do FCVS com risco efetivo de exaurimento da reserva técnica do Fundo de Equalização de Sinistralidade da Apólice. Além disso, os contratos vinculados a apólice pública já foram liquidados. Em razão disso, não há qualquer possibilidade concreta de reflexo no FCVS. Nesse sentido: EMENTA: AGRAVO LEGAL. SFH. SEGURO. AÇÃO INDENIZATÓRIA. CAIXA ECONÔMICA FEDERAL. INEXISTÊNCIA DE INTERESSE. INCOMPETÊNCIA DA JUSTIÇA FEDERAL. — extinto o contrato originário, não subsiste o interesse jurídico por parte da CEF e do FCVS. Reconhecida a incompetência da Justiça Federal o julgamento da lide. — Na ausência de fato ou fundamento novo, capaz de infirmar a decisão guerreada, é de ser mantida a decisão. (TRF4 5020027-47.2012.404.0000, Quarta Turma, Relator p/ Acórdão Décio José da Silva, DE 25.2.2013) Diante do exposto: Excluo a Caixa Econômica Federal do processo. Preclusa a presente decisão, remetam-se os autos à Egrégia Justiça Estadual. Em suas razões, a parte agravante defende o seu interesse no feito e a consequente competência da Justiça Federal para processar e julgar a ação, tendo em conta as disposições da Lei n. 12.409/11 e o fato de que o contrato em questão pertence ao Ramo Público da Apólice de Seguro Habitacional. É o relatório. Decido. Em 26.11.2010 foi publicada e entrou em vigor a Medida Provisória nº 513, que literaliza: Art. 1º Fica o Fundo de Compensação de Variações Salariais — FCVS autorizado, na forma disciplinada em ato do Conselho Curador do Fundo de Compensação de Variações Salariais — CCFCVS, a: I — assumir os direitos e obrigações do Seguro Habitacional do Sistema Financeiro da Habitação — SH/SFH, que contava com garantia de equilíbrio permanente e em nível nacional do Fundo em 31 de dezembro de 2009; II — oferecer cobertura direta aos contratos de financiamento habitacional averbados na extinta Apólice do SH/SFH; e III — remunerar a Caixa Econômica Federal, na qualidade de Administradora do FCVS, pelas atribuições decorrentes do disposto neste artigo. Parágrafo único. A cobertura direta de que trata o inciso II poderá cobrir: I — o saldo devedor de financiamento habitacional, em caso de morte ou invalidez permanente do mutuário; e II — as despesas relacionadas à cobertura de danos físicos ao imóvel e à responsabilidade civil do construtor. Tal Medida Provisória foi convertida na Lei n. 12.409, de 25.5.2011, com o mesmo texto acima transcrito. Quanto ao tema, é mister referir o bem embasado voto proferido pela Ministra Maria Isabel Gallotti no julgamento dos embargos de declaração no Resp n. 1.091.363 (representativo de controvérsia relacionada à necessidade de participação do agente financeiro em feitos que envolvam contratos de seguro habitacional vinculado ao Sistema Financeiro da Habitação). A ementa do julgado literaliza: SISTEMA FINANCEIRO DA HABITAÇÃO. SEGURO HABITACIONAL. APÓLICE PÚBLICA. FESA/FCVS. APÓLICE PRIVADA. AÇÃO AJUIZADA CONTRA SEGURADORA. INTERESSE JURÍDICO DA CEF. RECURSO REPETITIVO. CITAÇÃO ANTERIOR À MP N. 513/10 CONVERTIDA NA LEI N. 12.409/11. 1. Ação ajuizada antes da edição da MP n. 513/10 (convertida na Lei n. 12.409/2011) contra a seguradora, buscando a cobertura de dano a imóvel adquirido pelo autor no âmbito do Sistema Financeiro da Habitação. Pedido de intervenção da CEF, na qualidade de assistente simples da seguradora. 2. O Fundo de Compensação das Variações Salariais (FCVS) administrado pela CEF, do qual o FESA é uma subconta, desde a edição do Decreto-lei n. 2.476/88 e da Lei n. 7.682/88 garante o equilíbrio da Apólice do Seguro Habitacional do Sistema Financeiro da Habitação (Ramo 66), assumindo integralmente os seus riscos. A seguradora privada contratada é mera intermediária, prestando serviço mediante remuneração de percentual fixo dos prêmios de seguro embutidos nas prestações. 3. Diversamente, no caso de apólices de seguro privadas, cuja contratação no âmbito do SFH somente passou a ser admitida a partir da edição da MP n. 1.671, de 1998, o resultado da atividade econômica e o correspondente risco é totalmente assumido pela seguradora privada, sem possibilidade de comprometimento de recursos do FCVS. 4. Nos feitos em que se discute a respeito de contrato de seguro privado, apólice de mercado, Ramo 68, adjeto a contrato de mútuo habitacional, por envolver discussão entre a seguradora e o mutuário, e não afetar o FCVS (Fundo de Compensação de Variações Salariais), não existe interesse da Caixa Econômica Federal a justificar a formação de litisconsórcio passivo necessário, sendo, portanto, da Justiça Estadual a competência para o seu julgamento. Ao contrário, sendo a apólice pública, do Ramo 66, garantida pelo FCVS, existe interesse jurídico a amparar o pedido de intervenção da CEF, na forma do art. 50 do CPC, e remessa dos autos para a Justiça Federal. 5. Hipótese em que o contrato de seguro adjeto ao mútuo habitacional da única autora foi celebrado em condições de mercado, não sendo vinculado à Apólice Única do SH/SFH. Inexistência de interesse jurídico da CEF. Competência da Justiça Estadual. 6. Embargos de declaração acolhidos sem efeitos modificativos do julgado no caso concreto, apenas para fazer integrar os esclarecimentos acima à tese adotada para os efeitos do art. 543-C do CPC. — EDcl no REsp 1091363/SC, Rel. Ministra Maria Isabel Gallotti, Segunda Seção, DJe 28.11.2011. Como se vê, é imperiosa a necessidade de diferenciação entre os contratos de seguro da Apólice Pública (Ramo 66, de responsabilidade direta do FCVS pelo disposto na Lei supratranscrita) e da Apólice Privada (Ramo 68) para a determinação da responsabilização pela cobertura securitária e consequentemente da legitimidade passiva e para a competência para o processamento e julgamento do feito. No caso dos autos, a CEF manifestou interesse no feito em relação aos autores Francisco Juarez de Oliveira Lucardo, Jorge Glair Camacho Herrera, Jorge Moraes da Silva e Tatiana da Silva Silveira, tendo em conta o vínculo do seguro habitacional com o Ramo Público (66). Tendo a Lei n. 12.409/11 autorizado a assunção pelo FCVS das obrigações da Apólice Pública do SH/SFH e sendo referidos contratos da Apólice Pública, é decorrência lógica o reconhecimento do interesse jurídico da CEF em casos tais. Bem por isso, impõe-se a sua inclusão no polo passivo do feito — o que atrai a competência da Justiça Federal para processar e julgar a demanda, ainda que a empresa pública somente seja admitida na condição de assistente simples. Isso porque o art. 109 da Constituição Federal literaliza: Art. 109. Aos juízes federais compete processar e julgar: I — as causas em que a União, entidade autárquica ou empresa pública federal forem interessadas na condição de autoras, rés, assistentes ou oponentes, exceto as de falência, as de acidentes de trabalho e as sujeitas à Justiça Eleitoral e à Justiça do Trabalho; § 3º Serão processadas e julgadas na justiça estadual, no foro do domicílio dos segurados ou beneficiários, as causas em que forem parte instituição de previdência social e segurado, sempre que a comarca não seja sede de vara do juízo federal, e, se verificada essa condição, a lei poderá permitir que outras causas sejam também processadas e julgadas pela justiça estadual. A norma diz com competência jurisdicional absoluta, assente em sede constitucional. A sua aplicação, portanto, é imediata, nada havendo a excepcioná-la, e alcança o presente feito, tendo em conta que envolve empresa pública — CEF. Assim, é da Justiça Federal a competência para processar e julgar o feito originário em relação aos autores cujo contrato pertence ao Ramo Público do seguro habitacional. É bem verdade que o voto condutor do julgamento apontado pelo juízo a quo, de lavra da Ministra Nancy Andrighi, fixou o entendimento em relação à condição em que a CEF deve ser admitida nos feitos, *in verbis:* DIREITO PROCESSUAL CIVIL. SFH. SEGURO. AÇÃO INDENIZATÓRIA. CAIXA ECONÔMICA FEDERAL. INTERESSE. INTERVENÇÃO. LIMITES E CONDIÇÕES. INCIDENTE DE PROCESSO REPETITIVO. ART. 543-C DO CPC. 1. Nas ações envolvendo seguros de mútuo habitacional no âmbito do Sistema Financeiro Habitacional — SFH, a Caixa Econômica Federal — CEF — detém interesse jurídico para ingressar na lide como assistente simples somente nos contratos celebrados de 2.12.1988 a 29.12.2009 — período compreendido entre as edições da Lei n. 7.682/88 e da MP n. 478/09 — e nas hipóteses em que o instrumento estiver vinculado ao Fundo de Compensação de Variações Salariais — FCVS (apólices públicas, ramo 66). 2. Ainda que compreendido no mencionado lapso temporal, ausente a vinculação do contrato ao FCVS (apólices privadas, ramo 68), a CEF carece de interesse jurídico a justificar sua intervenção na lide. 3. O ingresso da CEF na lide somente será possível a partir do momento em que a instituição financeira provar documentalmente o seu interesse jurídico, mediante demonstração não apenas da existência de apólice pública, mas também do comprometimento do FCVS, com risco efetivo de exaurimento da reserva técnica do Fundo de Equalização de Sinistralidade da Apólice — FESA, colhendo o processo no estado em que este se encontrar no instante em que houver a efetiva comprovação desse interesse, sem anulação de nenhum ato anterior. 4. Evidenciada desídia ou conveniência na demonstração tardia do seu interesse jurídico de intervir na lide como assistente, não poderá a CEF se beneficiar da faculdade prevista no art. 55, I, do CPC. 5. Na hipótese específica dos autos, tendo sido reconhecida a ausência de vinculação dos contratos de seguro ao FCVS, inexiste interesse jurídico da CEF para integrar a lide. 6. Embargos de declaração parcialmente acolhidos, sem efeitos infringentes. — Edcl nos Edcl no REsp 1.091.363, por maioria, Relatora para acórdão Ministra Nancy Andrighi, j. em 10.10.2012 Ocorre que o Fundo de Equalização de Sinistralidade da Apólice de Seguro — FESA é uma subconta do FCVS, e portanto também gerenciado pela CEF — o que, por si só, já é suficiente para configurar o seu interesse jurídico. É o que demonstra a simples leitura do § 9º do art. 3º da Lei n. 10.150/00: § 9º O encontro de contas previstos no parágrafo anterior será operacionalizado pela CEF, na qualidade de Administradora do FCVS, por meio da subconta Fundo de Equalização de Sinistralidade da Apólice de Seguro Habitacional — FESA/FCVS, ouvida a Secretaria do Tesouro Nacional. Além disso, tal decisão ainda não transitou em julgado, estando pendente a análise de novos embargos de declaração, segundo informação constante no sítio eletrônico daquela Corte — não havendo motivos a ensejar a obrigatoriedade de sua adoção nesta quadra processual. Ou seja, ainda que seja admitida a adoção de tal entendimento, esta não é obrigatória (e nem mesmo recomendada nesse caso específico, em que já houve alteração do entendimento manifestado por aquela Corte em diversas oportunidades). Assim, resta fartamente comprovado o interesse da CEF nos casos em que o contrato de seguro pertence à Apólice Pública (Ramo 66) do seguro habitacional — como é o caso dos autos em relação aos autores Francisco Juarez de Oliveira Lucardo, Jorge Glair Camacho Herrera, Jorge Moraes da Silva e Tatiana da Silva Silveira. Por fim, cumpre referir que o fato de os contratos se encontrarem extintos se mostra de extrema relevância para a análise da prescrição, mas não tem o condão de configurar a ausência de interesse da CEF. Somente após a análise a respeito da efetiva existência de vícios e de sua origem e termo inicial é que será possível verificar se estes se encontram cobertos pelo seguro ou não — mas tal análise de mérito se mostra manifestamente descabida em sede de agravo de instrumento. Por conseguinte, se mostram presentes os fundamentos legais autorizadores da tutela de urgência pretendida pelo agravante para reconhecer o interesse da CEF, na condição de gestora do FCVS, e a consequente competência da Justiça Federal para processar e julgar o feito. Ante o exposto, defiro o provimento judicial postulado. Comunique-se ao Juízo de origem. Intime-se a parte agravada, na forma do art. 527, V, do Código de Processo Civil. Após, voltem conclusos. Publique-se. (TRF4, AG 5011420-11.2013.404.0000, Terceira Turma, Relator Fernando Quadros da Silva, juntado aos autos em 5.6.2013)

A Súmula n. 511 do STF consigna:

Compete à Justiça Federal, em ambas as instâncias, processar e julgar as causas entre autarquias federais e entidades públicas locais, inclusive mandados de segurança, ressalvada a ação fiscal, nos termos da CF de 1967, art. 119, § 3º.

Vejamos algumas jurisprudências:

O STF firmou sua jurisprudência no sentido de que, quando o INSS figurar como parte ou tiver interesse na matéria, a competência é da Justiça Federal. (RE 545.199-AgR, Rel. Min. Ellen Gracie, julgamento em 24.11.2009, Segunda Turma, DJE de 18.12.2009.) *Vide:* RE 461.005, Rel. Min. Ricardo Lewandowski, julgamento em 8.4.2008, Primeira Turma, DJE de 9.5.2008."

[...] 1. É de competência da Justiça Federal o julgamento das causas envolvendo pedido de concessão de benefício previdenciário, decorrente de acidente de trabalho do segurado especial. 2. Incidente conhecido e provido. (IUJEF 0001110-58.2008.404.7064, Turma Regional de Uniformização da 4ª Região, Relator Alberi Augusto Soares da Silva, DE 7.4.2011).

A competência outorgada à Justiça Federal possui extração constitucional e reveste-se, por isso mesmo, de caráter absoluto e improrrogável, expondo-se, unicamente, às derrogações fixadas no texto da Constituição da República. Somente à Justiça Federal compete dizer se, em determinada causa, há, ou não, interesse da União Federal. A legitimidade do interesse jurídico manifestado pela União só pode ser verificada, em cada caso ocorrente, pela própria Justiça Federal (RTJ 101/881), pois, para esse específico fim é que a Justiça Federal foi instituída: para dizer se, na causa, há, ou não, interesse jurídico da União (RTJ 78/398). O ingresso da União Federal numa causa, vindicando posição processual definida (RTJ 46/73 — RTJ 51/242 — RTJ 164/359), gera a incompetência absoluta da Justiça local (RT 505/109), pois não se inclui, na esfera de atribuições jurisdicionais dos magistrados e tribunais estaduais, o poder para aferir e dizer da legitimidade do interesse da União Federal, em determinado processo (RTJ 93/1291 — RTJ 95/447 — RTJ 101/419 — RTJ 164/359). A competência para processar e julgar recurso interposto pela União Federal, contra decisão de magistrado estadual, no exercício da jurisdição local, que não reconheceu a existência de interesse federal na causa e nem determinou a remessa do respectivo processo à Justiça Federal, pertence ao TRF (órgão judiciário de segundo grau da Justiça Federal comum), a quem incumbe examinar o recurso e, se for o caso, invalidar o ato decisório que se apresenta eivado de nulidade, por incompetência absoluta de seu prolator. Precedentes. (RE 144.880, Rel. Min. Celso de Mello, julgamento em 31.10.2000, Primeira Turma, DJ de 2.3.2001). No mesmo sentido: AI 789.492-AgR, Rel. Min. Ellen Gracie, julgamento em 17.8.2010, Segunda Turma, DJE de 3.9.2010

A Fundação Nacional do Índio — FUNAI constitui pessoa jurídica de direito público interno. Trata-se de fundação de direito público que se qualifica como entidade governamental dotada de capacidade administrativa, integrante da Administração Pública descentralizada da União, subsumindo-se, no plano de sua organização institucional, ao conceito de típica autarquia fundacional, como tem sido reiteradamente proclamado pela jurisprudência do STF, inclusive para o efeito de reconhecer, nas causas em que essa instituição intervém ou atua, a caracterização da competência jurisdicional da Justiça Federal (RTJ 126/103 — RTJ 127/426 — RTJ 134/88 — RTJ 136/92 — RTJ 139/131). Tratando-se de entidade autárquica instituída pela União Federal, torna-se evidente que, nas causas contra ela instauradas, incide, de maneira plena, a regra constitucional de competência da Justiça Federal inscrita no art. 109, I, da Carta Política. (RE 183.188, Rel. Min. Celso de Mello, julgamento em 10.12.1996, Primeira Turma, DJ de 14.2.1997)

4.2.9.3. Competência residual da justiça estadual no caso de inexistência de sede da justiça federal na comarca

Em caso de inexistência da justiça federal na comarca, cabe à justiça estadual realizar o julgamento das ações relativas ao INSS. O art. 109, § 3º, da Constituição Federal destaca:

Art. 109 da Constituição Federal.

§ 3º Serão processadas e julgadas na justiça estadual, no foro do domicílio dos segurados ou beneficiários, as causas em que forem parte instituição de previdência social e segurado, sempre que a comarca não seja sede de vara do juízo federal, e, se verificada essa condição, a lei poderá permitir que outras causas sejam também processadas e julgadas pela justiça estadual.

Vejamos duas jurisprudências sobre o tema:

[...] 1. Trata-se de conflito negativo de competência, suscitado pelo Juízo Federal da 3ª Vara Federal de Execuções Fiscais de Curitiba/PR, objetivando a fixação da competência para o julgamento da Execução Fiscal n. 5017771-83.2012.404.7000/PR, ajuizada pela Fazenda Nacional contra Archimede do Brasil Ltda., em face do Juízo de Direito da Comarca de Lapa/PR, local onde o executado era domiciliado. O parecer do Ministério Público é pela fixação da competência do Juízo Suscitado. 2. No caso em apreço, o executivo fiscal foi ajuizado perante o Juízo de Direito da Comarca de Lapa/PR, o qual declinou de ofício ao Juízo Suscitante, ante a informação de que a empresa executada não possui mais domicílio nessa comarca e que a competência do juízo não pode ser fixada com base em endereço pretérito. Dispõe o art. 109 da CF: "Art. 109. Aos juízes compete processar e julgar: [...] § 3º Serão processadas e julgadas na Justiça Estadual, no foro do domicílio dos segurados ou beneficiários, as causas em que forem parte instituição de previdência social e segurado, sempre que a comarca não seja sede de vara do juízo federal, e, se, verificada essa condição, a lei poderá permitir que outras causas sejam também processadas e julgadas pela justiça estadual". A norma constitucional, além de atribuir a competência delegada ao juízo estadual no que concerne às ações previdenciárias, autoriza que lei federal atribua competência à Justiça Estadual, sempre que a comarca não seja sede de vara do juízo federal, para o processo e julgamento de outras causas que não previdenciárias. Para a execução fiscal, aplica-se a Lei n. 5.010/66, cujo art. 15, inc. I, dispõe que: "nas comarcas do interior onde não funcionar Vara da Justiça Federal, os Juízes Estaduais são competentes para processar e julgar os executivos fiscais da União e de suas autarquias, ajuizadas contra devedores domiciliados nas respectivas Comarcas". Determina o art. 578 do CPC: "A execução fiscal será proposta no foro do domicílio do réu". Aplica-se, igualmente, ao caso em apreço o enunciado da Súmula n. 40 do TFR segundo o qual: "A execução fiscal da Fazenda Pública Federal será proposta perante o Juiz de Direito da Comarca do domicílio do devedor, desde que não seja ela sede de Vara da Justiça Federal". Ademais, verifica-se que a competência é territorial e, portanto, relativa, circunstância que impede a declinação de ofício, porquanto depende da iniciativa da parte a arguição de exceção de incompetência nos termos da lei processual civil, e se a parte não opuser, prorroga-se a competência (arts. 112, 113 e 114 do CPC). Nessa linha, posiciona-se a jurisprudência da 1ª Seção desta Corte e do STJ, *verbis*: "PROCESSUAL CIVIL. EXECUÇÃO FISCAL. UNIÃO E AUTARQUIAS. COMPETÊNCIA FEDERAL DELEGADA. 1. As execuções fiscais promovidas pela União e suas autarquias podem ser ajuizadas perante a Justiça Estadual do foro do domicílio do executado, caso a comarca não seja sede de vara federal. 2. A incompetência relativa não pode ser declarada de ofício". (TRF4 — CONFLITO DE COMPETÊNCIA (SEÇÃO) N. 5016594-69.2011.404.0000/RS, Relator: Desembargador Federal Joel Ilan Paciornick, Primeira Seção, Data do Julgamento 16.1.2012)

CONFLITO DE COMPETÊNCIA. JURISDIÇÃO FEDERAL DELEGADA. EXECUÇÃO FISCAL. DOMICÍLIO DO DEVEDOR. COMARCA E CIRCUNSCRIÇÃO JUDICIÁRIA. 1. É da competência do Tribunal Regional Federal dirimir conflito de competência entre Juiz Federal e Juiz Estadual investido de jurisdição federal (Súmula n. 3 do e. STJ). 2. Sempre que a comarca do domicílio do devedor não for sede de juízo federal, caberá ao juízo estadual processar e julgar a execução fiscal, exercendo a jurisdição federal delegada, independentemente do fato dos municípios abrangidos pela comarca fazerem parte ou não de circunscrição da Justiça Federal. 3. A instalação de Vara Federal com jurisdição sobre o domicílio do devedor, após a propositura da ação, não tem o condão de deslocar a competência, salvo na hipótese de a implementação na sede da Comarca da execução, razão pela qual não se verifica, no caso, a hipótese do art. 87 do CPC. (TRF4ªR — 1ª Seção, CC n. 2005.04.01.012993-3/PR, Rel. Des. Federal Marga Inge Barth Tessler, DJU 28.9.2005, p. 680) "PROCESSUAL CIVIL. EXECUÇÃO FISCAL. COMPETÊNCIA TERRITORIAL. 1 — As execuções fiscais podem ser ajuizadas perante a Justiça Estadual do foro do domicílio do executado, caso a comarca não seja sede de vara federal. 2 — A competência fixada para o ajuizamento da execução fiscal é territorial e, por conseguinte, de natureza relativa, não podendo ser declinada de ofício". (TRF4 — CC n. 2006.04.00.009202-4/RS, Primeira Seção, Relator Joel Ilan Paciornik, DJU de 17.5.2006, p. 538)

CONFLITO DE COMPETÊNCIA. EXECUÇÃO FISCAL. JUSTIÇA ESTADUAL. COMPETÊNCIA DELEGADA. 1. Inexistindo Vara Federal no Foro da execução fiscal, o Juiz de Direito da Comarca exerce competência delegada. 2. Conflito conhecido para declarar competente o Juiz de Direito de Nova Petrópolis/RS, suscitante. (STJ — CC 31035/RS, 1ª Seção, Rel. Min. Francisco Peçanha Martins, DJ de 17.3.2003, p. 172)

CONFLITO DE COMPETÊNCIA. EXECUÇÃO FISCAL. COMPETÊNCIA DA JUSTIÇA ESTADUAL. 1. Consoante entendimento sumulado desta Corte, a competência territorial é relativa e não pode ser declarada de ofício. 2. Conflito conhecido para declarar competente o Juízo de Direito de Nova Petrópolis/RS, suscitado. (STJ — CC 35550/RS, 1ª Seção, Rel. Min. Francisco Peçanha Martins, DJ de 11.11.2002, p. 143) Ante o exposto, tendo a 1ª Seção deste Tribunal assentado a questão suscitada, com fulcro no parágrafo único do art. 202 do Regimento Interno deste Tribunal e art. 120, parágrafo único, do CPC, que permitem nessa hipótese a possibilidade de decisão de plano do conflito pelo Relator, conheço-o para declarar competente o Juízo Suscitado. Intime-se. Dil. legais. (TRF4 5009532-07.2013.404.0000, Primeira Seção, Relator Otávio Roberto Pamplona, juntado aos autos em 3.6.2013)

[...] 1. No caso de ação previdenciária movida contra o INSS, é concorrente a competência do Juízo Estadual do domicílio do autor, do Juízo Federal com jurisdição sobre o seu domicílio e do Juízo Federal da capital do Estado-membro, devendo prevalecer a opção exercida pelo segurado. O segurado não tem, de outro lado, a faculdade de aforar feito contra a Autarquia Previdenciária Federal em Juízo Estadual diverso daquele de seu domicílio, tendo em vista que a finalidade da norma contida no art. 109, § 3º, da CF, que versa a competência delegada, é justamente oportunizar e facilitar o acesso do segurado à Justiça próximo do local onde vive. 2. Diferentemente do que sói ocorrer nos casos de competência territorial, aqui não há falar em competência relativa do Juízo Estadual do domicílio da autora, mas, sim, em competência absoluta deste em relação aos demais Juízos Estaduais (uma vez que a requerente optou por não propor a ação no Juízo Federal), decorrente da norma constitucional que prevê a delegação. Precedentes. 3. Reconhecida a incompetência absoluta do Juízo de Direito da Vara Cível da Comarca de Cunha Porã-PR, com a consequente nulidade de todos os atos decisórios proferidos nos autos pelo juiz incompetente. 4. No tocante à antecipação dos efeitos da tutela, considerando que já foi realizada perícia médica judicial que concluiu pela existência de incapacidade laborativa e visando a evitar prejuízos irreparáveis à segurada, deixa-se de revogá-la, por ora, ficando a medida pendente de apreciação pelo juiz de primeiro grau competente. (TRF4, AC 0002280-14.2013.404.9999, Sexta Turma, Relator Celso Kipper, DE 3.6.2013)

4.2.9.4. Competência em matéria de acidente do trabalho

O art. 129 da Lei n. 8.213/91 destaca a competência para o julgamento das causas relativas ao acidente de trabalho. Vejamos:

> Art. 129. Os litígios e medidas cautelares relativos a acidentes do trabalho serão apreciados:
>
> I — na esfera administrativa, pelos órgãos da Previdência Social, segundo as regras e prazos aplicáveis às demais prestações, com prioridade para conclusão; e
>
> II — na via judicial, pela Justiça dos Estados e do Distrito Federal, segundo o rito sumaríssimo, inclusive durante as férias forenses, mediante petição instruída pela prova de efetiva notificação do evento à Previdência Social, através de Comunicação de Acidente do Trabalho — CAT.
>
> Parágrafo único. O procedimento judicial de que trata o inciso II deste artigo é isento do pagamento de quaisquer custas e de verbas relativas à sucumbência.

A Súmula n. 235 do STF dispõe:

> É competente para a ação de acidente do trabalho a Justiça Cível comum, inclusive em segunda instância, ainda que seja parte autarquia seguradora.

A Súmula n. 501 do STF consigna:

> Compete à Justiça ordinária estadual o processo e o julgamento, em ambas as instâncias, das causas de acidente do trabalho, ainda que promovidas contra a União, suas autarquias, empresas públicas ou sociedades de economia mista.

Vejamos a jurisprudência sobre o tema:

> A teor do § 3º c/c inciso I do art. 109 da CF, compete à Justiça comum dos Estados apreciar e julgar as ações acidentárias, que são aquelas propostas pelo segurado contra o Instituto Nacional de Seguro Social — INSS, visando benefício e aos serviços previdenciários correspondentes ao acidente do trabalho. (RE 478.472-AgR, Rel. Min. Carlos Britto, julgamento em 26.4.2007, Primeira Turma, *DJ* de 1º.6.2007) No mesmo sentido: AI 722.821-AgR, Rel. Min. Cármen Lúcia, julgamento em 20.10.2009, Primeira Turma, *DJE* de 27.11.2009.

4.2.9.5. Competência em função do valor da causa

As causas previdenciárias até o valor de 60 salários mínimos são de competência do juizado especial federal. Vejamos o art. 3º da Lei n. 10.251/01:

> Art. 3º Compete ao Juizado Especial Federal Cível processar, conciliar e julgar causas de competência da Justiça Federal até o valor de sessenta salários mínimos, bem como executar as suas sentenças.

4.2.9.6. *Competência da justiça do trabalho para as ações de indenização por dano moral e material decorrente de acidente de trabalho*

A justiça do trabalho é competente para processar e julgar as ações de indenização por dano moral e material decorrente de acidente de trabalho. A Súmula Vinculante n. 22 consigna:

> A Justiça do Trabalho é competente para processar e julgar as ações de indenização por danos morais e patrimoniais decorrentes de acidente de trabalho propostas por empregado contra empregador, inclusive aquelas que ainda não possuíam sentença de mérito em primeiro grau quando da promulgação da Emenda Constitucional 45/04.

Vejamos a jurisprudência sobre o tema:

> Numa primeira interpretação do inciso I do art. 109 da Carta de Outubro, o STF entendeu que as ações de indenização por danos morais e patrimoniais decorrentes de acidente do trabalho, ainda que movidas pelo empregado contra seu (ex-)empregador, eram da competência da Justiça comum dos Estados-membros. Revisando a matéria, porém, o Plenário concluiu que a Lei Republicana de 1988 conferiu tal competência à Justiça do Trabalho. Seja porque o art. 114, já em sua redação originária, assim deixava transparecer, seja porque aquela primeira interpretação do mencionado inciso I do art. 109 estava, em boa verdade, influenciada pela jurisprudência que se firmou na Corte sob a égide das Constituições anteriores. Nada obstante, como imperativo de política judiciária — haja vista o significativo número de ações que já tramitaram e ainda tramitam nas instâncias ordinárias, bem como o relevante interesse social em causa —, o Plenário decidiu, por maioria, que o marco temporal da competência da Justiça trabalhista é o advento da EC n. 45/04. (CC 7.204, Rel. Min. Ayres Britto, julgamento em 29.6.2005, Plenário, DJ de 9.12.2005.) No mesmo sentido: CC 7.545, Rel. Min. Eros Grau, julgamento em 3.6.2009, Plenário, DJE de 14.8.2009; AI 663.722-AgR, Rel. Min. Ricardo Lewandowski, julgamento em 2.9.2008, Primeira Turma, DJE de 17.10.2008; RE 580.154-AgR, Rel. Min. Ellen Gracie, julgamento em 23.6.2009, Segunda Turma, DJE de 7.8.2009; RE 461.925-AgR, Rel. Min. Celso de Mello, julgamento em 4.4.2006, Segunda Turma, DJ de 8.9.2006.

4.2.9.7. *Competência nas causas sobre a completude de aposentadoria ajuizadas em face das entidades de previdência privada*

As causas sobre a completude de aposentadoria ajuizadas em face das entidades de previdência privada são processadas e julgadas pela justiça comum. Vejamos a jurisprudência sobre o tema:

> A jurisprudência desta Corte firmou-se no sentido de que compete à Justiça comum o julgamento de causa que verse sobre complementação de aposentadoria ajuizada contra entidade de previdência privada, por não decorrer essa complementação de contrato de trabalho. (AI 732.170-AgR, Rel. Min. Ricardo Lewandowski, julgamento em 25.8.2009, Primeira Turma, *DJE* de 18.9.2009.) No mesmo sentido: AI 607.287-AgR, Rel. Min. Ellen Gracie, julgamento em 9.9.2008, Segunda Turma, *DJE* de 3.10.2008; RE 467.413-AgR, Rel. Min. Ayres Britto, julgamento em 5.5.2009, Primeira Turma, *DJE* de 5.6.2009; RE 585.267-AgR, Rel. Min. Eros Grau, julgamento em 23.9.2008, Segunda Turma, *DJE* de 31.10.2008; AI 650.507-AgR, Rel. Min. Cármen Lúcia, julgamento em 20.11.2007, Primeira Turma, *DJE* de 8.2.2008.

4.2.9.8. *Outras regras de competência*

A justiça comum será competente para o processamento e julgamento das causas em que o Banco do Brasil for parte (Ver Súmula n. 508 do STF) e também daquelas em que a Sociedade de Economia é parte da lide (Ver a Súmula n. 566 do STF).

A justiça comum também é competente para o julgamento e processamento de causa entre consumidor e concessionária de serviço público de telefonia, quando a ANATEL não seja litisconsorte passiva necessária, assistente, nem opoente (Ver a Súmula Vinculante n. 27).

4.3. Tutela antecipada

Na petição inicial em matéria previdenciária pode-se pedir a tutela antecipada quando existir prova inequívoca do alegado e também caso o juízo esteja convencido da verossimilhança do pedido. O art. 273 do CPC destaca:

Art. 273. O juiz poderá, a requerimento da parte, antecipar, total ou parcialmente, os efeitos da tutela pretendida no pedido inicial, desde que, existindo prova inequívoca, se convença da verossimilhança da alegação e:

I — haja fundado receio de dano irreparável ou de difícil reparação; ou

II — fique caracterizado o abuso de direito de defesa ou o manifesto propósito protelatório do réu.

§ 1º Na decisão que antecipar a tutela, o juiz indicará, de modo claro e preciso, as razões do seu convencimento.

§ 2º Não se concederá a antecipação da tutela quando houver perigo de irreversibilidade do provimento antecipado.

§ 3º A efetivação da tutela antecipada observará, no que couber e conforme sua natureza, as normas previstas nos arts. 588, 461, §§ 4º e 5º, e 461-A.

§ 4º A tutela antecipada poderá ser revogada ou modificada a qualquer tempo, em decisão fundamentada.

§ 5º Concedida ou não a antecipação da tutela, prosseguirá o processo até final julgamento.

§ 6º A tutela antecipada também poderá ser concedida quando um ou mais dos pedidos cumulados, ou parcela deles, mostrar-se incontroverso.

§ 7º Se o autor, a título de antecipação de tutela, requerer providência de natureza cautelar, poderá o juiz, quando presentes os respectivos s, deferir a medida cautelar em caráter incidental do processo ajuizado.

Novidades sobre a matéria: O Anteprojeto do Novo CPC consigna:

Art. 277. A tutela de urgência e a tutela da evidência podem ser requeridas antes ou no curso do procedimento, sejam essas medidas de natureza cautelar ou satisfativa.

Art. 278. O juiz poderá determinar as medidas que considerar adequadas quando houver fundado receio de que uma parte, antes do julgamento da lide, cause ao direito da outra lesão grave e de difícil reparação.

Parágrafo único. A medida de urgência poderá ser substituída, de ofício ou a requerimento de qualquer das partes, pela prestação de caução ou outra garantia menos gravosa para o requerido, sempre que adequada e suficiente para evitar a lesão ou repará-la integralmente.

Art. 279. Na decisão que conceder ou negar a tutela de urgência e a tutela da evidência, o juiz indicará, de modo claro e preciso, as razões do seu convencimento.

Parágrafo único. A decisão será impugnável por agravo de instrumento.

Art. 280. A tutela de urgência e a tutela da evidência serão requeridas ao juiz da causa e, quando antecedentes, ao juízo competente para conhecer do pedido principal.

Parágrafo único. Nas ações e nos recursos pendentes no tribunal, perante este será a medida requerida.

Art. 281. A efetivação da medida observará, no que couber, o parâmetro operativo do cumprimento da sentença e da execução provisória.

Art. 282. Independentemente da reparação por dano processual, o requerente responde ao requerido pelo prejuízo que lhe causar a efetivação da medida, se:

I — a sentença no processo principal lhe for desfavorável;

II — obtida liminarmente a medida em caráter antecedente, não promover a citação do requerido dentro de cinco dias;

III — ocorrer a cessação da eficácia da medida em qualquer dos casos legais;

IV — o juiz acolher a alegação de decadência ou da prescrição do direito do autor.

Parágrafo único. A indenização será liquidada nos autos em que a medida tiver sido concedida.

Art. 283. Para a concessão de tutela de urgência, serão exigidos elementos que evidenciem a plausibilidade do direito, bem como a demonstração de risco de dano irreparável ou de difícil reparação.

Parágrafo único. Na concessão liminar da tutela de urgência, o juiz poderá exigir caução real ou fidejussória idônea para ressarcir os danos que o requerido possa vir a sofrer, ressalvada a impossibilidade da parte economicamente hipossuficiente.

Art. 284. Em casos excepcionais ou expressamente autorizados por lei, o juiz poderá conceder medidas de urgência de ofício.

[...]

Art. 285. Será dispensada a demonstração de risco de dano irreparável ou de difícil reparação quando:

I — ficar caracterizado o abuso de direito de defesa ou o manifesto propósito protelatório do requerido;

II — um ou mais dos pedidos cumulados ou parcela deles mostrar-se incontroverso, caso em que a solução será definitiva;

III — a inicial for instruída com prova documental irrefutável do direito alegado pelo autor a que o réu não oponha prova inequívoca; ou

IV — a matéria for unicamente de direito e houver jurisprudência firmada em julgamento de casos repetitivos ou Súmula Vinculante.

Parágrafo único. Independerá igualmente de prévia comprovação de risco de dano a ordem liminar, sob cominação de multa diária, de entrega do objeto custodiado, sempre que o autor fundar seu pedido reipersecutório em prova documental adequada do depósito legal ou convencional.

4.4. Prescrição e decadência no âmbito previdenciário

A prescrição é a perda da ação referente a determinado direito por falta de utilização dela no prazo prescricional previsto. A decadência é a perda do direito pela falta do seu exercício em determinado prazo. Jefferson Luis Kravchychyn, Gisele Lemos Kravchychyn, Carlos Alberto Pereira de Castro e João Batista Lazzari[31] nos ensinam:

> A doutrina civilista conceitua os institutos da prescrição e da decadência de modo relativamente uniforme. Destarte, pode-se observar um certo consenso no sentido de que se pode denominar prescrição à perda do direito de exigir uma obrigação pela via jurisdicional. Segundo Washington de Barros Monteiro, citando Clovis Bevilacqua, "prescrição é a perda da ação atribuída a um direito, e de toda a sua capacidade defensiva, em consequência do não uso dela, durante determinado espaço de tempo". Já a decadência, segundo o mesmo estudioso do tema, é observada quando "o direito é outorgado para ser exercido dentro de determinado prazo; se não exercido, extingue-se". É dizer, "a prescrição atinge diretamente

(31) KRAVCHYCHYN, Jefferson Luis; KRAVCHYCHYN, Gisele Lemos; CASTRO, Carlos Alberto Pereira de Castro; LAZZARI, João Batista. *Prática processual previdenciária administrativa e judicial*. 5. ed. Rio de Janeiro: Forense, 2014. p. 613.

a ação e por via oblíqua faz desaparecer o direito a ela tutelado; a decadência, ao inverso, atinge diretamente o direito e por via oblíqua, ou reflexa, extingue a ação".

A Súmula n. 85 do STJ consigna:

Súmula n. 85: Nas relações jurídicas de trato sucessivo em que a Fazenda Pública figure como devedora, quando não tiver sido negado o próprio direito reclamado, a prescrição atinge apenas as prestações vencidas antes do quinquênio anterior a propositura da ação. (DJ 2.7.1993)

O art. 103, parágrafo único, da Lei n. 8.213/91 destaca:

Art. 103. [...]

Parágrafo único. Prescreve em cinco anos, a contar da data em que deveriam ter sido pagas, toda e qualquer ação para haver prestações vencidas ou quaisquer restituições ou diferenças devidas pela Previdência Social, salvo o direito dos menores, incapazes e ausentes, na forma do Código Civil.

O § 1º do art. 347 do Decreto n. 3.048/99 consigna:

Art. 347. [...]

§ 1º Prescreve em cinco anos, a contar da data em que deveriam ter sido pagas, toda e qualquer ação para haver prestações vencidas ou quaisquer restituições ou diferenças devidas pela previdência social, salvo o direito dos menores, incapazes e ausentes, na forma do Código Civil.

O art. 446 da Instrução Normativa n. 45/10 dispõe:

Art. 446. Prescreve em cinco anos, a contar da data em que deveria ter sido paga, toda e qualquer ação para haver prestações vencidas ou quaisquer restituições ou diferenças devidas pela Previdência Social.

§ 1º Não corre prescrição contra os absolutamente incapazes, na forma do inciso I do art. 198 do Código Civil, combinado com o art. 3º do mesmo diploma legal, dentre os quais:

I — os menores de dezesseis anos não emancipados;

II — os que, por enfermidade ou deficiência mental, não tiverem o necessário discernimento para a prática desses atos; e

III — os que, mesmo por causa transitória, não puderem exprimir sua vontade.

§ 2º Para os menores que completarem dezesseis anos de idade, a data do início da prescrição será o dia seguinte àquele em que tenha completado esta idade.

§ 3º Para o incapaz curatelado, a contagem do prazo prescricional inicia a partir da data de nomeação do curador.

§ 4º Na restituição de valores pagos indevidamente em benefícios será observada a prescrição quinquenal, salvo se comprovada má-fé.

§ 5º Na revisão, o termo inicial do período prescricional será fixado a partir da DPR.

O processo administrativo previdenciário é motivo de suspensão do prazo prescricional. Vejamos o entendimento do STJ:

[...] 1. A jurisprudência do STJ é no sentido de que, enquanto pendente de exame o pedido administrativo, o prazo prescricional permanece suspenso, só voltando a correr após a decisão administrativa. 2. Na hipótese em apreço, não tendo o Tribunal *a quo* fixado balizas fáticas suficientes para que se possa aferir se houve intimação da parte autora quanto ao encerramento do processo, o conhecimento do recurso especial esbarra no óbice da Súmula n. 7/STJ. 3. Agravo regimental não provido. T2 — Segunda Turma. DJe 9.6.2014. AgRg no REsp 1436219/PR. AGRAVO REGIMENTAL NO RECURSO ESPECIAL 2014/0038712-9.

O art. 4º da Lei n. 20.910/32 dispõe:

Art. 4º Não corre a prescrição durante a demora que, no estudo, ao reconhecimento ou no pagamento da dívida, considerada líquida, tiverem as repartições ou funcionários encarregados de estudar e apurá-la.

Parágrafo único. A suspensão da prescrição, neste caso, verificar-se-á pela entrada do requerimento do titular do direito ou do credor nos livros ou protocolos das repartições públicas, com designação do dia, mês e ano.

O art. 218, § 5º, do CPC destaca:

Art. 218. [...]

§ 5º O juiz pronunciará, de ofício, a prescrição.

Importante consignar que a seguridade social tem o prazo prescricional de 10 anos para cobrar seus créditos. Vejamos o art. 349 do Decreto n. 3.048/99:

Art. 349. O direito da seguridade social de cobrar seus créditos, constituídos na forma do artigo anterior, prescreve em dez anos.

Vejamos algumas jurisprudências interessantes sobre o tema:

1. Nas demandas ajuizadas pelo INSS contra o empregador do segurado falecido em acidente laboral, visando ao ressarcimento dos danos decorrentes do pagamento do benefício previdenciário, o termo a quo da prescrição da pretensão é a data da concessão do referido benefício. 2. Em razão do princípio da isonomia, é quinquenal, nos termos do art. 1º do Decreto n. 20.910/32, o prazo prescricional da ação de regresso acidentária movida pelo INSS em face de particular. 3. A natureza ressarcitória de tal demanda afasta a aplicação do regime jurídico-legal previdenciário, não se podendo, por isso, cogitar de imprescritibilidade de seu ajuizamento em face do empregador.4. Agravo regimental a que nega provimento. AgRg no REsp 1365905/SC. AGRAVO REGIMENTAL NO RECURSO ESPECIAL. 2013/0026060-8 Relator: Ministro Sérgio Kukina.

[...] 1. Cuida-se, na origem, de ação que objetiva a condenação da empresa ao ressarcimento de valores despendidos no pagamento de benefícios previdenciários decorrentes de acidente de trabalho ocorrido em 10.10.2007, nas dependências da ré, com a funcionária que sofreu acidente ao realizar tarefas laborais, e teve amputada sua mão direita. 2. É assente nesta Corte Superior que a contribuição ao SAT não exime o empregador da sua responsabilização por culpa em acidente de trabalho, conforme art. 120 da Lei n. 8.213/91. Nesse sentido: REsp 506.881/SC, Relator Ministro José Arnaldo da Fonseca; Quinta Turma, DJ 17.11.2003; e EDcl no AgRg nos EDcl no REsp 973.379/RS, Rel.Ministra Alderita Ramos de Oliveira (Desembargadora Convocada do TJ/PE), Sexta Turma, DJe 14.6.2013. 3. É inviável analisar a tese defendida no Recurso Especial, a qual busca afastar as premissas fáticas estabelecidas pelo acórdão recorrido, pois inarredável a revisão do conjunto probatório dos autos. Aplica-se o óbice da Súmula n. 7/STJ. 4. No mais, o STJ vem sedimentando o entendimento de que o prazo prescricional é o do Decreto 20.910/32. Nesse sentido: AgRg no REsp 1.423.088/PR, Rel. Ministro Humberto Martins, Segunda Turma, DJe 19.5.2014. 5. Agravo Regimental não provido. Relator: Ministro Herman Benjamin. AgRg no REsp 1452783/RS. AGRAVO REGIMENTAL NO RECURSO ESPECIAL. 2014/0106365-8

[...] 1. O Pretório Excelso, no julgamento do RE 566.621/RS, de relatoria da eminente Ministra Ellen Gracie, ocorrido em 4.8.2011, DJe 11.10.2011, sob o regime do art. 543-B do CPC, confirmou a inconstitucionalidade do art. 4º, segunda parte da LC n. 118/05, reafirmando o entendimento desta Corte de que, nos tributos sujeitos a lançamento por homologação, quando não houver homologação expressa, o prazo para a repetição de indébito é de dez anos a contar do fato gerador; dissentiu, no entanto, em um ponto: ao contrário do que havia entendido a 1ª Seção desse Tribunal, de que o novo regime, previsto no art. 3º da LC n. 118/05, alcançaria apenas os pagamentos efetuados após a sua vigência, o STF concluiu que o novo prazo de 5 anos atinge as demandas ajuizadas depois de sua entrada em vigor, ou seja, 9.6.2005; destarte, no caso concreto, proposta a ação em 12.6.2009, de rigor a aplicação do prazo prescricional quinquenal. 2. A Primeira Seção, por ocasião do julgamento do REsp 1.230.957/RS, Relator Ministro Mauro Campbell Marques, sob o rito do art. 543-C do CPC, decidiu pela incidência da contribuição previdenciária sobre o salário maternidade. Ressalva do ponto de vista do Relator. 3. Pacífico o entendimento no sentido da incidência da referida contribuição sobre férias gozadas (EDcl no REsp. 1.238.789/CE, Rel. Min. Arnaldo Esteves Lima, Primeira Turma, DJe 11.6.2001, AgRg no REsp. 1.437.562/PR, Rel. Min. Mauro Campbell Marques, Segunda Turma, DJe 11.6.2014 e AgRg no REsp. 1.441.572/RS, Rel. Min. Sérgio Kukina, DJe 24.6.2014). 4. A questão da revogação do limite para a compensação de débitos previdenciários pela Lei n. 11.941/09, que alterou a redação do art. 89 da Lei n. 8.212/91 não foi apreciada pelo acórdão impugnado e não foram opostos Embargos Declaratórios para sanar eventual omissão, razão pela qual escorreita a incidência das Súmulas ns. 282 e 356/STF. 5. Por fim, é entendimento pacífico da Primeira Seção desta Corte que o disposto no art. 170-A do CTN, a exigir o trânsito em julgado para fins de compensação de crédito tributário, somente se aplica às demandas ajuizadas após a vigência da LC n. 104/01, ou seja, a partir de 11.1.2001, o que se verifica na espécie. Nesse sentido: AgRg no REsp. 1.240.038/PR, Rel. Min. O. G. Fernandes, DJe 2.5.2014 e AgRg no REsp. 1.429.680/SC, Rel. Min. Humberto Martins, DJe 28.3.2014, dentre outros. 6. Agravo Regimental da Fazenda Nacional provido para restabelecer o acórdão recorrido quanto ao prazo prescricional. Agravo Regimental do contribuinte desprovido. Relator Ministro Napoleão Nunes Maia Filho. AgRg nos EDcl no REsp 1202553/PR. AGRAVO REGIMENTAL NOS EMBARGOS DE DECLARAÇÃO NO RECURSO ESPECIAL. 2010/0135387-0.

O prazo de decadência está previsto no art. 347 do Decreto n. 3.048/99:

Art. 347. É de dez anos o prazo de decadência de todo e qualquer direito ou ação do segurado ou beneficiário para a revisão do ato de concessão de benefício, a contar do dia primeiro do mês seguinte ao do recebimento da primeira prestação ou, quando for o caso, do dia em que tomar conhecimento da decisão indeferitória definitiva no âmbito administrativo.

A previdência social tem o prazo decadencial de 10 anos para anular os atos administrativos que decorram efeitos favoráveis para os seus beneficiários. Vejamos a dicção do art. 347-A:

Art. 347-A. O direito da Previdência Social de anular os atos administrativos de que decorram efeitos favoráveis para os seus beneficiários decai em dez anos, contados da data em que foram praticados, salvo comprovada má-fé.

§ 1º No caso de efeitos patrimoniais contínuos, o prazo decadencial contar-se-á da percepção do primeiro pagamento.

§ 2º Considera-se exercício do direito de anular qualquer medida de autoridade administrativa que importe impugnação à validade do ato.

O art. 348 do Decreto n. 3.048/99 trata do prazo decadencial de 10 anos para a seguridade social apurar e constituir seus créditos. Vejamos:

Art. 348. O direito da seguridade social de apurar e constituir seus créditos extingue-se após dez anos, contados:

I — do primeiro dia do exercício seguinte àquele em que o crédito poderia ter sido constituído; ou

II — da data em que se tornar definitiva a decisão que houver anulado, por vício formal, a constituição de crédito anteriormente efetuado.

§ 1º Para comprovar o exercício de atividade remunerada, com vistas à concessão de benefícios, será exigido do contribuinte individual, a qualquer tempo, o recolhimento das correspondentes contribuições, observado o disposto nos §§ 7º a 14 do art. 216.

§ 2º Na hipótese de ocorrência de dolo, fraude ou simulação, a seguridade social pode, a qualquer tempo, apurar e constituir seus créditos.

§ 3º O direito de pleitear judicialmente a desconstituição de exigência fiscal fixada pelo Instituto Nacional do Seguro Social no julgamento de litígio em processo administrativo fiscal extingue-se com o decurso do prazo de cento e oitenta dias, contado da intimação da referida decisão.

Vejamos as jurisprudências sobre o tema:

Não há direito adquirido à inexistência de prazo decadencial para fins de revisão de benefício previdenciário. Ademais, aplica-se o lapso decadencial de dez anos para o pleito revisional a contar da vigência da Medida Provisória n. 1.523/97 aos benefícios originariamente concedidos antes dela. Essa a conclusão do Plenário, que proveu recurso extraordinário interposto de decisão que afastara a decadência de direito à revisão de aposentadoria por invalidez, originalmente concedida em 1995, cuja ação revisional fora proposta em 2009. Inicialmente, discorreu-se que o regime geral de previdência social constituiria sistema básico de proteção social, de caráter público, institucional e contributivo, com a finalidade de segurar de forma limitada trabalhadores da iniciativa privada. Afirmou-se que o direito à previdência social seria um direito fundamental, baseado na dignidade da pessoa humana, na solidariedade, na cidadania e nos valores sociais do trabalho (CF, art. 1º, II, III e IV). Distinguiu-se o direito ao benefício previdenciário em si considerado, de caráter fundamental, e a graduação pecuniária das prestações, afetada por um conjunto de circunstâncias sociais, econômicas e atuariais, variáveis em cada momento histórico. Afirmou-se existirem interesses conflitantes, por parte de trabalhadores ativos e segurados; contribuintes abastados e humildes; geração atual e futura. Apontou-se que a tarefa de realizar o equilíbrio entre essas forças seria do legislador, e que somente haveria invalidade se a escolha legislativa desrespeitasse o núcleo essencial do direito em questão. Entendeu-se que a instituição do prazo fixado pela Medida Provisória n. 1.523/97 não configuraria esse tipo de vício. Frisou-se que, no tocante ao direito à obtenção de benefício previdenciário, não haveria prazo algum. Isso significaria que esse direito fundamental poderia ser exercido a qualquer tempo, sem que se atribuísse consequência negativa à inércia do beneficiário. Por sua vez, a decadência instituída pela medida provisória em análise atingiria apenas a pretensão de rever benefício previdenciário. Ponderou-se que o estabelecimento de limite temporal máximo destinar-se-ia a resguardar a segurança jurídica e facilitar a previsão do custo global das prestações devidas. Reputou-se que essa exigência relacionar-se-ia à manutenção do equilíbrio atuarial do sistema previdenciário, do qual dependeria a continuidade da própria previdência. RE 626489/SE, rel. Min. Roberto Barroso, 16.10.2013. (RE-626489)

Com base nessas premissas, afastou-se eventual inconstitucionalidade na criação, por lei, de prazo decadencial razoável para o questionamento de benefícios já reconhecidos. Considerou-se legítimo que o Estado, ao sopesar justiça e segurança jurídica, procurasse impedir que situações geradoras de instabilidade social e litígios pudessem se eternizar. Acresceu-se que o regime geral de previdência social seria sistema de seguro na modalidade de repartição simples, a significar que todas as despesas seriam diluídas entre os segurados. Não se cuidaria de um conjunto de contas puramente individuais, mas de sistema baseado na solidariedade, a aumentar a interdependência entre os envolvidos. Diante disso, haveria maior razão para se estipular prazo para a revisão de atos de concessão, a conciliar os interesses individuais com o imperativo de manutenção do equilíbrio financeiro e atuarial do sistema. Nesse sentido, asseverou-se que o lapso de dez anos seria razoável, inclusive porque também adotado quanto a eventuais previsões revisionais por parte da Administração (Lei n. 8.213/91, art. 103-A). RE 626489/SE, rel. Min. Roberto Barroso, 16.10.2013. (RE-626489)

Mencionou-se que a Corte teria precedentes no sentido de que a lei aplicável para a concessão e benefício, bem como para fixar os critérios de seu cálculo, seria aquela em vigor no momento em que os pressupostos da prestação previdenciária teriam se aperfeiçoado, de acordo com a regra *tempus regit actum*. Assim, não haveria direito subjetivo à prevalência de norma posterior mais favorável, tampouco poderia ser utilizada para esse fim eventual lei superveniente mais gravosa. No caso, sublinhou-se não se incorporar ao patrimônio jurídico de beneficiário suposto direito à aplicação de regra sobre decadência para eventuais pedidos revisionais. Frisou-se que a decadência não integraria o espectro de pressupostos e condições para a concessão do benefício, de maneira a não se poder exigir a manutenção de seu regime jurídico. Portanto, a ausência de prazo decadencial para a revisão no momento em que deferido o benefício não garantiria ao beneficiário a manutenção do regime jurídico pretérito, no qual existente a prerrogativa de pleitear a revisão da decisão administrativa a qualquer tempo. Pontuou-se que a lei poderia criar novos prazos de decadência e prescrição, ou alterar os já existentes, de modo que, ressalvada a hipótese de prazos antigos já aperfeiçoados, não haveria direito adquirido a regime jurídico prévio. Na hipótese dos autos, portanto, não haveria direito adquirido a que prazo decadencial jamais pudesse ser estabelecido. Destacou-se precedentes nesse sentido. Analisou-se, por outro lado, que o termo inicial da contagem do prazo decadencial em relação aos benefícios originariamente concedidos antes da entrada em vigor da Medida Provisória n. 1.523/97 seria o momento de vigência da nova lei. Evidenciou-se que, se antes da modificação normativa podia o segurado promover, a qualquer tempo, o pedido revisional, a norma superveniente não poderia incidir sobre tempo passado, de modo a impedir a revisão, mas estaria apta a incidir sobre tempo futuro, a contar de sua vigência. RE 626489/SE, rel. Min. Roberto Barroso, 16.10.2013. (RE-626489)

O Ministro Teori Zavascki salientou que esse entendimento — no sentido de que o novo prazo decadencial seria aplicável a atos praticados antes da norma instituidora desse prazo, desde que a contagem se iniciasse a partir da vigência da novel regra — seria consolidado na Corte, em matéria de direito intertemporal, especialmente sobre prescrição e decadência. Repisou, ainda, que a inauguração de prazo de decadência pela medida provisória em debate afetaria tanto a Administração quanto o particular, visto que ambos não mais contariam com tempo indeterminado para revisão do ato concessório de benefício previdenciário. O Ministro Luiz Fux distinguiu retroatividade e retrospectividade de lei, esta a significar que a norma jurídica poderia atribuir efeitos futuros a situações ou relações jurídicas já existentes, como por exemplo as modificações dos estatutos funcionais ou de regras de previdência dos servidores públicos. Assim, a medida provisória em questão atingiria relações jurídicas pendentes, em andamento, e não voltaria seu alcance para o passado, para os atos jurídicos perfeitos. Portanto, não retroagiria. RE 626489/SE, rel. Min. Roberto Barroso, 16.10.2013. (RE-626489)

O Plenário acolheu, parcialmente, embargos de declaração, apenas para retificar a ementa do acórdão embargado de modo a suprimir o seu item I ("Ofensa ao art. 150, II, da CF em virtude da exigência de dupla contribuição caso o produtor rural seja empregador"), sem, contudo, alterar o resultado do julgamento. No caso, o Tribunal declarara a inconstitucionalidade do art. 1º da Lei n. 8.540/92, que alterou a redação dos arts. 12, V e VII; 25, I e II; e 30, IV, da Lei n. 8.212/91 e instituiu contribuição a ser recolhida pelo empregador rural, pessoa física, sobre receita bruta proveniente da venda de sua produção. Reputou-se que a declaração de inconstitucionalidade formal a envolver a necessidade de lei complementar para a instituição de nova fonte de custeio para a seguridade social seria suficiente. Rejeitaram-se, porém, os embargos, quanto ao pedido de declaração de constitucionalidade da Lei n. 10.256/01. Ressaltou-se que essa matéria não teria sido discutida e seria objeto do RE 718874/RS, com repercussão geral reconhecida (DJe de 11.9.2013). RE 596177/ED/RS, rel. Min. Ricardo Lewandowski, 17.10.2013. (RE-596177)

Incide o prazo de decadência do art. 103 da Lei n. 8.213/91, instituído pela MP n. 1.523-9/97, convertida na Lei n. 9.528/97, no direito de revisão dos benefícios concedidos ou indeferidos anteriormente a esse preceito normativo, com o termo *a quo* a contar da vigência da MP. Até o advento da MP n. 1.523-9/97 (convertida na Lei n. 9.528/97) não havia previsão normativa de prazo decadencial da ação de revisão do ato concessivo de benefício previdenciário. Todavia, com a nova redação dada pela referida MP ao art. 103 da Lei n. 8.213/91 (Lei de Benefícios da Previdência Social), publicada em 28.6.1997, ficou estabelecido ser de dez anos o prazo de decadência de todo e qualquer direito ou ação do segurado ou beneficiário para a revisão do ato de concessão de benefício. Portanto, até 27.6.1997 — dia anterior à publicação da referida MP —, qualquer segurado poderia exercer seu direito de revisão do benefício, não havendo previsão para fulminar tal direito pelo decurso futuro de prazo. Entretanto, a contar de 28.6.1997, com a publicação da inovação legal citada, os mesmos segurados continuaram a poder exercer seu direito de revisão, mas desta vez sob novo regime jurídico, isto é, com prazo de 10 anos a contar da alteração legislativa (MP n. 1.523-9/97). Assim, relativamente aos benefícios anteriormente concedidos, o termo inicial do prazo de decadência do direito de revisão é a data em que entrou em vigor a norma fixando o referido prazo decenal. Ademais, o suporte de incidência do prazo decadencial previsto no art. 103 da Lei n. 8.213/91 é o direito de revisão dos benefícios, e não o direito ao benefício previdenciário. O direito ao benefício está incorporado ao patrimônio jurídico, e não é possível que lei posterior imponha a modificação ou extinção. Já o direito de revisão do benefício consiste na possibilidade de o segurado alterar a concessão inicial em proveito próprio, o que resulta em direito exercitável de natureza contínua sujeito à alteração de regime jurídico. Por conseguinte, não viola o direito adquirido e o ato jurídico perfeito a aplicação da citada norma sobre o direito de revisão das prestações concedidas antes da instituição do prazo decadencial. Portanto, a lei nova se aplica às situações jurídicas anteriores, mas o termo inicial do prazo decadencial deve ser a contar da vigência da norma instituidora (28.6.1997). Precedentes citados: REsp 1.303.988-PE, DJe 21.3.2012, e AgRg no AREsp 103.845-SC, DJe 1º.8.2012. REsp 1.309.529-PR, Rel. Min. Herman Benjamin, julgado em 28.11.2012.

4.5. A prova no processo previdenciário judicial

No processo previdenciário as regras sobre as provas estão elencadas no Código de Processo Civil. Os arts. 332 a 341 do CPC consignam:

Art. 332. Todos os meios legais, bem como os moralmente legítimos, ainda que não especificados neste Código, são hábeis para provar a verdade dos fatos, em que se funda a ação ou a defesa.

Art. 333. O ônus da prova incumbe:

I — ao autor, quanto ao fato constitutivo do seu direito;

II — ao réu, quanto à existência de fato impeditivo, modificativo ou extintivo do direito do autor.

Parágrafo único. É nula a convenção que distribui de maneira diversa o ônus da prova quando:

I — recair sobre direito indisponível da parte;

II — tornar excessivamente difícil a uma parte o exercício do direito.

Art. 334. Não dependem de prova os fatos:

I — notórios;

II — afirmados por uma parte e confessados pela parte contrária;

III — admitidos, no processo, como incontroversos;

IV — em cujo favor milita presunção legal de existência ou de veracidade.

Art. 335. Em falta de normas jurídicas particulares, o juiz aplicará as regras de experiência comum subministradas pela observação do que ordinariamente acontece e ainda as regras da experiência técnica, ressalvado, quanto a esta, o exame pericial.

Art. 336. Salvo disposição especial em contrário, as provas devem ser produzidas em audiência.

Parágrafo único. Quando a parte, ou a testemunha, por enfermidade, ou por outro motivo relevante, estiver impossibilitada de comparecer à audiência, mas não de prestar depoimento, o juiz designará, conforme as circunstâncias, dia, hora e lugar para inquiri-la.

Art. 337. A parte, que alegar direito municipal, estadual, estrangeiro ou consuetudinário, provar-lhe-á o teor e a vigência, se assim o determinar o juiz.

Art. 338. A carta precatória e a carta rogatória suspenderão o processo, no caso previsto na alínea *b* do inciso IV do art. 265 desta Lei, quando, tendo sido requeridas antes da decisão de saneamento, a prova nelas solicitada apresentar-se imprescindível. (Redação dada pela Lei n. 11.280, de 2006)

Parágrafo único. A carta precatória e a carta rogatória, não devolvidas dentro do prazo ou concedidas sem efeito suspensivo, poderão ser juntas aos autos até o julgamento final.

Art. 339. Ninguém se exime do dever de colaborar com o Poder Judiciário para o descobrimento da verdade.

Art. 340. Além dos deveres enumerados no art. 14, compete à parte:

I — comparecer em juízo, respondendo ao que lhe for interrogado;

II — submeter-se à inspeção judicial, que for julgada necessária;

III — praticar o ato que lhe for determinado.

Art. 341. Compete ao terceiro, em relação a qualquer pleito:

I — informar ao juiz os fatos e as circunstâncias, de que tenha conhecimento;

II — exibir coisa ou documento, que esteja em seu poder.

Vejamos algumas jurisprudências relativas às provas no processo previdenciário:

[...] 1. A jurisprudência desta Corte está consolidada no sentido de que a sentença homologatória de acordo trabalhista é admitida como início de prova material para fins previdenciários, contanto que fiquem evidenciados nos autos elementos que permitam determinar o período laboral e a função exercida pelo trabalhador. 2. Incabível a apreciação de elementos de prova ante o óbice do verbete 7/STJ. 3. Agravo Regimental improvido. AgRg no AREsp 28132/RS. AGRAVO REGIMENTAL NO AGRAVO EM RECURSO ESPECIAL 2011/0167611-5. Relator Ministro Nefi Cordeiro.

[...] 1. O Tribunal a quo ao afirmar que não há início razoável de prova material devidamente corroborada pela prova testemunhal, aplicou a jurisprudência do STJ consolidada no sentido de que: 1) a prova testemunhal deve ser conjugada com início de prova material; 2) não é imperativo que o início de prova material diga respeito a todo período de carência estabelecido pelo art. 143 da Lei n. 8.213/91, desde que a prova testemunhal amplie sua eficácia probatória. 2. A revisão do entendimento firmado pelo Tribunal a quo, que afirmou a inexistência de um conjunto probatório harmônico acerca do efetivo exercício de atividade rural, encontra óbice na Súmula n. 7/STJ. 3. Agravo regimental não provido. AgRg no AREsp 585792/SP. AGRAVO REGIMENTAL NO AGRAVO EM RECURSO ESPECIAL. 2014/0227713-8. Relator Ministro Mauro Campbell Marques.

1. A jurisprudência do STJ é firme no sentido de que cabe ao magistrado apreciar livremente as provas, atendendo aos fatos e circunstâncias constantes dos autos, com o escopo de formar sua convicção. 2. O Tribunal *a quo,* com base nos elementos contidos nos autos, concluiu que não foi comprovado o exercício de atividade rural. 3. A alteração das premissas fáticas contidas no acórdão *a quo* encontra óbice na Súmula n. 7/STJ. 4. Agravo regimental não provido. AgRg no AREsp 576340/MS AGRAVO REGIMENTAL NO AGRAVO EM RECURSO ESPECIAL 2012/0032043-5. Relator. Ministro Mauro Campbell Marques.

[...] 1. A questão recursal gira em torno do reconhecimento do período trabalhado como empregado doméstico, compreendido entre agosto de 1960 a abril de 1976 e de junho de 1976 a 10 de julho de 1986, para fins de concessão de aposentadoria por tempo. 2. A decisão agravada proveu em parte o recurso especial da ora agravante, para lhe reconhecer o trabalho doméstico exercido até 9.4.1973. 3. A jurisprudência do Superior Tribunal de Justiça dispensa a prova documental do exercício de trabalho doméstico anterior à edição da Lei n. 5.859/72, porquanto antes da referida inovação legislativa não havia exigência legal de filiação do empregado doméstico ao Regime Geral de Previdência Social. 4. O trabalho doméstico exercido anteriormente à edição da Lei n. 5.859/72 é passível de comprovação por prova exclusivamente testemunhal. Contudo, para períodos posteriores a 9.4.1973, data da entrada em vigor do referido diploma legal, exige-se que a prova testemunhal venha acompanhada de início de prova material. 5. A jurisprudência do STJ é firme no sentido de equiparar à prova testemunhal, declarações escritas prestadas por supostos empregadores. 6. *In casu,* conforme explicitado pelo acórdão proferido pelo Tribunal *a quo,* a ora agravante não apresentou início de prova material hábil a comprovar o efetivo exercício do trabalho doméstico, razão pela qual teve seu pleito indeferido. Por isso, é possível o reconhecimento do tempo de trabalho como empregado doméstico exercido tão somente até 9.4.1973. 7. Agravo regimental não provido. AgRg no REsp 1466094/SP. AGRAVO REGIMENTAL NO RECURSO ESPECIAL. 2014/0164081-1. Relator. Ministro Mauro Campbell Marques.

[...] 1. De acordo com a jurisprudência do Superior Tribunal de Justiça não há ofensa ao art. 535, inciso II, do Código de Processo Civil quando o Tribunal de origem se manifesta, de modo suficiente, sobre todas as questões levadas a julgamento, não sendo possível atribuir o vício de omisso ao acórdão somente porque decidira em sentido contrário à pretensão do recorrente. 2. "A restituição das parcelas pagas a plano de previdência privada deve ser objeto de correção plena, por índice que recomponha a efetiva desvalorização da moeda". (Enunciado n. 289 da Súmula do Superior Tribunal de Justiça). 3. Não caracteriza cerceamento de defesa o julgamento da demanda sem a realização de prova pericial, quando o seu destinatário entender que o feito está adequadamente instruído com provas suficientes para seu convencimento. 4. Agravo regimental a que se nega provimento. AgRg no REsp 1440624/SC. AGRAVO REGIMENTAL NO RECURSO ESPECIAL. 2014/0051351-0. Relator(a). Ministro Marco Aurélio Bellizze.

[...] 1. Com o julgamento, pela Segunda Seção, do REsp 1.345.326/RS, relator Ministro Luis Felipe Salomao, ficou pacificado no âmbito do STJ que — muito embora conforme a iterativa jurisprudência do STJ como o juiz é o destinatário da prova, cabendo-lhe, por força do art. 130 do Código de Processo Civil, indeferir as diligências inúteis ou meramente protelatórias, para se chegar à conclusão de que a produção da prova requerida pela parte é relevante para a solução da controvérsia, é necessário o reexame de todos os elementos fáticos, a atrair a incidência do óbice intransponível imposto pela Súmula n. 7/STJ — no caso da relação contratual de previdência privada, o sistema de capitalização constitui pilar de seu regime, pois tem caráter complementar — baseado na constituição de reservas, assentadas em cálculos matemáticos (atuariais), que garantam, em perspectiva de longo prazo, o benefício contratado. 2. Nessa linha, os planos de benefícios de previdência complementar são previamente aprovados pelo órgão público fiscalizador, de adesão facultativa, devendo ser elaborados com base em cálculos matemáticos (atuariais), embasados em estudos de natureza atuarial, e, ao final de cada exercício, devem ser reavaliados atuarialmente, de modo a prevenir ou mitigar prejuízos aos participantes e beneficiários do plano (art. 43 da ab-rogada Lei n. 6.435/77 e o art. 23 da Lei Complementar n. 109/01). 3. "Ademais, o art. 3º, VI, da Lei Complementar n. 109/01 ostenta norma de caráter público, que impõe ao Estado, inclusive na sua função jurisdicional, proteger os interesses dos participantes e assistidos dos planos de benefícios. Assim, conforme a jurisprudência das duas Turmas que compõem a Segunda Seção do Superior Tribunal de Justiça, para revisão de benefício pago por entidade de previdência privada é pertinente tomar em consideração o enfoque fático-jurídico acerca da manutenção do equilíbrio financeiro e atuarial do plano de custeio". (REsp 1345326/RS, Rel. Ministro Luis Felipe Salomão, Segunda Seção, julgado em 9.4.2014, DJe 8.5.2014). 4. Agravo regimental não provido. AgRg no REsp 1.450.597/RS. AGRAVO REGIMENTAL NO RECURSO ESPECIAL. 2014/0094533-5. Relator. Ministro Luis Felipe Salomão.

A Súmula n. 149 do STJ consigna:

"A prova exclusivamente testemunhal não basta à comprovação da atividade rurícola, para efeito da obtenção de benefício previdenciário." Esta súmula foi elabora com intuito de assegurar que o benefício previdenciário tenha a devida comprovação de documentos para ser efetivado. Esta exigência se deve à necessidade comprovação do trabalho no meio rural para que as aposentadorias sejam corretamente conferidas. Notadamente, pelo princípio da cidadania, podemos afirmar que, mesmo sem todos os documentos necessários para a comprovação exigida, o trabalhador rural, pode pedir o benefício se comprovar impossibilidade real de conseguir a documentação. Esta afirmação tem como fundamento o princípio da cidadania.

A Súmula n. 22 do TNU registra:

Súmula n. 22 do TNU: Se a prova pericial realizada em juízo dá conta de que a incapacidade já existia na data do requerimento administrativo, esta é o termo inicial do benefício assistencial.

Novidades sobre o tema: O Anteprojeto do Novo CPC traz algumas regras especiais sobre a prova no processo. Vejamos:

Art. 257. As partes têm direito de empregar todos os meios legais, bem como os moralmente legítimos, ainda que não especificados neste Código, para provar fatos em que se funda a ação ou a defesa e influir eficazmente na livre convicção do juiz.

Parágrafo único. A inadmissibilidade das provas obtidas por meio ilícito será apreciada pelo juiz à luz da ponderação dos princípios e dos direitos fundamentais envolvidos.

Art. 258. Caberá ao juiz, de ofício ou a requerimento da parte, determinar as provas necessárias ao julgamento da lide.

Parágrafo único. O juiz indeferirá, em decisão fundamentada, as diligências inúteis ou meramente protelatórias.

Art. 259. O juiz apreciará livremente a prova, independentemente do sujeito que a tiver promovido, e indicará na sentença as que lhe formaram o convencimento.

Art. 260. O juiz poderá admitir a utilização de prova produzida em outro processo, atribuindo-lhe o valor que considerar adequado, observado o contraditório.

Art. 261. O ônus da prova, ressalvados os poderes do juiz, incumbe:

I — ao autor, quanto ao fato constitutivo do seu direito;

II — ao réu, quanto à existência de fato impeditivo, modificativo ou extintivo do direito do autor.

Art. 262. Considerando as circunstâncias da causa e as peculiaridades do fato a ser provado, o juiz poderá, em decisão fundamentada, observado o contraditório, distribuir de modo diverso o ônus da prova, impondo-o à parte que estiver em melhores condições de produzi-la.

§ 1º Sempre que o juiz distribuir o ônus da prova de modo diverso do disposto no art. 261, deverá dar à parte oportunidade para o desempenho adequado do ônus que lhe foi atribuído.

§ 2º A inversão do ônus da prova, determinada expressamente por decisão judicial, não implica alteração das regras referentes aos encargos da respectiva produção.

Art. 263. É nula a convenção relativa ao ônus da prova quando:

I — recair sobre direito indisponível da parte;

II — tornar excessivamente difícil a uma parte o exercício do direito.

Parágrafo único. O juiz não poderá inverter o ônus da prova nas hipóteses deste artigo.

Art. 264. Não dependem de prova os fatos:

I — notórios;

II — afirmados por uma parte e confessados pela parte contrária;

III — admitidos no processo como incontroversos;

IV — em cujo favor milita presunção legal de existência ou de veracidade.

Art. 265. Em falta de normas jurídicas particulares, o juiz aplicará as regras de experiência comum subministradas pela observação do que ordinariamente acontece e, ainda, as regras da experiência técnica, ressalvado, quanto a esta, o exame pericial.

Art. 266. A parte que alegar direito municipal, estadual, estrangeiro ou consuetudinário lhe provará o teor e a vigência, se assim o juiz determinar.

Art. 267. A carta precatória e a carta rogatória suspenderão o julgamento da causa no caso previsto no art. 298, inciso V, alínea *b,* quando, tendo sido requeridas antes da decisão de saneamento, a prova nelas solicitada apresentar-se imprescindível.

Parágrafo único. A carta precatória e a carta rogatória não devolvidas dentro do prazo ou concedidas sem efeito suspensivo poderão ser juntadas aos autos até o julgamento final.

Art. 268. Ninguém se exime do dever de colaborar com o Poder Judiciário para o descobrimento da verdade.

Art. 269. Além dos deveres previstos neste Código, compete à parte:

I — comparecer em juízo, respondendo ao que lhe for interrogado;

II — colaborar com o juízo na realização de inspeção judicial que for considerada necessária;

III — praticar o ato que lhe for determinado.

Art. 270. Incumbe ao terceiro, em relação a qualquer pleito:

I — informar ao juiz os fatos e as circunstâncias de que tenha conhecimento;

II — exibir coisa ou documento que esteja em seu poder.

Parágrafo único. Poderá o juiz, em caso de descumprimento, determinar, além da imposição de multa, outras medidas indutivas, coercitivas, mandamentais ou sub-rogatórias.

[...]

Art. 271. A produção antecipada da prova, que poderá consistir em interrogatório da parte, inquirição de testemunhas e exame pericial, será admitida nos casos em que:

I — haja fundado receio de que venha a tornar-se impossível ou muito difícil a verificação de certos fatos na pendência da ação;

II — a prova a ser produzida seja suscetível de viabilizar a tentativa de conciliação;

III — o prévio conhecimento dos fatos possa justificar ou evitar o ajuizamento de ação.

Parágrafo único. O arrolamento de bens, quando tiver por finalidade apenas a realização de documentação e não a prática de atos de apreensão, observará o disposto neste Capítulo.

Art. 272. O requerente justificará sumariamente a necessidade da antecipação e mencionará com precisão os fatos sobre os quais há de recair a prova.

§ 1º O juiz determinará, de ofício ou a requerimento da parte, a citação de interessados na produção da prova ou no fato a ser provado, salvo se inexistente caráter contencioso.

§ 2º O juiz não se pronunciará acerca da ocorrência ou da inocorrência do fato, bem como sobre as respectivas consequências jurídicas.

§ 3º Os interessados poderão requerer a produção de qualquer prova no mesmo procedimento, desde que relacionadas ao mesmo fato, salvo se a sua produção acarretar excessiva demora.

§ 4º Neste procedimento, não se admitirá defesa ou recurso, salvo contra a decisão que indeferir, total ou parcialmente, a produção da prova pleiteada pelo requerente originário.

Art. 273. Os autos permanecerão em cartório durante um mês, para extração de cópias e certidões pelos interessados.

Parágrafo único. Findo o prazo, os autos serão entregues ao promovente a medida.

Art. 274. Quem pretender justificar a existência de algum fato ou relação jurídica, para simples documento e sem caráter contencioso, exporá, em petição circunstanciada, a sua intenção.

Parágrafo único. Observar-se-á, na justificação, o procedimento previsto na produção antecipada de provas.

[...]

Art. 275. A exibição judicial poderá dizer respeito:

I — a coisa móvel em poder de outrem e que o requerente repute sua ou tenha interesse em conhecer;

II — a documento próprio ou comum, em poder de cointeressado, sócio, condômino, credor ou devedor ou em poder de terceiro que o tenha em sua guarda como inventariante, testamenteiro, depositário ou administrador de bens alheios;

III — a escrituração comercial por inteiro, balanços e documentos de arquivo, nos casos expressos em lei.

Art. 276. Observar-se-á, quanto ao procedimento, no que couber, o disposto nos Capítulos I e II deste Título.

4.6. A instrução no processo previdenciário

No dia e hora designados, o juiz declarará aberta a audiência, mandando apregoar as partes e os seus respectivos advogados. Ao iniciar a instrução, o juiz, ouvidas as partes, fixará os pontos controvertidos sobre que incidirá a prova. (Ver o art. 451 do CPC).

Vejamos os arts. 454 a 456 do CPC:

Art. 454. Finda a instrução, o juiz dará a palavra ao advogado do autor e ao do réu, bem como ao órgão do Ministério Público, sucessivamente, pelo prazo de 20 (vinte) minutos para cada um, prorrogável por 10 (dez), a critério do juiz.

§ 1º Havendo litisconsorte ou terceiro, o prazo, que formará com o da prorrogação um só todo, dividir-se-á entre os do mesmo grupo, se não convencionarem de modo diverso.

§ 2º No caso previsto no art. 56, o opoente sustentará as suas razões em primeiro lugar, seguindo-se-lhe os opostos, cada qual pelo prazo de 20 (vinte) minutos.

§ 3º Quando a causa apresentar questões complexas de fato ou de direito, o debate oral poderá ser substituído por memoriais, caso em que o juiz designará dia e hora para o seu oferecimento.

Art. 455. A audiência é una e contínua. Não sendo possível concluir, num só dia, a instrução, o debate e o julgamento, o juiz marcará o seu prosseguimento para dia próximo.

Art. 456. Encerrado o debate ou oferecidos os memoriais, o juiz proferirá a sentença desde logo ou no prazo de 10 (dez) dias. (Redação dada pela Lei n. 5.925, de 1º.10.1973)

Art. 457. O escrivão lavrará, sob ditado do juiz, termo que conterá, em resumo, o ocorrido na audiência, bem como, por extenso, os despachos e a sentença, se esta for proferida no ato.

§ 1º Quando o termo for datilografado, o juiz lhe rubricará as folhas, ordenando que sejam encadernadas em volume próprio.

§ 2º Subscreverão o termo o juiz, os advogados, o órgão do Ministério Público e o escrivão.

§ 3º O escrivão trasladará para os autos cópia autêntica do termo de audiência.

§ 4º Tratando-se de processo eletrônico, observar-se-á o disposto nos §§ 2º e 3º do art. 169 desta Lei.

As provas serão produzidas na audiência conforme a ordem estipulada no art. 452 do CPC. Vejamos:

Art. 452. As provas serão produzidas na audiência nesta ordem:

I — o perito e os assistentes técnicos responderão aos quesitos de esclarecimentos, requeridos no prazo e na forma do art. 435;

II — o juiz tomará os depoimentos pessoais, primeiro do autor e depois do réu;

III — finalmente, serão inquiridas as testemunhas arroladas pelo autor e pelo réu.

Art. 453. A audiência poderá ser adiada:

I — por convenção das partes, caso em que só será admissível uma vez;

II — se não puderem comparecer, por motivo justificado, o perito, as partes, as testemunhas ou os advogados.

§ 1º Incumbe ao advogado provar o impedimento até a abertura da audiência; não o fazendo, o juiz procederá à instrução.

§ 2º Pode ser dispensada pelo juiz a produção das provas requeridas pela parte cujo advogado não compareceu à audiência.

§ 3º Quem der causa ao adiamento responderá pelas despesas acrescidas.

Novidades sobre o tema: O Anteprojeto do Novo CPC traz algumas regras especiais:

Art. 355. No dia e na hora designados, o juiz declarará aberta a audiência e mandará apregoar as partes e os respectivos advogados, bem como outras pessoas que dela devam participar.

Parágrafo único. Logo após a instalação da audiência, o juiz tentará conciliar as partes, independentemente de ter ocorrido ou não tentativa anterior.

Art. 356. O juiz exerce o poder de polícia e incumbe-lhe:

I — manter a ordem e o decoro na audiência;

II — ordenar que se retirem da sala da audiência os que se comportarem inconvenientemente;

III — requisitar, quando necessário, a força policial.

Art. 357. As provas orais serão produzidas na audiência, preferencialmente nesta ordem:

I — o perito e os assistentes técnicos responderão aos quesitos de esclarecimentos requeridos no prazo e na forma do art. 449;

II — prestarão depoimentos pessoais o autor e depois o réu;

III — serão inquiridas as testemunhas arroladas pelo autor e pelo réu.

Parágrafo único. Enquanto depuserem as partes, o perito, os assistentes técnicos e as testemunhas, os advogados e o Ministério Público não poderão intervir ou apartear, sem licença do juiz.

Art. 358. A audiência poderá ser adiada:

I — por convenção das partes, admissível uma única vez;

II — se não puder comparecer, por motivo justificado, qualquer das pessoas que dela devam participar.

§ 1º O impedimento deverá ser comprovado até a abertura da audiência; não o fazendo, o juiz procederá à instrução.

§ 2º Poderá ser dispensada pelo juiz a produção das provas requeridas pela parte cujo advogado não tenha comparecido à audiência, aplicando-se a mesma regra ao Ministério Público.

§ 3º Quem der causa ao adiamento responderá pelas despesas acrescidas.

Art. 359. Finda a instrução, o juiz dará a palavra ao advogado do autor e ao do réu, bem como ao membro do Ministério Público, se for caso de sua intervenção, sucessivamente, pelo prazo de vinte minutos para cada um, prorrogável por dez minutos, a critério do juiz.

§ 1º Havendo litisconsorte ou terceiro interveniente, o prazo, que formará com o da prorrogação um só todo, dividir-se-á entre os do mesmo grupo, se não convencionarem de modo diverso.

§ 2º Quando a causa apresentar questões complexas de fato ou de direito, o debate oral poderá ser substituído por memoriais, que serão apresentados pelo autor e pelo réu, nessa ordem, em prazos sucessivos de quinze dias, assegurada vista dos autos.

Art. 360. A audiência é una e contínua. Não sendo possível concluir, num só dia, a instrução, o debate e o julgamento, o juiz marcará o seu prosseguimento para a data mais próxima possível, em pauta preferencial.

Art. 361. Encerrado o debate ou oferecidos os memoriais, o juiz proferirá a sentença desde logo ou no prazo de vinte dias.

Art. 362. O escrivão lavrará, sob ditado do juiz, termo que conterá, em resumo, o ocorrido na audiência, bem como, por extenso, os despachos, as decisões e a sentença, se proferida no ato.

§ 1º Quando o termo não for registrado em meio eletrônico, o juiz rubricar-lhe-á as folhas, que serão encadernadas em volume próprio.

§ 2º Subscreverão o termo o juiz, os advogados, o membro do Ministério Público e o escrivão, dispensadas as partes, exceto quando houver ato de disposição para cuja prática os advogados não tenham poderes.

§ 3º O escrivão trasladará para os autos cópia autêntica do termo de audiência.

§ 4º Tratando-se de processo eletrônico, será observado o disposto na legislação específica e em normas internas dos tribunais.

§ 5º A audiência poderá ser integralmente gravada em imagem e em áudio, em meio digital ou analógico, desde que assegure o rápido acesso das partes e dos órgãos julgadores, observada a legislação específica.

Art. 363. A audiência será pública, ressalvadas as exceções legais.

4.7. Decisão judicial em matéria previdenciária

O art. 458 do CPC traz os requisitos da sentença. Vejamos:

Art. 458. São requisitos essenciais da sentença:

I — o relatório, que conterá os nomes das partes, a suma do pedido e da resposta do réu, bem como o registro das principais ocorrências havidas no andamento do processo;

II — os fundamentos, em que o juiz analisará as questões de fato e de direito;

III — o dispositivo, em que o juiz resolverá as questões, que as partes lhe submeterem.

O juiz proferirá a sentença, acolhendo ou rejeitando, no todo ou em parte, o pedido formulado pelo autor. Nos casos de extinção do processo sem julgamento do mérito, o juiz decidirá em forma concisa. Quando o autor tiver formulado pedido certo, é vedado ao juiz proferir sentença ilíquida.

O art. 460 do CPC consigna:

Art. 460. É defeso ao juiz proferir sentença, a favor do autor, de natureza diversa da pedida, bem como condenar o réu em quantidade superior ou em objeto diverso do que lhe foi demandado.

Parágrafo único. A sentença deve ser certa, ainda quando decida relação jurídica condicional. (Incluído pela Lei n. 8.952, de 13.12.1994)

Publicada a sentença, o juiz só poderá alterá-la:

a) para lhe corrigir, de ofício ou a requerimento da parte, inexatidões materiais, ou lhe retificar erros de cálculo;

b) por meio de embargos de declaração.

Novidades sobre o tema: O Anteprojeto do Novo CPC traz algumas regras especiais:

Art. 467. O juiz proferirá sentença sem resolução de mérito quando:

I — indeferir a petição inicial;

II — o processo ficar parado durante mais de um ano por negligência das partes;

III — por não promover os atos e as diligências que lhe incumbir, o autor abandonar a causa por mais de um mês;

IV — se verificar a ausência de pressupostos de constituição e de desenvolvimento válido e regular do processo;

V — o juiz acolher a alegação de perempção, de litispendência ou de coisa julgada;

VI — o juiz verificar ausência de legitimidade ou de interesse processual;

VII — verificar a existência de convenção de arbitragem;

VIII — o autor desistir da ação;

IX — em caso de morte da parte, a ação for considerada intransmissível por disposição legal;

X — ocorrer confusão entre autor e réu; e

XI — nos demais casos prescritos neste Código.

§ 1º Nas hipóteses descritas nos incisos II e III, a parte será intimada para suprir a falta em quarenta e oito horas.

§ 2º No caso do § 1º, quanto ao inciso II, as partes pagarão proporcionalmente as custas, e, quanto ao inciso III, o autor será condenado ao pagamento das despesas e dos honorários de advogado.

§ 3º O juiz conhecerá de ofício da matéria constante dos incisos IV, V e VI, em qualquer tempo e grau de jurisdição, enquanto não proferida a sentença de mérito.

§ 4º Oferecida a contestação, o autor não poderá, sem o consentimento do réu, desistir da ação.

§ 5º Interposta a apelação em qualquer dos casos de que tratam os incisos deste artigo, o juiz terá quarenta e oito horas para se retratar.

Art. 468. A sentença sem resolução de mérito não obsta a que a parte proponha de novo a ação.

§ 1º No caso de ilegitimidade ou falta de interesse processual, a nova propositura da ação depende da correção do vício.

§ 2º A petição inicial, todavia, não será despachada sem a prova do pagamento ou do depósito das custas e dos honorários de advogado.

§ 3º Se o autor der causa, por três vezes, a sentença fundada em abandono da causa, não poderá propor nova ação contra o réu com o mesmo objeto, ficando-lhe ressalvada, entretanto, a possibilidade de alegar em defesa o seu direito.

Art. 469. Haverá resolução de mérito quando:

I — o juiz acolher ou rejeitar o pedido do autor;

II — o réu reconhecer a procedência do pedido;

III — as partes transigirem;

IV — o juiz pronunciar a decadência ou a prescrição;

V — o autor renunciar ao direito sobre o qual se funda a ação.

Parágrafo único. A prescrição e a decadência não serão decretadas sem que antes seja dada às partes oportunidade de se manifestar.

Art. 470. O juiz proferirá sentença de mérito sempre que puder julgá-lo em favor da parte a quem aproveitaria o acolhimento da preliminar.

[...]

Art. 471. São requisitos essenciais da sentença:

I — o relatório, que conterá os nomes das partes, a suma do pedido e da contestação do réu, bem como o registro das principais ocorrências havidas no andamento do processo;

II — os fundamentos, em que o juiz analisará as questões de fato e de direito;

III — o dispositivo, em que o juiz resolverá as questões que as partes lhe submeterem.

Art. 472. O juiz proferirá a sentença de mérito acolhendo ou rejeitando, no todo ou em parte, o pedido formulado pelo autor. Nos casos de sentença sem resolução de mérito, o juiz decidirá de forma concisa.

Parágrafo único. Fundamentando-se a sentença em regras que contiverem conceitos juridicamente indeterminados, cláusulas gerais ou princípios jurídicos, o juiz deve expor, analiticamente, o sentido em que as normas foram compreendidas, demonstrando as razões pelas quais, ponderando os valores em questão e à luz das peculiaridades do caso concreto, não aplicou princípios colidentes.

Art. 473. Na ação que tenha por objeto o cumprimento de obrigação de pagar quantia certa, ainda que formulado pedido genérico, a sentença definirá desde logo a extensão da obrigação, salvo quando:

I — não for possível determinar, de modo definitivo, o montante devido;

II — a apuração do valor devido depender da produção de prova de realização demorada ou excessivamente dispendiosa, assim reconhecida na sentença.

Parágrafo único. Nos casos previstos neste artigo, imediatamente após a prolação da sentença, seguir-se-á a apuração do valor devido por liquidação.

Art. 474. É vedado ao juiz proferir sentença de natureza diversa da pedida, bem como condenar a parte em quantidade superior ou em objeto diverso do que lhe foi demandado.

Parágrafo único. A sentença deve ser certa, ainda quando decida relação jurídica condicional.

Art. 475. Se, depois da propositura da ação, algum fato constitutivo, modificativo ou extintivo do direito influir no julgamento da lide, caberá ao juiz tomá-lo em consideração, de ofício ou a requerimento da parte, no momento de proferir a sentença.

Parágrafo único. Se constatar de ofício o fato novo, o juiz ouvirá as partes sobre ele antes de decidir.

Art. 476. Publicada a sentença, o juiz só poderá alterá-la:

I — para corrigir nela, de ofício ou a requerimento da parte, inexatidões materiais ou lhe retificar erros de cálculo;

II — para aplicar tese fixada em julgamento de casos repetitivos;

III — por meio de embargos de declaração.

Art. 477. A sentença que condenar o réu ao pagamento de uma prestação consistente em dinheiro ou em coisa valerá como título constitutivo de hipoteca judiciária, cuja inscrição será ordenada pelo juiz na forma da lei.

Parágrafo único. A sentença condenatória produz a hipoteca judiciária:

I — embora a condenação seja genérica;

II — pendente arresto de bens do devedor;

III — ainda quando o credor possa promover a execução provisória da sentença.

[...]

Art. 478. Está sujeita ao duplo grau de jurisdição, não produzindo efeito senão depois de confirmada pelo tribunal, a sentença:

I — proferida contra a União, os Estados, o Distrito Federal, os Municípios e as respectivas autarquias e fundações de direito público;

II — que julgar procedentes, no todo ou em parte, os embargos à execução de dívida ativa da Fazenda Pública.

§ 1º Nos casos previstos neste artigo, o juiz ordenará a remessa dos autos ao tribunal, haja ou não apelação; não o fazendo, deverá o presidente do tribunal avocá-los.

§ 2º Não se aplica o disposto neste artigo sempre que a condenação ou o direito controvertido for de valor certo não excedente a mil salários mínimos, bem como no caso de procedência dos embargos do devedor na execução de dívida ativa do mesmo valor.

§ 3º Também não se aplica o disposto neste artigo quando a sentença estiver fundada em jurisprudência do plenário do Supremo Tribunal Federal, em súmula desse Tribunal ou de tribunal superior competente, bem como em orientação adotada em recurso representativo da controvérsia ou incidente de resolução de demandas repetitivas.

§ 4º Quando na sentença não se houver fixado valor, o reexame necessário, se for o caso, ocorrerá na fase de liquidação.

[...]

Art. 479. Na ação de cumprimento de obrigação de fazer ou de não fazer, o juiz concederá a tutela específica da obrigação ou, se procedente o pedido, determinará providências que assegurem o resultado prático equivalente ao do adimplemento.

§ 1º Será também específica a tutela quando se tratar de obrigação de entregar coisa, hipótese em que, ao deferi-la, o juiz fixará o prazo para o respectivo cumprimento.

§ 2º A ação não será julgada procedente se a parte que a propôs não cumprir a sua prestação, nem a oferecer nos casos e nas formas legais, salvo se ainda não exigível.

§ 3º Tratando-se de entrega de coisa determinada pelo gênero e pela quantidade, o credor a individualizará na petição inicial, se lhe couber a escolha; cabendo ao devedor escolher, este a entregará individualizada, no prazo fixado pelo juiz.

§ 4º Sempre que possível, o juiz concederá a tutela de urgência ou da evidência.

Art. 480. A obrigação somente se converterá em perdas e danos se o autor o requerer ou se impossível a tutela específica ou a obtenção do resultado prático correspondente.

Art. 481. A indenização por perdas e danos se dará sem prejuízo da multa fixada periodicamente para compelir o réu ao cumprimento específico da obrigação.

Art. 482. Na ação de cumprimento de obrigação de emitir declaração de vontade, a sentença que julgar procedente o pedido, uma vez transitada em julgado, produzirá todos os efeitos da declaração não emitida.

4.8. Coisa julgada em matéria previdenciária

O § 3º do art. 6º do Decreto-Lei n. 4.657/42 destaca o conceito de coisa julgada. Vejamos:

Art. 6º [...]

§ 3º Chama-se coisa julgada ou caso julgado a decisão judicial de que já não caiba recurso.

A ação rescisória é o instrumento responsável para desconstituir a decisão transitada em julgado. Vejamos o art. 485 do CPC:

Art. 485. A sentença de mérito, transitada em julgado, pode ser rescindida quando:

I — se verificar que foi dada por prevaricação, concussão ou corrupção do juiz;

II — proferida por juiz impedido ou absolutamente incompetente;

III — resultar de dolo da parte vencedora em detrimento da parte vencida, ou de colusão entre as partes, a fim de fraudar a lei;

IV — ofender a coisa julgada;

V — violar literal disposição de lei;

VI — se fundar em prova, cuja falsidade tenha sido apurada em processo criminal ou seja provada na própria ação rescisória;

VII — depois da sentença, o autor obtiver documento novo, cuja existência ignorava, ou de que não pôde fazer uso, capaz, por si só, de lhe assegurar pronunciamento favorável;

VIII — houver fundamento para invalidar confissão, desistência ou transação, em que se baseou a sentença;

IX — fundada em erro de fato, resultante de atos ou de documentos da causa.

§ 1º Há erro, quando a sentença admitir um fato inexistente, ou quando considerar inexistente um fato efetivamente ocorrido.

§ 2º É indispensável, num como noutro caso, que não tenha havido controvérsia, nem pronunciamento judicial sobre o fato.

O art. 471, I, do CPC dispõe:

Art. 471. Nenhum juiz decidirá novamente as questões já decididas, relativas à mesma lide, salvo:

I — se, tratando-se de relação jurídica continuativa, sobreveio modificação no estado de fato ou de direito; caso em que poderá a parte pedir a revisão do que foi estatuído na sentença;

Marco Aurélio Serau Junior(32) nos ensina:

> As relações jurídico-previdenciárias são, essencialmente, continuativas, visto que os benefícios e as situações fáticas que lhes ensejem são, invariavelmente, prolongados no tempo. Assim, pode-se aproveitar a cominação do art. 471, I, do CPC para justificar a flexibilização da chamada coisa julgada previdenciária.

Importante consignar também que os benefícios por incapacidade podem ser revisados com o objetivo de verificar a diferenciação nas condições de concessão do benefício. Vejamos o art. 71 da Lei n. 8.212/91:

> Art. 71. O Instituto Nacional do Seguro Social — INSS deverá rever os benefícios, inclusive os concedidos por acidente do trabalho, ainda que concedidos judicialmente, para avaliar a persistência, atenuação ou agravamento da incapacidade para o trabalho alegada como causa para a sua concessão. Parágrafo único. Será cabível a concessão de liminar nas ações rescisórias e revisional, para suspender a execução do julgado rescindendo ou revisando, em caso de fraude ou erro material comprovado.

Um exemplo de revisão da coisa julgada previdenciária é aquele relativo ao benefício de portador de deficiência que teve o agravamento da sua deficiência em período posterior à sentença transitada em julgado (que negou o seu pedido). Exemplo:

> O segurado "A" tem deficiência moderada e pede aposentadoria após completar 25 anos de contribuição. O seu pedido é negado no INSS por falta consonância com o art. 3º, I, da Lei Complementar n. 142/13. Vejamos o artigo:

> Art. 3º É assegurada a concessão de aposentadoria pelo RGPS ao segurado com deficiência, observadas as seguintes condições:
>
> I — aos 25 (vinte e cinco) anos de tempo de contribuição, se homem, e 20 (vinte) anos, se mulher, no caso de segurado com deficiência grave;
>
> II — **aos 29 (vinte e nove) anos de tempo de contribuição, se homem, e 24 (vinte e quatro) anos, se mulher, no caso de segurado com deficiência moderada**;
>
> III — aos 33 (trinta e três) anos de tempo de contribuição, se homem, e 28 (vinte e oito) anos, se mulher, no caso de segurado com deficiência leve; ou ele precisaria completar 29 anos de contribuição. Por isso, o INSS negou o pedido e após ingresso na justiça também não teve êxito. A sentença foi transitada em julgado. Neste exemplo, consideremos que após o trânsito em julgado o segurado tem agravada a sua deficiência (passa a ter uma deficiência considerada grave). Neste caso, ele poderá ingressar na justiça pedindo a revisão da decisão para atender a sua nova realidade. Esta regra visa preservar o princípio do acesso à seguridade social e também o princípio da cidadania.

Vejamos algumas jurisprudências interessantes sobre a coisa julgada:

> [...] Verificada a existência de outra demanda de natureza previdenciária, já definitivamente julgada, em que as partes, a causa de pedir e o pedido são idênticos ao presente feito, resta configurada a coisa julgada, a teor do art. 301, VI e §§ 1º a 3º do CPC, devendo a presente ação ser extinta sem resolução do mérito, com fulcro no art. 267, V, do CPC. (TRF4, AC 5005700-34.2012.404.7102, Quinta Turma, Relator p/ Acórdão Rogerio Favreto, juntado aos autos em 18.3.2013)

> [...] É devido o reconhecimento do tempo de serviço rural, em regime de economia familiar, quando comprovado mediante início de prova material corroborado por testemunhas. 2. Não se tratando de contagem recíproca (aproveitamento de tempo laborado em um regime de previdência para obtenção de benefício em

---

(32) SERAU JUNIOR, Marco Aurélio. *Curso de processo judicial previdenciário*. 4. ed. São Paulo: Método, 2014. p. 153.

regime diverso), o art. 55, § 2º, da Lei n. 8.213/91 permite o cômputo do tempo de serviço rural, anterior à data de início de sua vigência, para fins de aposentadoria por tempo de serviço ou contribuição, independentemente do recolhimento das contribuições a ele correspondentes, exceto para efeito de carência. 3. Comprovado o tempo de serviço rural pleiteado, deve este ser averbado junto ao INSS para fins de futura concessão de benefício previdenciário independentemente de contribuições. 4. Em caso de utilização do tempo de serviço rural para fins de contagem recíproca, deverá haver o recolhimento das contribuições relativas ao tempo rural reconhecido, mesmo sendo anterior à vigência da Lei n. 8.213/91. (TRF4, APELREEX 5001575-42.2011.404.7107, Sexta Turma, Relator p/ Acórdão Celso Kipper, juntado aos autos em 15.3.2013)

[...] "O direito previdenciário não admite preclusão do direito ao benefício, por falta de provas: sempre será possível, renovadas estas, sua concessão" (AC n. 2001.04.01.075054-3, rel. Des. Federal Albino Ramos de Oliveira). Com base nesse entendimento, a 5ª Turma vem entendendo que, nos casos em que o segurado não prova as alegações, deve o feito ser extinto sem julgamento de mérito. Tem-se admitido a propositura de nova demanda ainda que uma outra, anteriormente proposta, tenha sido julgada improcedente, adotando-se, desse modo, em tema de Direito Previdenciário, a coisa julgada *secundum eventum probationis*. (TRF4, AC 2001.70.01.002343-0, Quinta Turma, Relator Paulo Afonso Brum Vaz, DJ 21.5.2003)

[...] Para a admissão da existência de coisa julgada é necessário, nos termos do § 2º do art. 301 do CPC, que entre uma e outra demanda seja respeitado o chamado Princípio da Tríplice Identidade, ou seja, que haja identidade de partes, de pedido e de causa de pedir. A variação de quaisquer desses elementos identificadores afasta a ocorrência de coisa julgada. (AC 2001.70.01.001404-0, Quinta Turma, Rel. Des. Federal Paulo Afonso Brum Vaz, DJ 13.11.2002)

[...] I — Nos termos da assentada jurisprudência da Corte, considerando as condições desiguais vivenciadas pelo trabalhador rural, e adotando a solução pro misero, a prova, ainda que preexistente à propositura da ação originária, deve ser considerada para efeito do art. 485, VII, do CPC. Na hipótese dos autos, o documento novo acostado aos autos, consistente em Certidão de Cartório Eleitoral constitui início razoável de prova suficiente da atividade rurícola do Autor. II — Consoante jurisprudência do Superior Tribunal de Justiça, para fins de aposentadoria por idade, não é exigível, do trabalhador rurícola, a comprovação de período de carência. Precedentes. III — Ação rescisória procedente. (AR 1.427/MS, Rel. Ministro Gilson Dipp, Terceira Seção, julgado em 8.9.2004, DJ 11.10.2004 p. 231)

[...] 1. A certidão de casamento, onde consta a profissão de lavrador do marido da segurada, constitui-se em início razoável de prova documental, que a ela deve ser estendida. Precedentes. 2. Embora preexistente à época do ajuizamento da ação, a jurisprudência da 3ª Seção deste Tribunal fixou-se no sentido de que tal documento autoriza a rescisão do julgado com base no art. 485, inciso VII, do Código de Processo Civil, dadas as condições desiguais vivenciadas pelo trabalhador rural e adotando-se a solução pro misero. 3. Pedido procedente. (AR 789/SP, Rel. Ministro Hamilton Carvalhido, Terceira Seção, julgado em 28.4.2004, DJ 1º.7.2004 p. 168)

Ação Rescisória e Enunciado n. 343 da Súmula do STF (Transcrições) (v. Informativo 497) RE 328812 ED/AM* Relator: Min. Gilmar Mendes Voto: Cuida-se de embargos de declaração opostos contra acórdão unânime da 2ª Turma, que deu provimento ao recurso extraordinário do INSS, afastando a aplicação da Súmula nº 343/STF em controvérsia constitucional e determinando o retorno dos autos ao Tribunal *a quo,* para que aprecie a ação rescisória como entender de direito. No caso, o Tribunal Regional do Trabalho da 11ª Região, julgou improcedente ação rescisória proposta pelo INSS, com fundamento na Súmula n. 343 deste STF, apesar de verificada controvérsia constitucional quanto ao direito adquirido (art. 5º, XXXVI, CF), em ação rescindenda que cuidava de planos econômicos. Por sua vez, o Tribunal Superior do Trabalho negou provimento ao recurso ordinário e à remessa *ex officio*, mantendo a decisão do regional Interposto recurso extraordinário, o Min. Néri da Silveira negou seguimento ao recurso, ao fundamento de que a natureza processual da questão não possibilitava o processamento do recurso. Contra esta decisão, o INSS interpôs agravo regimental, o qual apresentei em mesa junto à 2ª Turma desta Corte. Na oportunidade, proferi voto no sentido de que não se aplica o verbete da Súmula n. 343/STF quando a interpretação controvertida for de texto constitucional, reportando-me ao precedente relatado pelo Min. Cunha Peixoto (RE 89.108/GO, DJ 19.12.1980). Ao dar provimento ao agravo regimental que então se julgava, lembrei que a inicial da rescisória fundamenta-se na ofensa ao princípio do direito adquirido. Embora constasse da inicial a referência ao art. 5º, XXXVI, ressaltou-se que a providência era dispensável, diante da clara invocação do aludido princípio constitucional. De tal modo, votei pelo provimento ao agravo regimental, para conhecer e dar provimento ao recurso extraordinário, determinando que o Tribunal de origem apreciasse a ação rescisória, na qual se invoca, exatamente, a inexistência de direito adquirido. Após o pedido de vista do Min. Carlos Velloso, na assentada de 10 de dezembro de 2002, a 2ª Turma deu provimento ao agravo regimental, por unanimidade, para conhecer e, desde logo, dar provimento ao recurso extraordinário, para que o Tribunal *a quo* apreciasse a ação rescisória de que se cuidava. É este o acórdão embargado. Do pedido, colhe-se que o embargante pretende que: a) "seja analisado o acórdão recorrido, partindo-se da premissa de que nele não se adotou a tese da impossibilidade da rescisória, por ser controvertida a matéria constitucional nele versada, mas a da existência de controvérsia sobre a indicação, na inicial, como violado o art. 5º, XXXVI, da Lei Magna [...]"; b) "ou, se mantido o conhecimento do recurso, declinar-se qual foi o dispositivo constitucional violado diretamente pela decisão do TST, quando entende deficitária a inicial de ação rescisória com arrimo no art. 485, V, do CPC, pela ausência de indicação expressa do dispositivo constitucional violado" (fls. 180 e 181). Inicialmente, afasto a preliminar de intempestividade suscitada pelo embargado (fls. 191/192), uma vez que o acórdão embargado foi publicado em 11.4.2003, sexta-feira (fl. 172), iniciando-se o prazo no dia 14.4.2003, segunda-feira. Considerando os feriados de 18.4.2003 (sexta-feira da paixão) e 21.4.2003 (Tiradentes), o prazo da embargante findou-se em 22.4.2003, terça feira, data em que protocolados os presentes embargos (fl. 173). Quanto às alegações do embargante, os limites dos embargos declaratórios encontram-se desenhados adequadamente no art. 535 do CPC. Cabem quando a decisão embargada contenha obscuridade ou contradição, ou quando for omitido o ponto sobre o qual devia pronunciar-se o juiz ou tribunal. Não há no modelo brasileiro embargos de declaração com o objetivo de se determinar à autoridade judicial a análise de qualquer decisão, a partir de premissa adotada pelo embargante. Nesse sentido, inadequados os embargos, ao menos no que se refere ao primeiro dos pedidos, porquanto a pretensão não se subsume as hipóteses do art. 535 do CPC. No que tange à suscitada omissão quanto aos requisitos para conhecimento do recurso extraordinário, tampouco merece prosperar o inconformismo. Com efeito, o acórdão embargado afastou os contornos da Súmula n. 343/STF, com fundamento na força normativa e concretizadora da Constituição, assentando tanto a admissibilidade do apelo extremo quanto da ação rescisória em apreço. Ademais, destaque-se que a discussão sobre os limites de conhecimento do recurso extraordinário quanto à alínea "a" do permissivo constitucional é irrelevante na espécie. De fato, este Plenário assentou — no julgamento do RE 298.694/SP, Rel. Min. Sepúlveda Pertence, DJ 23.4.2004 — que este STF não está restrito ao exame dos dispositivos alegados pelo recorrente, ao apreciar recurso extraordinário: "I. Recurso extraordinário: letra a: possibilidade de confirmação da decisão recorrida por fundamento constitucional diverso daquele em que se alicerçou o acórdão recorrido e em cuja inaplicabilidade ao caso se baseia o recurso extraordinário: manutenção, lastreada na garantia da irredutibilidade de vencimentos, da conclusão do acórdão recorrido, não obstante fundamentado este na violação do direito adquirido. II. Recurso extraordinário: letra a: alteração da tradicional orientação jurisprudencial do STF, segundo a qual só se conhece do RE, a, se for para dar-lhe provimento: distinção necessária entre o juízo de admissibilidade do RE, a — para o qual é suficiente que o recorrente alegue adequadamente a contrariedade pelo acórdão recorrido de dispositivos da Constituição nele pré-questionados — e o juízo de mérito, que envolve a verificação da compatibilidade ou não entre a decisão recorrida e a Constituição, ainda que sob prisma diverso daquele em que se hajam baseado o Tribunal *a quo* e o recurso extraordinário. [...]." (RE 298.694/SP, Rel. Min. Sepúlveda Pertence, Pleno, DJ 23.4.2004)

No que tange à inaplicabilidade da Súmula n. 343/STF, tenho reiteradamente observado nesta Corte que este verbete precisa ser revisto. Refiro-me, especificamente, aos processos que identificam matéria contraditória à época da discussão originária, questão constitucional, bem como jurisprudência supervenientemente fixada, em favor da tese do interessado. Não vejo como não afastarmos a Súmula 343, nestas hipóteses, como medida de instrumentalização da força normativa da Constituição. Trata-se de posição que sustentei em voto vista que proferi no AI-AgR 460.439, quando discutíamos questão atinente à correção de contas do FGTS. Mais uma vez, é necessário ponderar acerca do papel da ação rescisória em nosso sistema jurídico. O instituto da rescisória representa, sobretudo, uma conciliação entre os extremos do respeito incondicional à coisa julgada e a possibilidade de reforma permanente das decisões judiciais. (Cf. PONTES DE MIRANDA. *Comentários ao código de processo civil.* 3. ed. rev. e aum. Rio de Janeiro: Forense). Sob uma perspectiva constitucional, ao analisar o instituto da rescisória temos dois valores em confronto. De um lado a segurança jurídica. Do outro, temos uma manifestação do devido processo legal, qual seja o compromisso do sistema com a prestação judicial correta, não viciada. Na realidade, o instituto da rescisória atende à efetiva realização da ideia de Justiça. Isso pode ser extraído das hipóteses de admissibilidade da rescisória descritas no art. 485 do CPC. Sem dúvida, de uma leitura "positiva" dos incisos que compõem o art. 485, depreende-se que o sistema busca, entre outros aspectos, sentenças proferidas por juízes honestos (incisos I e II), que sejam harmônicas em relação a outros pronunciamentos judiciais (inc. IV), que tenham substrato probatório consistente (VI, VII e VIII), e que respeitem a ordem legal objetiva (V), etc. Não observados tais objetivos, o sistema estabelece uma via processual de correção, nas hipóteses específicas do art. 485 do CPC. Ou seja, a partir da rescisória, constrói o legislador uma espécie de válvula de segurança, uma última via de correção para o sistema judicial. Uma via restrita, certamente, sujeita a prazo e a hipóteses específicas, tendo em vista aquela perspectiva de resguardo da segurança jurídica. No âmbito específico do inciso V, o propósito imediato é o de garantir a máxima eficácia da ordem legislativa em sentido amplo. Para isto, permite-se a excepcional rescisão daqueles julgados em que o magistrado violou, nos termos do CPC, "literal disposição de lei". A violação à literal disposição de lei obviamente contempla a violação às normas constitucionais, o que poderia ser considerado como um tipo de violação "qualificada". Indaga-se: nas hipóteses em que esta Corte fixa a correta interpretação de uma norma infraconstitucional, para o fim de ajustá-la à ordem constitucional, a contrariedade a esta interpretação do Supremo Tribunal, ou melhor, a contrariedade à lei definitivamente interpretada pelo STF em face da Constituição ensejaria a utilização da ação rescisória? Penso que sim. Penso que aqui há uma razão muito clara e definitiva para a admissão das ações rescisórias. Quando uma decisão desta Corte fixa uma interpretação constitucional, entre outros aspectos está o Judiciário explicitando os conteúdos possíveis da ordem normativa infraconstitucional em face daquele parâmetro maior, que é a Constituição. Isso obviamente não se confunde com a solução de divergência relativa à interpretação de normas no plano infraconstitucional. Não é por acaso que uma decisão definitiva do STJ, pacificando a interpretação de uma lei, não possui o mesmo alcance de uma decisão definitiva desta Corte em matéria constitucional. Controvérsia na interpretação de lei e controvérsia constitucional são coisas absolutamente distintas e para cada uma delas o nosso sistema constitucional estabeleceu mecanismos de solução diferenciados com resultados também diferenciados. Não é a mesma coisa vedar a rescisória para rever uma interpretação razoável de lei ordinária que tenha sido formulada por um juiz em confronto com outras interpretações de outros juízes, e vedar a rescisória para rever uma interpretação da lei que é contrária àquela fixada pelo Supremo Tribunal Federal em questão constitucional. Nesse ponto, penso que é fundamental lembrar que nas decisões proferidas por esta Corte temos um tipo especialíssimo de concretização da Carta Constitucional. E isto certamente não equivale à aplicação da legislação infraconstitucional. A violação à norma constitucional, para fins de admissibilidade de rescisória, é sem dúvida algo mais grave que a violação à lei. Isto já havia sido intuído por Pontes de Miranda ao discorrer especificamente sobre a hipótese de rescisória hoje descrita no art. 485, inciso V, do CPC. Sobre a violação à Constituição como pressuposto para a rescisória, dizia Pontes que "o direito constitucional é direito, como os outros ramos; não o é menos; em certo sentido, é ainda mais. Rescindíveis são as sentenças que o violam, quer se trate de sentenças das Justiças locais, quer de sentenças dos tribunais federais, inclusive as decisões unânimes do Supremo Tribunal Federal" (*Apud,* p. 222). De fato, negar a via da ação rescisória para fins de fazer valer a interpretação constitucional do Supremo importa, a rigor, em admitir uma violação muito mais grave à ordem normativa. Sim, pois aqui a afronta se dirige a uma interpretação que pode ser tomada como a própria interpretação constitucional realizada. Nesse ponto, penso, também, que a rescisória adquire uma feição que melhor realiza o princípio da isonomia. Se por um lado a rescisão de uma sentença representa certo fator de instabilidade, por outro não se pode negar que uma aplicação assimétrica de uma decisão desta Corte em matéria constitucional oferece instabilidade maior, pois representa uma violação a um referencial normativo que dá sustentação a todo o sistema. Isso não é, certamente, algo equiparável a uma aplicação divergente da legislação infraconstitucional. Certamente já não é fácil explicar a um cidadão porque ele teve um tratamento judicial desfavorável enquanto seu colega de trabalho alcançou uma decisão favorável, considerado o mesmo quadro normativo infraconstitucional. Mas aqui, por uma opção do sistema, tendo em vista a perspectiva de segurança jurídica, admite-se a solução restritiva à rescisória que está plasmada na Súmula n. 343. Mas essa perspectiva não parece admissível quando falamos de controvérsia constitucional. Isto porque aqui o referencial normativo é outro, é a Constituição, é o próprio pressuposto que dá autoridade a qualquer ato legislativo, administrativo ou judicial! Considerada tal distinção, tenho que aqui a melhor linha de interpretação do instituto da rescisória é aquela que privilegia a decisão desta Corte em matéria constitucional. Estamos aqui falando de decisões do órgão máximo do Judiciário, estamos falando de decisões definitivas e, sobretudo, estamos falando de decisões que, repito, concretizam diretamente o texto da Constituição. Assim, considerado o escopo da ação rescisória, especialmente aquele descrito no inciso V do art. 485 do CPC, a partir de uma leitura constitucional deste dispositivo do Código de Processo, já não teria dificuldades em admitir a rescisória no caso em exame, ou seja, nos casos em que o pedido de revisão da coisa julgada funda-se em violação às decisões definitivas desta Corte em matéria constitucional. Considero, de qualquer modo, necessário avançar nessa linha de argumento, e enfatizar uma perspectiva específica, relacionada à posição de supremacia das normas constitucionais. Ora, se ao Supremo Tribunal Federal compete, precipuamente, a guarda da Constituição Federal, é certo que a sua interpretação do texto constitucional deve ser acompanhada pelos demais Tribunais, em decorrência do efeito definitivo absoluto outorgado à sua decisão. Não estou afastando, obviamente, o prazo das rescisórias, que deverá ser observado. Há um limite, portanto, associado à segurança jurídica. Mas não parece admissível que esta Corte aceite diminuir a eficácia de suas decisões com a manutenção de decisões diretamente divergentes à interpretação constitucional aqui formulada. Assim, se somente por meio do controle difuso de constitucionalidade, portanto, anos após as questões terem sido decididas pelos Tribunais ordinários, é que o Supremo Tribunal Federal veio a apreciá-las, é a ação rescisória, com fundamento em violação de literal disposição de lei, instrumento adequado para a superação de decisão divergente. Contrariamente, a manutenção de soluções divergentes, em instâncias inferiores, sobre o mesmo tema, provocaria, além da desconsideração do próprio conteúdo da decisão desta Corte, última intérprete do texto constitucional, uma fragilização da força normativa da Constituição. Lembro-me aqui da lição de Konrad Hesse: "[...] Um ótimo desenvolvimento da força normativa da Constituição depende não apenas do seu conteúdo, mas também de sua práxis. De todos os partícipes da vida constitucional, exige-se partilhar aquela concepção anteriormente por mim denominada vontade de Constituição (WILLE ZUR VERFASSUNG). Ela é fundamental, considerada global ou singularmente. Todos os interesses momentâneos — ainda quando realizados — não logram compensar ganho resultante do comprovado respeito à Constituição, sobretudo naquelas situações em que a sua observância revela-se incômoda. Como anotado por Walter Burckhardt, aquilo que é identificado como vontade da Constituição 'deve ser honestamente preservado, mesmo que, para isso, tenhamos de renunciar a alguns benefícios, ou até a algumas vantagens justas. Quem se mostra disposto a sacrificar um interesse em favor da preservação de um princípio constitucional fortalece o respeito à Constituição e garante um bem da vida indispensável à essência do Estado, mormente ao Estado democrático'. Aquele que, ao contrário, não se dispõe a esse sacrifício, 'malbarata, pouco a pouco, um capital que significa muito mais do que todas as vantagens angariadas, e que, desperdiçado, não mais será recuperado'." (*A força normativa da constituição*. Porto Alegre: Sergio Antonio Fabris, 1991. p. 21-22). A aplicação da Súmula n. 343 em matéria constitucional revela-se afrontosa não só à força normativa da Constituição, mas também ao princípio da máxima efetividade da norma constitucional. Admitir a aplicação da orientação contida no aludido verbete em matéria de interpretação constitucional significa fortalecer as decisões das instâncias ordinárias em detrimento das decisões do Supremo Tribunal Federal. Tal prática afigura-se tanto mais grave se se considerar que no nosso sistema geral de controle de constitucionalidade a voz do STF somente será ouvida após anos de tramitação das questões em três instâncias ordinárias. De fato, penso que não podemos desconsiderar o atual contexto da demora na tramitação das questões que chegam ao STF em recurso extraordinário, o que, aliás, é uma decorrência de uma perspectiva que entendo equivocada. A interpretação restritiva, considerado esse modelo em que as questões constitucionais chegam ao Supremo tardiamente, cria uma inversão no exercício da interpretação constitucional. A interpretação dos demais tribunais e dos juízes de primeira instância acaba por assumir um significado muito mais relevante que o pronunciamento desta Corte. Não posso aceitar isso. Isto não é, por evidente, uma rejeição ao modelo difuso. O que quero enfatizar é que estamos aqui diante de uma distorção do modelo que merece ser corrigida. A rescisória, tal como se coloca no presente caso, serve justamente para permitir essa correção. A exegese restritiva, que na verdade assume um caráter excessivamente defensivo, acaba por privilegiar a interpretação controvertida, para a mantença de julgado desenvolvido contra a orientação desta Corte, significa afrontar a efetividade da Constituição. Isso não me parece aceitável, com a devida vênia. Sobre o tema específico que se coloca nos autos, lembro aqui de um estudo de 2003, da autoria do eminente Ministro do Superior Tribunal de Justiça, Teori Albino Zavascki (Ação rescisória em matéria constitucional. *Revista de Direito Renovar*, n. 27, Rio de Janeiro: Renovar, p. 153-174, set./dez. 2003).

Diz Teori, tratando expressamente da aplicação da Súmula n. 343 em matéria constitucional: "O exame desta orientação em face das súmulas revela duas preocupações fundamentais da Corte Suprema: a primeira, a de preservar em qualquer circunstância, a supremacia da Constituição e a sua aplicação uniforme a todos os destinatários; a segunda, a de preservar a sua autoridade de guardião da Constituição, de órgão com legitimidade constitucional para dar palavra definitiva em temas relacionados com a interpretação e a aplicação da Carta Magna. Supremacia da Constituição e autoridade do STF são, na verdade, valores associados e que têm sentido transcendental quando associados. Há, entre eles, relação de meio e fim. E é justamente essa associação o referencial básico de que se lança mão para solucionar os diversos problemas, adiante expostos, atinentes à rescisão de julgados em matéria constitucional. Com efeito, a tese da inaplicabilidade da Súmula n. 343, isoladamente considerada, não representa panaceia universal e nem tem, por si só, a propriedade de justificar e resolver todas as questões teóricas e práticas decorrentes da coisa julgada em seara constitucional. Imagine-se a hipótese de ação rescisória envolvendo tema constitucional controvertido nos tribunais, sem que a respeito dele tenha havido pronunciamento do STF. Permitir, em casos tais, que um tribunal local possa, sem mais e em qualquer circunstância, rescindir a sentença, significaria transformar a ação rescisória em simples recurso ordinário, com prazo de dois anos, sem qualquer segurança de ganho para a guarda da Constituição. Seria, simplesmente, alimentar ainda mais a controvérsia, com a desvantagem adicional de ensejar sentenças em rescisória incompatíveis com futuro pronunciamento da Corte Suprema. Bem se vê, portanto, que em situações desse jaez fica difícil contestar, ainda que se trate de questão constitucional, o sentido lógico e prático da Súmula n. 343. O que se quer afirmar, por isso mesmo, é que, em se tratando de ação rescisória em matéria constitucional, concorre decisivamente para um tratamento diferenciado do que seja "literal violação" a existência de precedente do STF, guardião da Constituição. Ele, associado ao princípio da supremacia, é que justifica, nas ações rescisórias, a substituição do parâmetro negativo da Súmula n. 343 (negativo porque indica que, sendo controvertida a matéria nos tribunais, não há violação literal a preceito normativo a ensejar rescisão), por um parâmetro positivo, segundo o qual há violação à Constituição na sentença que, em matéria constitucional, é contrária a pronunciamento do STF. Estas as conclusões de Teori: "(a) a coisa julgada não é um valor absoluto, mas relativo, estando sujeita a modificação mediante ação rescisória, nos casos previstos no art. 485 do Código de Processo Civil; (b) admite-se rescisão, entre outras hipóteses, quando a sentença transitada em julgado tenha violado 'literal disposição de lei' (art. 485, V, do CPC); (c) 'lei', no texto referido, tem o significado de norma jurídica, compreendendo também a norma constitucional; (d) relativamente às normas infraconstitucionais, entende-se como 'violação literal' a que se mostrar de modo evidente, flagrante, manifesto, não se compreendendo como tal a interpretação razoável da norma, embora não a melhor; (e) quando a norma for de interpretação controvertida nos tribunais, considera-se como interpretação razoável a que adota uma das correntes da divergência, caso em que não será cabível a ação rescisória (Súmula n. 343 do STF); (f) relativamente às normas constitucionais, que têm supremacia sobre todo o sistema e cuja guarda é função precípua do Supremo Tribunal Federal, não se admite a doutrina da 'interpretação razoável' (mas apenas a melhor interpretação), não se lhes aplicando, por isso mesmo, o enunciado da Súmula n. 343; (g) considera-se a melhor interpretação, para efeitos institucionais, a que provém do Supremo Tribunal Federal, guardião da Constituição, razão pela qual sujeitam-se a ação rescisória, independentemente da existência de controvérsia sobre a matéria nos tribunais, as sentenças contrárias a precedentes do STF, seja ele anterior ou posterior ao julgado rescindendo, tenha ele origem em controle concentrado de constitucionalidade, ou em controle difuso, ou em matéria constitucional não sujeita aos mecanismos de fiscalização de constitucionalidade dos preceitos normativos; (h) não havendo precedente do STF sobre a matéria, o princípio da supremacia da Constituição e a indispensabilidade da aplicação uniforme de suas normas impõe que se admita ação rescisória, mesmo que se trate de questão controvertida nos tribunais; (i) todavia, a decisão de mérito que nela for tomada terá de dar ensejo a recurso extraordinário, com ataque não apenas aos pressupostos da ação rescisória, mas também aos seus fundamentos, único modo de viabilizar que o Supremo Tribunal Federal, com sua palavra autorizada e definitiva, encerre a controvérsia sobre a alegada violação à Constituição". Penso que o Ministro Teori bem compreendeu o papel desta Corte em nosso sistema. Esse pensamento, em verdade, também corresponde a manifestações desta Corte em alguns julgados. No julgamento do RE n. 89.108/GO, Plenário, Min. Cunha Peixoto, DJ de 19.12.1980, o Tribunal decidiu que não se aplica o verbete da Súmula 343/STF quando a interpretação for de texto constitucional. A ementa desse julgado está assim redigida: "AÇÃO RESCISÓRIA — PRESSUPOSTOS. — Decisão que admite a constitucionalidade de lei estadual (Lei n. 7.250, de 21.11.1968 — art. 67 —, do Estado de Goiás, que estabeleceu a feitura de lista tríplice, dentre os aprovados no concurso público, para provimento de serventias da Justiça), ofende preceito constitucional (art. 97, § 1º, da CF), sendo passível, em consequência, de revisão através de ação rescisória, proposta com fulcro no art. 485, V, do CPC. — Inaplicabilidade, à espécie, do Enunciado n. 343 da Súmula do STF, seja pela inexistência de dissídio de julgados até o pronunciamento da inconstitucionalidade do dispositivo de lei estadual sob exame, quer porque o aresto discrepante, proferido pela Primeira Turma do Supremo Tribunal Federal (RE n. 71.983), foi posteriormente absorvido por decisão contrária do Plenário desse mesmo Tribunal (RE n. 73.709). Recurso extraordinário conhecido e provido. (RE n. 89.108/GO, Plenário, Min. Cunha Peixoto, DJ de 19.12.1980).

Nesse sentido, ainda: "Ação rescisória. Acidente do trabalho. Trabalhador rural. Ofensa ao art. 165, parágrafo único, da Constituição. Súmula n. 343 (inaplicação). A atribuição ou extensão de benefício previdenciário a categoria não contemplada no sistema próprio implica ofensa ao art. 165, parágrafo único, da CF, dada a inexistência do pressuposto da correspondente fonte de custeio total. A Súmula n. 343 tem aplicação quando se trata de texto legal de interpretação controvertida nos tribunais, não, porém, de texto constitucional. Recurso Extraordinário conhecido e provido". (RE n. 101.114/SP, 1ª Turma, Min. Rafael Mayer, DJ de 10.2.1984)

"Ação rescisória. Acidente do trabalho. Trabalhador rural. Ofensa ao art. 165, parágrafo único, da Constituição Federal. Súmula n. 343 (inaplicabilidade). A atribuição ou extensão de benefício previdenciário a categoria não contemplada no sistema próprio implica ofensa ao art. 165, parágrafo único, da Constituição Federal, dada a inexistência da correspondente fonte de custeio. A Súmula n. 343 tem aplicação quando se trata de texto legal de interpretação controvertida nos tribunais, não, porém, de texto constitucional. Recurso extraordinário conhecido e provido" (RE n. 103.880/SP, 1ª Turma, Min. Sydney Sanches, DJ de 22.2.1985). Recentemente, no julgamento da Ação Rescisória n. 1572/RJ, Rel. Min. Ellen Gracie, DJ 21.9.2007, o Plenário afastou, por unanimidade, a Súmula n. 343/STF em tema constitucional, inclusive citando o acórdão ora embargado. Na oportunidade, a eminente relatora destacou: "No que concerne ao argumento de descabimento do pedido rescisório e incidência da Súmula n. 343 deste STF ('Não cabe ação rescisória por ofensa a literal disposição de lei, quando a decisão rescindenda se tiver baseado em texto legal de interpretação controvertida nos tribunais'), recordo que esta Corte já deixou assinalado a inexistência de tal óbice quando em jogo interpretação de matéria de cunho constitucional. Destaco, nesse sentido, precedente da 2ª Turma (RE 328.812-AgR, rel. Min. Gilmar Mendes, unânime, DJ de 11.4.2003) assim ementado: 'Recurso Extraordinário. Agravo Regimental. 2. Ação Rescisória. Matéria constitucional. Inaplicabilidade da Súmula n. 343. 3. A manutenção de decisões das instâncias ordinárias divergentes da interpretação constitucional revela-se afrontosa à força normativa da Constituição e ao princípio da máxima efetividade da norma constitucional. 4. Ação Rescisória fundamentada no art. 5º, XXXVI, da Constituição Federal. A indicação expressa do dispositivo constitucional é de todo dispensável, diante da clara invocação do princípio constitucional do direito adquirido. 5. Agravo regimental provido. Recurso extraordinário conhecido e provido para que o Tribunal a quo aprecie a ação rescisória'. Anoto que, nesse julgamento, fez-se referência a julgado oriundo do Plenário desta Casa que já proclamara não invocável o verbete da Súmula n. 343 no debate de matéria constitucional (RE 89.108, rel. Min. Cunha Peixoto, Plenário, maioria, DJ de 19.12.1980). Nem se diga que tais precedentes somente apreciaram a questão em sede recursal, como decorrência da busca da coerência entre julgados dos demais tribunais e os paradigmas constitucionais fixados pelo Supremo Tribunal. A razão de ser do afastamento da Súmula em matéria constitucional, como explicitado nos precedentes, diz com a própria realização da força normativa da Constituição. Não presta homenagem à eficácia do texto constitucional uma interpretação que coíba o dissenso entre os demais tribunais e esta Corte, mas o admita no âmbito interno desta Casa. Rejeito, portanto, a pretensão de incidência da Súmula STF n. 343, para impedir a apreciação deste pedido rescisório". (voto da Min. Ellen Gracie, AR 1572/RJ, Pleno, DJ 21.9.2007)

Tais precedentes, penso, correspondem à melhor exegese, tanto do texto constitucional quanto do instituto da ação rescisória, em sua específica previsão no art. 485, V, do CPC. Não vejo, com a devida vênia, que a opção restritiva que se tem colocado seja a mais adequada. Não vejo, sobretudo, uma razão constitucional consistente para a opção de caráter restritivo. Ante o exposto, conheço dos embargos de declaração, para rejeitá-los, dado que o acórdão embargado não contém obscuridade ou contradição, bem como não se encontra omisso em relação a ponto sobre o qual devia ter-se pronunciado. É como voto. * acórdão pendente de publicação.

A Turma negou provimento a uma série de agravos regimentais interpostos contra decisões do Min. Celso de Mello, relator, que não conheciam de recursos extraordinários interpostos pelo INSS — contra acórdãos que mantiveram sentenças homologatórias de cálculos judiciais efetuados em ações de revisão de benefício previdenciário — em que se pretendia o reexame, em processo de execução, de matéria já decidida no processo de conhecimento. Precedente citado: RE 270.210-RJ (DJU 16.6.2000). RE (AgRg) 293.218-RJ, 286.288-RJ, 273.370-RJ, rel. Min. Celso de Mello, 16.10.2001. (RE-293218) (RE-286288) (RE-273370)

[...] 1. A controvérsia sobre a matéria citada pelo réu restringiu-se a decisões do próprio STJ. Não se trouxe notícia de que a divergência teria se dado em outras cortes, devendo prevalecer o entendimento de que a observância da Súmula 343/STF se afasta quando a interpretação controvertida se circunscreve a um mesmo tribunal. 2. A ação rescisória é ação desconstitutiva ou, como diz parte da doutrina, "constitutiva negativa", na medida em que seu objeto precípuo é o desfazimento de anterior coisa julgada. Ao julgar a ação rescisória, o tribunal deverá, caso procedente o pedido de rescisão por uma das hipóteses taxativamente elencadas no art. 485 do Código de Processo Civil, proferir novo julgamento em substituição ao anulado, se houver pedido nesse sentido. 3. Inexistindo erro de forma na peça inicial e sendo o pedido nela formulado suficientemente embasado no art. 485, VII, do Código de Processo Civil, não há que se falar em extinção do processo com fulcro no art. 490, I, c/c o art. 267 do Código de Processo Civil. 4. Como documento novo, deve se entender aquele que já existia quando da prolação da sentença, mas cuja existência era ignorada pelo autor da rescisória, ou que dele não pode fazer uso. Ele deve ser de tal ordem que, sozinho, seja capaz de modificar o resultado da decisão rescindenda, favorecendo o autor da rescisória, sob pena de não ser idôneo para o decreto de rescisão. 5. Tendo a autora completado o requisito de idade de 55 anos, previsto pelo art. 48 da Lei n. 8.213/91, em 1º.12.1997, o ano de 1997 é que deve ser observado como referência para a apuração do cômputo de carência e não o ano em que o requerimento administrativo ou o ajuizamento da ação teriam se dado. Entendimento contrário poderia implicar eventual prejuízo ao segurado que, por desinformação ou pelas dificuldades inerentes vividas pelo trabalhador rural, adiasse a busca do seu direito em um dos postos do INSS. 6. Ainda que se pudesse argumentar que a observância do princípio pro misero justificaria a comprovação do tempo de serviço, com base em escassos documentos, desde que confirmados por depoimentos testemunhais, no caso, a extemporaneidade dos documentos supostamente novos não autoriza a opção por uma linha probatória menos restritiva 7. Embora não se aceite a tese de documento novo, a autora, na inicial, argumentou que não se observou a sua certidão de casamento, realizado em 1962, na qual o seu marido é qualificado como rural, e que, efetivamente instruiu os autos do processo original. 8. A certidão de casamento, que atesta a condição de lavrador do cônjuge da segurada, constitui início razoável de prova documental, para fins de comprovação de tempo de serviço. Deve se ter em mente que a condição de rurícola da mulher funciona como extensão da qualidade de segurado especial do marido. Se o marido desempenhava trabalho no meio rural, em regime de economia domiciliar, há a presunção de que a mulher também o fez, em razão das características da atividade — trabalho em família, em prol de sua subsistência. 9. Diante da prova testemunhal favorável a autora e não pairando mais discussões quanto à existência de um início suficiente de prova material, a requerente se encontra protegida pela lei de benefícios da previdência social — art. 11, inciso VII, da Lei n. 8.213/91. 10. Ação rescisória julgada procedente. AR 3.686/SP. AÇÃO RESCISÓRIA. 2006/0273680-8. Relator(a) Ministra Maria Thereza de Assis Moura (1131).

Novidades sobre a matéria: Vejamos algumas regras especiais sobre a coisa julgada de acordo com o anteprojeto do novo CPC:

Art. 483. Denomina-se coisa julgada material a autoridade que torna imutável e indiscutível a sentença não mais sujeita a recurso.

Art. 484. A sentença que julgar total ou parcialmente a lide tem força de lei nos limites dos pedidos e das questões prejudiciais expressamente decididas.

Art. 485. Não fazem coisa julgada:

I — os motivos, ainda que importantes para determinar o alcance da parte dispositiva da sentença;

II — a verdade dos fatos, estabelecida como fundamento da sentença.

Art. 486. Nenhum juiz decidirá novamente as questões já decididas relativas à mesma lide, salvo:

I — se, tratando-se de relação jurídica continuativa, sobreveio modificação no estado de fato ou de direito; caso em que poderá a parte pedir a revisão do que foi estatuído na sentença;

II — nos demais casos prescritos em lei.

Art. 487. A sentença faz coisa julgada às partes entre as quais é dada, não beneficiando nem prejudicando terceiros.

Art. 488. É vedado à parte discutir no curso do processo as questões já decididas a cujo respeito se operou a preclusão.

Art. 489. Transitada em julgado a sentença de mérito, considerar-se-ão deduzidas e repelidas todas as alegações e as defesas que a parte poderia opor assim ao acolhimento como à rejeição do pedido, ressalvada a hipótese de ação fundada em causa de pedir diversa.

Capítulo 4

Recursos Judiciais

1. Recurso de apelação

1.1. Recurso de apelação no CPC

O art. 496, I, do CPC consigna o recurso de apelação. Vejamos:

Art. 496. São cabíveis os seguintes recursos: (Redação dada pela Lei n. 8.038, de 25.5.1990)

I — apelação;

O recurso de apelação será utilizado para recorrer da sentença. O art. 513 do CPC consigna:

Art. 513. Da sentença caberá apelação (arts. 267 e 269).

O recurso de apelação tem algumas características próprias destacas nos arts. 514 a 521 do CPC. Vejamos:

Art. 514. A apelação, interposta por petição dirigida ao juiz, conterá:

I — os nomes e a qualificação das partes;

II — os fundamentos de fato e de direito;

III — o pedido de nova decisão.

Parágrafo único. (Revogado pela Lei n. 8.950, de 13.12.1994)

Art. 515. A apelação devolverá ao tribunal o conhecimento da matéria impugnada.

§ 1º Serão, porém, objeto de apreciação e julgamento pelo tribunal todas as questões suscitadas e discutidas no processo, ainda que a sentença não as tenha julgado por inteiro.

§ 2º Quando o pedido ou a defesa tiver mais de um fundamento e o juiz acolher apenas um deles, a apelação devolverá ao tribunal o conhecimento dos demais.

§ 3º Nos casos de extinção do processo sem julgamento do mérito (art. 267), o tribunal pode julgar desde logo a lide, se a causa versar questão exclusivamente de direito e estiver em condições de imediato julgamento. (Incluído pela Lei n. 10.352, de 26.12.2001)

§ 4º Constatando a ocorrência de nulidade sanável, o tribunal poderá determinar a realização ou renovação do ato processual, intimadas as partes; cumprida a diligência, sempre que possível prosseguirá o julgamento da apelação. (Incluído pela Lei n. 11.276, de 2006)

Art. 516. Ficam também submetidas ao tribunal as questões anteriores à sentença, ainda não decididas. (Redação dada pela Lei n. 8.950, de 13.12.1994)

Art. 517. As questões de fato, não propostas no juízo inferior, poderão ser suscitadas na apelação, se a parte provar que deixou de fazê-lo por motivo de força maior.

Art. 518. Interposta a apelação, o juiz, declarando os efeitos em que a recebe, mandará dar vista ao apelado para responder. (Redação dada pela Lei n. 8.950, de 13.12.1994)

§ 1º O juiz não receberá o recurso de apelação quando a sentença estiver em conformidade com súmula do Superior Tribunal de Justiça ou do Supremo Tribunal Federal. (Renumerado pela Lei n. 11.276, de 2006)

§ 2º Apresentada a resposta, é facultado ao juiz, em cinco dias, o reexame dos pressupostos de admissibilidade do recurso. (Incluído pela Lei n. 11.276, de 2006)

Art. 519. Provando o apelante justo impedimento, o juiz relevará a pena de deserção, fixando-lhe prazo para efetuar o preparo. (Redação dada pela Lei n. 8.950, de 13.12.1994)

Parágrafo único. A decisão referida neste artigo será irrecorrível, cabendo ao tribunal apreciar-lhe a legitimidade. (Incluído pela Lei n. 8.950, de 13.12.1994)

Art. 520. A apelação será recebida em seu efeito devolutivo e suspensivo. Será, no entanto, recebida só no efeito devolutivo, quando interposta de sentença que: (Redação dada pela Lei n. 5.925, de 1º.10.1973)

I — homologar a divisão ou a demarcação; (Redação dada pela Lei n. 5.925, de 1º.10.1973)

II — condenar à prestação de alimentos; (Redação dada pela Lei n. 5.925, de 1º.10.1973)

III — (Revogado pela Lei n. 11.232, de 2005)

IV — decidir o processo cautelar; (Redação dada pela Lei n. 5.925, de 1º.10.1973)

V — rejeitar liminarmente embargos à execução ou julgá-los improcedentes; (Redação dada pela Lei n. 8.950, de 13.12.1994)

VI — julgar procedente o pedido de instituição de arbitragem. (Incluído pela Lei n. 9.307, de 23.9.1996)

VII — confirmar a antecipação dos efeitos da tutela; (Incluído pela Lei n. 10.352, de 26.12.2001)

Art. 521. Recebida a apelação em ambos os efeitos, o juiz não poderá inovar no processo; recebida só no efeito devolutivo, o apelado poderá promover, desde logo, a execução provisória da sentença, extraindo a respectiva.

Consigna-se que, o recorrente poderá, a qualquer tempo, sem a anuência do recorrido ou dos litisconsortes, desistir do recurso. A renúncia ao direito de recorrer independe da aceitação da outra parte. A parte, que aceitar expressa ou tacitamente a sentença ou a decisão, não poderá recorrer. Considera-se aceitação tácita a prática, sem reserva alguma, de um ato incompatível com a vontade de recorrer. Ressalta-se que, dos despachos não cabe recurso. Importante destacar também que, a sentença pode ser impugnada no todo ou em parte.

Novidades sobre o tema: O anteprojeto do Novo CPC destacas algumas regras sobre o recurso de apelação. Vejamos:

Art. 658. Da sentença caberá apelação.

Art. 854. Tratando-se de apelação e de ação rescisória, os autos serão conclusos ao revisor, sempre que possível por meio eletrônico.

§ 1º Será revisor o juiz que se seguir ao relator na ordem descendente de antiguidade.

§ 2º O revisor aporá nos autos o seu "visto", cabendo-lhe pedir dia para julgamento.

§ 3º Nos casos previstos em lei e na hipótese de indeferimento liminar da petição inicial, não haverá revisor.

Art. 861. Proferidos os votos, o presidente anunciará o resultado do julgamento, designando para redigir o acórdão o relator ou, se vencido este, o autor do primeiro voto vencedor.

§ 1º Os votos poderão ser alterados até o momento da proclamação do resultado pelo presidente.

§ 2º No julgamento de apelação ou de agravo de instrumento, a decisão será tomada, no órgão fracionário, pelo voto de três juízes.

Art. 907. São cabíveis os seguintes recursos:

I — apelação;

II — agravo de instrumento;

III — agravo interno;

IV — embargos de declaração;

V — recurso ordinário;

VI — recurso especial;

VII — recurso extraordinário;

VIII — embargos de divergência

Parágrafo único. Exceto os embargos de declaração, os recursos são interponíveis em quinze dias úteis.

Art. 923. Da sentença cabe apelação.

Parágrafo único. As questões resolvidas na fase cognitiva não ficam cobertas pela preclusão e devem ser suscitadas em preliminar de apelação, eventualmente interposta contra a decisão final.

Art. 924. A apelação, interposta por petição dirigida ao juízo de primeiro grau, conterá:

I — os nomes e a qualificação das partes;

II — os fundamentos de fato e de direito;

III — o pedido de nova decisão.

Art. 925. A apelação devolverá ao tribunal o conhecimento da matéria impugnada.

§ 1º Serão, porém, objeto de apreciação e julgamento pelo tribunal todas as questões suscitadas e discutidas no processo, resolvidas ou não pela sentença.

§ 2º Quando o pedido ou a defesa tiver mais de um fundamento e o juiz acolher apenas um deles, a apelação devolverá ao tribunal o conhecimento dos demais.

§ 3º Nos casos de sentença sem resolução de mérito e de nulidade por não observância dos limites do pedido, o tribunal deve decidir desde logo a lide se a causa versar sobre questão exclusivamente de direito ou estiver em condições de imediato julgamento.

Art. 926. A apelação será interposta e processada no juízo de primeiro grau; intimado o apelado e decorrido o prazo para resposta, os autos serão remetidos ao tribunal, onde será realizado o juízo de admissibilidade.

Art. 927. As questões de fato não propostas no juízo inferior poderão ser suscitadas na apelação, se a parte provar que deixou de fazê-lo por motivo de força maior.

Art. 928. Atribuído efeito suspensivo à apelação, o juiz não poderá inovar no processo; recebida sem efeito suspensivo, o apelado poderá promover, desde logo, a execução provisória da sentença.

2. *Recurso adesivo*

O art. 500 do CPC consigna o recurso adesivo. Vejamos:

Art. 500. Cada parte interporá o recurso, independentemente, no prazo e observadas as exigências legais. Sendo, porém, vencidos autor e réu, ao recurso interposto por qualquer deles poderá aderir a outra parte. O recurso adesivo fica subordinado ao recurso principal e se rege pelas disposições seguintes: (Redação dada pela Lei n. 5.925, de 1º.10.1973)

I — será interposto perante a autoridade competente para admitir o recurso principal, no prazo de que a parte dispõe para responder; (Redação dada pela Lei n. 8.950, de 13.12.1994)

II — será admissível na apelação, nos embargos infringentes, no recurso extraordinário e no recurso especial.

Novidades sobre o tema: O art. 910 do Anteprojeto do Novo CPC destaca:

Art. 910. Cada parte interporá o recurso, independentemente, no prazo e observadas as exigências legais. Sendo, porém, vencidos autor e réu, ao recurso interposto por qualquer deles poderá aderir o outro.

Parágrafo único. O recurso adesivo fica subordinado ao recurso principal, aplicando-se-lhe as mesmas regras do recurso independente quanto aos requisitos de admissibilidade, preparo e julgamento no tribunal, salvo disposição legal diversa, observado o seguinte:

I — será interposto perante a autoridade competente para admitir o recurso principal, no prazo de que a parte dispõe para responder;

II — será admissível na apelação, no recurso extraordinário e no recurso especial;

III — não será conhecido, se houver desistência do recurso principal ou se for ele declarado inadmissível ou deserto.

3. *Agravo*

O agravo está previsto no art. 522 do CPC, que dispõe:

Art. 522. Das decisões interlocutórias caberá agravo, no prazo de 10 dias, na forma retida, salvo quando se tratar de decisão suscetível de causar à parte lesão grave e de difícil reparação, bem como nos casos de inadmissão da apelação e nos relativos aos efeitos em que a apelação é recebida, quando será admitida a sua interposição por instrumento. (Redação dada pela Lei n. 11.187, de 2005)

Parágrafo único. O agravo retido independe de preparo.

O art. 523 do CPC trata do agravo retido. Esse tipo de agravo não está previsto no anteprojeto do Novo Código de Processo Civil. No entanto, enquanto ele não está vigente, vale a pena conhecermos a dicção dessa norma. Vejamos:

Art. 523. Na modalidade de agravo retido o agravante requererá que o tribunal dele conheça, preliminarmente, por ocasião do julgamento da apelação. (Redação dada pela Lei n. 9.139, de 30.11.1995)

§ 1º Não se conhecerá do agravo se a parte não requerer expressamente, nas razões ou na resposta da apelação, sua apreciação pelo Tribunal. (Incluído pela Lei n. 9.139, de 30.11.1995)

§ 2º Interposto o agravo, e ouvido o agravado no prazo de 10 (dez) dias, o juiz poderá reformar sua decisão. (Redação dada pela Lei n. 10.352, de 26.12.2001)

§ 3º Das decisões interlocutórias proferidas na audiência de instrução e julgamento caberá agravo na forma retida, devendo ser interposto oral e imediatamente, bem como constar do respectivo termo (art. 457), nele expostas sucintamente as razões do agravante. (Redação dada pela Lei n. 11.187, de 2005)

O agravo de instrumento está previsto nos arts. 524 a 529 do CPC. Vejamos:

Art. 524. O agravo de instrumento será dirigido diretamente ao tribunal competente, através de petição com os seguintes requisitos:

I — a exposição do fato e do direito;

II — as razões do pedido de reforma da decisão;

III — o nome e o endereço completo dos advogados, constantes do processo.

Art. 525. A petição de agravo de instrumento será instruída:

I — obrigatoriamente, com cópias da decisão agravada, da certidão da respectiva intimação e das procurações outorgadas aos advogados do agravante e do agravado;

II — facultativamente, com outras peças que o agravante entender úteis.

§ 1º Acompanhará a petição o comprovante do pagamento das respectivas custas e do porte de retorno, quando devidos, conforme tabela que será publicada pelos tribunais.

§ 2º No prazo do recurso, a petição será protocolada no tribunal, ou postada no correio sob registro com aviso de recebimento, ou, ainda, interposta por outra forma prevista na lei local.

Art. 526. O agravante, no prazo de 3 (três) dias, requererá juntada, aos autos do processo de cópia da petição do agravo de instrumento e do comprovante de sua interposição, assim como a relação dos documentos que instruíram o recurso.

Parágrafo único. O não cumprimento do disposto neste artigo, desde que arguido e provado pelo agravado, importa inadmissibilidade do agravo.

Art. 527. Recebido o agravo de instrumento no tribunal, e distribuído *incontinenti*, o relator:

I — negar-lhe-á seguimento, liminarmente, nos casos do art. 557;

II — converterá o agravo de instrumento em agravo retido, salvo quando se tratar de decisão suscetível de causar à parte lesão grave e de difícil reparação, bem como nos casos de inadmissão da apelação e nos relativos aos efeitos em que a apelação é recebida, mandando remeter os autos ao juiz da causa;

III — poderá atribuir efeito suspensivo ao recurso (art. 558), ou deferir, em antecipação de tutela, total ou parcialmente, a pretensão recursal, comunicando ao juiz sua decisão;

IV — poderá requisitar informações ao juiz da causa, que as prestará no prazo de 10 (dez) dias;

V — mandará intimar o agravado, na mesma oportunidade, por ofício dirigido ao seu advogado, sob registro e com aviso de recebimento, para que responda no prazo de 10 (dez) dias (art. 525, § 2º), facultando-lhe juntar a documentação que entender conveniente, sendo que, nas comarcas sede de tribunal e naquelas em que o expediente forense for divulgado no diário oficial, a intimação far-se-á mediante publicação no órgão oficial;

VI — ultimadas as providências referidas nos incisos III a V do *caput* deste artigo, mandará ouvir o Ministério Público, se for o caso, para que se pronuncie no prazo de 10 (dez) dias.

Parágrafo único. A decisão liminar, proferida nos casos dos incisos II e III do *caput* deste artigo, somente é passível de reforma no momento do julgamento do agravo, salvo se o próprio relator a reconsiderar.

Em prazo não superior a 30 dias da intimação do agravado, o relator pedirá dia para julgamento. Se o juiz comunicar que reformou inteiramente a decisão, o relator considerará prejudicado o agravo.

Novidades sobre o tema: O Anteprojeto do Novo Código de Processo Civil traz algumas regras interessantes. Vejamos:

Art. 929. Cabe agravo de instrumento contra as decisões interlocutórias:

I — que versarem sobre tutelas de urgência ou da evidência;

II — que versarem sobre o mérito da causa;

III — proferidas na fase de cumprimento de sentença ou no processo de execução;

IV — em outros casos expressamente referidos neste Código ou na lei.

Parágrafo único. As questões resolvidas por outras decisões interlocutórias proferidas antes da sentença não ficam acobertadas pela preclusão, podendo ser impugnadas pela parte, em preliminar, nas razões ou contrarrazões de apelação.

Art. 930. O agravo de instrumento será dirigido diretamente ao tribunal competente, por meio de petição com os seguintes requisitos:

I — a exposição do fato e do direito;

II — as razões do pedido de reforma da decisão e o próprio pedido;

III — o nome e o endereço completo dos advogados constantes do processo.

Art. 931. A petição de agravo de instrumento será instruída:

I — obrigatoriamente, com cópias da decisão agravada, da certidão da respectiva intimação ou outro documento oficial que comprove a tempestividade e das procurações outorgadas aos advogados do agravante e do agravado;

II — facultativamente, com outras peças que o agravante entender úteis.

§ 1º Acompanhará a petição o comprovante do pagamento das respectivas custas e do porte de retorno, quando devidos, conforme tabela publicada pelos tribunais.

§ 2º No prazo do recurso, a petição será protocolada no tribunal, postada no correio sob registro com aviso de recebimento ou interposta por outra forma prevista na lei local.

Art. 932. O agravante requererá juntada aos autos do processo, de cópia da petição do agravo de instrumento e do comprovante de sua interposição, assim como a relação dos documentos que instruíram o recurso, com exclusivo objetivo de provocar a retratação.

Art. 933. Recebido o agravo de instrumento no tribunal e distribuído imediatamente, se não for o caso de julgamento monocrático, o relator:

I — poderá atribuir efeito suspensivo ao recurso ou deferir, em antecipação de tutela, total ou parcialmente, a pretensão recursal, comunicando ao juiz sua decisão;

II — mandará intimar o agravado, na mesma oportunidade, por ofício dirigido ao seu advogado, sob registro e com aviso de recebimento, para que responda no prazo de quinze dias, facultando-lhe juntar a documentação que entender conveniente, sendo que, nas comarcas sede de tribunal e naquelas em que o expediente forense for divulgado no diário oficial, a intimação far-se-á mediante publicação no respectivo órgão;

III — determinará a intimação, preferencialmente por meio eletrônico, do Ministério Público, quando for caso de sua intervenção para que se pronuncie no prazo de dez dias.

Parágrafo único. A decisão liminar, proferida na hipótese do inciso I, é irrecorrível.

Art. 934. Em prazo não superior a um mês da intimação do agravado, o relator pedirá dia para julgamento.

Art. 935. Se o juiz comunicar que reformou inteiramente a decisão, o relator considerará prejudicado o agravo.

[...]

Art. 936. Ressalvadas as hipóteses expressamente previstas neste Código ou em lei, das decisões proferidas pelo relator caberá agravo interno para o respectivo órgão fracionário, observadas, quanto ao processamento, as regras dos regimentos internos dos tribunais.

4. Embargos Infringentes

Os embargos infringentes estão previstos nos arts. 530 a 534. Vejamos:

Art. 530. Cabem embargos infringentes quando o acórdão não unânime houver reformado, em grau de apelação, a sentença de mérito, ou houver julgado procedente ação rescisória. Se o desacordo for parcial, os embargos serão restritos à matéria objeto da divergência.

Art. 531. Interpostos os embargos, abrir-se-á vista ao recorrido para contrarrazões; após, o relator do acórdão embargado apreciará a admissibilidade do recurso.

Art. 532. Da decisão que não admitir os embargos caberá agravo, em 5 (cinco) dias, para o órgão competente para o julgamento do recurso.

Art. 533. Admitidos os embargos, serão processados e julgados conforme dispuser o regimento do tribunal.

Art. 534. Caso a norma regimental determine a escolha de novo relator, esta recairá, se possível, em juiz que não haja participado do julgamento anterior.

Importante ressaltar que o Anteprojeto do Novo Código de Processo Civil suprimiu os embargos infringentes.

Novidades sobre o tema: O Anteprojeto do Novo Código de Processo Civil traz algumas regras sobre o embargo de divergência. Vejamos:

Seção III
Dos Embargos de Divergência

Art. 959. É embargável a decisão de turma que:

I — em recurso especial, divergir do julgamento de outra turma, da seção ou do órgão especial, sendo as decisões, embargada e paradigma, de mérito;

II — em recurso especial, divergir do julgamento de outra turma, da seção ou do órgão especial, sendo as decisões, embargada e paradigma, relativas ao juízo de admissibilidade;

III — em recurso especial, divergir do julgamento de outra turma, da seção ou do órgão especial, sendo uma decisão de mérito e outra que não tenha conhecido do recurso, embora tenha apreciado a controvérsia;

IV — nas causas de competência originária, divergir do julgamento de outra turma, seção ou do órgão especial.

§ 1º Poderão ser confrontadas teses jurídicas contidas em julgamentos de recursos e de ações de competência originária.

§ 2º Aplica-se, no que couber, ao recurso extraordinário e aos processos de competência do Supremo Tribunal Federal o disposto neste artigo.

Art. 960. No recurso de embargos de divergência, será observado o procedimento estabelecido no regimento interno.

Parágrafo único. Na pendência de embargos de divergência de decisão proferida em recurso especial, não corre prazo para interposição de eventual recurso extraordinário.

5. *Embargos de declaração*

Os arts. 535 a 538 do CPC consignam sobre os embargos de declaração. Vejamos:

Art. 535. Cabem embargos de declaração quando:

I — houver, na sentença ou no acórdão, obscuridade ou contradição;

II — for omitido ponto sobre o qual devia pronunciar-se o juiz ou tribunal.

Art. 536. Os embargos serão opostos, no prazo de 5 (cinco) dias, em petição dirigida ao juiz ou relator, com indicação do ponto obscuro, contraditório ou omisso, não estando sujeitos a preparo.

Art. 537. O juiz julgará os embargos em 5 (cinco) dias; nos tribunais, o relator apresentará os embargos em mesa na sessão subsequente, proferindo voto.

Art. 538. Os embargos de declaração interrompem o prazo para a interposição de outros recursos, por qualquer das partes.

Parágrafo único. Quando manifestamente protelatórios os embargos, o juiz ou o tribunal, declarando que o são, condenará o embargante a pagar ao embargado multa não excedente de 1% (um por cento) sobre o valor da causa. Na reiteração de embargos protelatórios, a multa é elevada a até 10% (dez por cento), ficando condicionada a interposição de qualquer outro recurso ao depósito do valor respectivo.

Novidades sobre o tema: O Anteprojeto do Novo Código de Processo Civil traz algumas regras sobre o embargo de declaração. Vejamos:

Art. 937. Cabem embargos de declaração quando:

I — houver, na decisão monocrática ou colegiada, obscuridade ou contradição;

II — for omitido ponto sobre o qual devia pronunciar-se o juiz ou tribunal.

Parágrafo único. Eventual efeito modificativo dos embargos de declaração somente poderá ocorrer em virtude da correção do vício, desde que ouvida a parte contrária no prazo de cinco dias.

[...]

Art. 937. Cabem embargos de declaração quando:

I — houver, na decisão monocrática ou colegiada, obscuridade ou contradição;

II — for omitido ponto sobre o qual devia pronunciar-se o juiz ou tribunal.

Parágrafo único. Eventual efeito modificativo dos embargos de declaração somente poderá ocorrer em virtude da correção do vício, desde que ouvida a parte contrária no prazo de cinco dias.

Art. 938. Os embargos serão opostos, no prazo de cinco dias, em petição dirigida ao juiz ou relator, com indicação do ponto obscuro, contraditório ou omisso, não estando sujeitos a preparo.

Art. 939. O juiz julgará os embargos em cinco dias; nos tribunais, o relator apresentará os embargos em mesa na sessão subsequente, proferindo voto. Não havendo julgamento nessa sessão, será o recurso incluído em pauta.

Art. 940. Consideram-se incluídos no acórdão os elementos que o embargante pleiteou, para fins de prequestionamento, ainda que os embargos de declaração não sejam admitidos, caso o tribunal superior considere existentes omissão, contradição ou obscuridade.

Art. 941. Os embargos de declaração não têm efeito suspensivo e, salvo quando intempestivos, interrompem o prazo para a interposição de outros recursos por qualquer das partes.

§ 1º Quando manifestamente protelatórios os embargos, o juiz ou o tribunal condenará o embargante a pagar ao embargado multa não excedente a cinco por cento sobre o valor da causa.

§ 2º Não serão admitidos novos embargos declaratórios, se os anteriores houverem sido considerados protelatórios.

§ 3º A interposição de qualquer outro recurso fica condicionada ao depósito do valor de cada multa, ressalvados a Fazenda Pública e os beneficiários da gratuidade de justiça.

6. Recursos ordinários

Os arts. 539 e 540 do CPC trazem uma regra especial:

Art. 539. Serão julgados em recurso ordinário:

I — pelo Supremo Tribunal Federal, os mandados de segurança, os *habeas data* e os mandados de injunção decididos em única instância pelos Tribunais superiores, quando denegatória a decisão;

II — pelo Superior Tribunal de Justiça:

a) os mandados de segurança decididos em única instância pelos Tribunais Regionais Federais ou pelos Tribunais dos Estados e do Distrito Federal e Territórios, quando denegatória a decisão;

b) as causas em que forem partes, de um lado, Estado estrangeiro ou organismo internacional e, do outro, Município ou pessoa residente ou domiciliada no País.

Parágrafo único. Nas causas referidas no inciso II, alínea *b*, caberá agravo das decisões interlocutórias.

Art. 540. Aos recursos mencionados no artigo anterior aplica-se, quanto aos requisitos de admissibilidade e ao procedimento no juízo de origem, o disposto nos Capítulos II e III deste Título, observando-se, no Supremo Tribunal Federal e no Superior Tribunal de Justiça, o disposto nos seus regimentos internos.

Novidades sobre o tema: O Anteprojeto do Novo Código de Processo Civil traz algumas regras sobre o recurso ordinário. Vejamos:

Art. 942. Serão julgados em recurso ordinário:

I — pelo Supremo Tribunal Federal, os mandados de segurança, os *habeas data* e os mandados de injunção decididos em única instância pelos tribunais superiores, quando denegatória a decisão.

II — pelo Superior Tribunal de Justiça:

a) os mandados de segurança decididos em única instância pelos Tribunais Regionais Federais ou pelos Tribunais dos Estados e do Distrito Federal e Territórios, quando denegatória a decisão;

b) as causas em que forem partes, de um lado, Estado estrangeiro ou organismo internacional e, do outro, Município ou pessoa residente ou domiciliada no País.

Parágrafo único. Nas causas referidas no inciso II, alínea o, caberá agravo das decisões interlocutórias.

Art. 943. Ao recurso mencionado no art. 942 aplica-se, quanto aos requisitos de admissibilidade e ao procedimento no juízo de origem, as disposições relativas à apelação, observando-se, no Supremo Tribunal Federal e no Superior Tribunal de Justiça, o disposto nos seus regimentos internos.

7. Recurso especial e recurso extraordinário

Os arts. 541 a 543 do CPC destacam as regras do recurso especial. Vejamos:

Art. 541. O recurso extraordinário e o recurso especial, nos casos previstos na Constituição Federal, serão interpostos perante o presidente ou o vice-presidente do tribunal recorrido, em petições distintas, que conterão:

I — a exposição do fato e do direito;

II — a demonstração do cabimento do recurso interposto;

III — as razões do pedido de reforma da decisão recorrida.

Parágrafo único. Quando o recurso fundar-se em dissídio jurisprudencial, o recorrente fará a prova da divergência mediante certidão, cópia autenticada ou pela citação do repositório de jurisprudência, oficial ou credenciado, inclusive em mídia eletrônica, em que tiver sido publicada a decisão divergente, ou ainda pela reprodução de julgado disponível na Internet, com indicação da respectiva fonte, mencionando, em qualquer caso, as circunstâncias que identifiquem ou assemelhem os casos confrontados.

Art. 542. Recebida a petição pela secretaria do tribunal, será intimado o recorrido, abrindo-se-lhe vista, para apresentar contrarrazões.

§ 1º Findo esse prazo, serão os autos conclusos para admissão ou não do recurso, no prazo de 15 (quinze) dias, em decisão fundamentada.

§ 2º Os recursos extraordinário e especial serão recebidos no efeito devolutivo.

§ 3º O recurso extraordinário, ou o recurso especial, quando interpostos contra decisão interlocutória em processo de conhecimento, cautelar, ou embargos à execução ficará retido nos autos e somente será processado se o reiterar a parte, no prazo para a interposição do recurso contra a decisão final, ou para as contrarrazões.

Art. 543. Admitidos ambos os recursos, os autos serão remetidos ao Superior Tribunal de Justiça.

§ 1º Concluído o julgamento do recurso especial, serão os autos remetidos ao Supremo Tribunal Federal, para apreciação do recurso extraordinário, se este não estiver prejudicado.

§ 2º Na hipótese de o relator do recurso especial considerar que o recurso extraordinário é prejudicial àquele, em decisão irrecorrível sobrestará o seu julgamento e remeterá os autos ao Supremo Tribunal Federal, para o julgamento do recurso extraordinário.

§ 3º No caso do parágrafo anterior, se o relator do recurso extraordinário, em decisão irrecorrível, não o considerar prejudicial, devolverá os autos ao Superior Tribunal de Justiça, para o julgamento do recurso especial.

O art. 496, VI, do CPC destaca:

Art. 496. São cabíveis os seguintes recursos: (Redação dada pela Lei n. 8.038, de 25.5.1990)

I — apelação;

II — agravo; (Redação dada pela Lei n. 8.950, de 13.12.1994)

III — embargos infringentes;

IV — embargos de declaração;

V — recurso ordinário;

VI — recurso especial; (Incluído pela Lei n. 8.038, de 25.5.1990)

VII — recurso extraordinário; (Incluído pela Lei n. 8.038, de 25.5.1990)

VIII — embargos de divergência em recurso especial e em recurso extraordinário. (Incluído pela Lei n. 8.950, de 13.12.1994)

Importante consignar que o Supremo Tribunal Federal, em decisão irrecorrível, não conhecerá do recurso extraordinário quando a questão constitucional nele versada não oferecer repercussão geral. A repercussão geral consiste na verificação da existência, ou não, de questões relevantes do ponto de vista econômico, político, social ou jurídico, que ultrapassem os interesses subjetivos da causa. O recorrente deverá demonstrar, em preliminar do recurso, para apreciação exclusiva do Supremo Tribunal Federal, a existência da repercussão geral. Haverá repercussão geral sempre que o recurso impugnar decisão contrária à súmula ou jurisprudência dominante do Tribunal. Se a Turma decidir pela existência da repercussão geral por, no mínimo, 4 votos, ficará dispensada a remessa do recurso ao Plenário. Negada a existência da repercussão geral, a decisão valerá para todos os recursos sobre matéria idêntica, que serão indeferidos liminarmente, salvo revisão da tese, tudo nos termos do Regimento Interno do Supremo Tribunal Federal.

Importante consignar as regras constantes nos arts. 544 a 546 do CPC. Vejamos:

Art. 544. Não admitido o recurso extraordinário ou o recurso especial, caberá agravo nos próprios autos, no prazo de 10 (dez) dias. (Redação dada pela Lei n. 12.322, de 2010)

§ 1º O agravante deverá interpor um agravo para cada recurso não admitido. (Redação dada pela Lei n. 12.322, de 2010)

§ 2º A petição de agravo será dirigida à presidência do tribunal de origem, não dependendo do pagamento de custas e despesas postais. O agravado será intimado, de imediato, para no prazo de 10 (dez) dias oferecer resposta, podendo instruí-la com cópias das peças que entender conveniente. Em seguida, subirá o agravo ao tribunal superior, onde será processado na forma regimental. (Redação dada pela Lei n. 10.352, de 26.12.2001)

§ 3º O agravado será intimado, de imediato, para no prazo de 10 (dez) dias oferecer resposta. Em seguida, os autos serão remetidos à superior instância, observando-se o disposto no art. 543 deste Código e, no que couber, na Lei no 11.672, de 8 de maio de 2008. (Redação dada pela Lei n. 12.322, de 2010)

§ 4º No Supremo Tribunal Federal e no Superior Tribunal de Justiça, o julgamento do agravo obedecerá ao disposto no respectivo regimento interno, podendo o relator: (Redação dada pela Lei n. 12.322, de 2010)

I — não conhecer do agravo manifestamente inadmissível ou que não tenha atacado especificamente os fundamentos da decisão agravada; (incluído pela Lei n. 12.322, de 2010)

II — conhecer do agravo para: (incluído pela Lei n. 12.322, de 2010)

a) negar-lhe provimento, se correta a decisão que não admitiu o recurso; (incluído pela Lei n. 12.322, de 2010)

b) negar seguimento ao recurso manifestamente inadmissível, prejudicado ou em confronto com súmula ou jurisprudência dominante no tribunal; (incluído pela Lei n. 12.322, de 2010)

c) dar provimento ao recurso, se o acórdão recorrido estiver em confronto com súmula ou jurisprudência dominante no tribunal. (incluído pela Lei n. 12.322, de 2010)

Art. 545. Da decisão do relator que não conhecer do agravo, negar-lhe provimento ou decidir, desde logo, o recurso não admitido na origem, caberá agravo, no prazo de 5 (cinco) dias, ao órgão competente, observado o disposto nos §§ 1º e 2º do art. 557. (Redação dada pela Lei n. 12.322, de 2010)

Art. 546. É embargável a decisão da turma que: (Revigorado e alterado pela Lei n. 8.950, de 13.12.1994)

I — em recurso especial, divergir do julgamento de outra turma, da seção ou do órgão especial; (Incluído pela Lei n. 8.950, de 1994)

II — em recurso extraordinário, divergir do julgamento da outra turma ou do plenário. (Incluído pela Lei n. 8.950, de 1994)

Parágrafo único. Observar-se-á, no recurso de embargos, o procedimento estabelecido no regimento interno. (Revigorado e alterado pela Lei n. 8.950, de 13.12.1994)

Novidades sobre o tema: O Anteprojeto do Novo CPC destaca algumas regras especiais:

Art. 944. O recurso extraordinário e o recurso especial, nos casos previstos na Constituição da República, serão interpostos perante o presidente ou o vice-presidente do tribunal recorrido, em petições distintas que conterão:

I — a exposição do fato e do direito;

II — a demonstração do cabimento do recurso interposto;

III — as razões do pedido de reforma da decisão recorrida.

§ 1º Quando o recurso fundar-se em dissídio jurisprudencial, o recorrente fará a prova da divergência mediante certidão, cópia ou citação do repositório de jurisprudência, oficial ou credenciado, inclusive em mídia eletrônica, em que tiver sido publicada a decisão divergente, ou ainda pela reprodução de julgado disponível na Internet, com indicação da respectiva fonte, mencionando, em qualquer caso, as circunstâncias que identifiquem ou assemelhem os casos confrontados.

Art. 946. Admitidos ambos os recursos, os autos serão remetidos ao Superior Tribunal de Justiça.

§ 1º Concluído o julgamento do recurso especial, os autos serão remetidos ao Supremo Tribunal Federal, para apreciação do recurso extraordinário, se este não estiver prejudicado.

§ 2º Se o relator do recurso especial considerar prejudicial o recurso extraordinário, em decisão irrecorrível sobrestará o julgamento e remeterá os autos ao Supremo Tribunal Federal.

§ 3º Na hipótese do § 2º, se o relator do recurso extraordinário, em decisão irrecorrível, rejeitar a prejudicialidade, devolverá os autos ao Superior Tribunal de Justiça, para o julgamento do recurso especial.

Art. 947. Se o relator, no Superior Tribunal de Justiça, entender que o recurso especial versa questão constitucional, deverá remeter o recurso ao Supremo Tribunal Federal, que procederá à sua admissibilidade ou o devolverá ao Superior Tribunal de Justiça, por decisão irrecorrível.

Art. 953. Sempre que houver multiplicidade de recursos com fundamento em idêntica questão de direito, o recurso extraordinário ou o recurso especial será processado nos termos deste artigo, observado o disposto no regimento interno do Supremo Tribunal Federal e do Superior Tribunal de Justiça.

Art. 954. Caberá ao presidente do tribunal de origem selecionar um ou mais recursos representativos da controvérsia, os quais serão encaminhados ao Supremo Tribunal Federal ou ao Superior Tribunal de Justiça independentemente de juízo de admissibilidade, ficando suspensos os demais recursos até o pronunciamento definitivo do tribunal superior.

§ 1º Não adotada a providência descrita no *caput*, o relator, no tribunal superior, ao identificar que sobre a questão de direito já existe jurisprudência dominante ou que a matéria já está afeta ao colegiado, poderá determinar a suspensão dos recursos nos quais a controvérsia esteja estabelecida.

§ 2º Os processos em que se discute idêntica controvérsia de direito e que estiverem em primeiro grau de jurisdição ficam suspensos por período não superior a doze meses, salvo decisão fundamentada do relator.

§ 3º Ficam também suspensos, no tribunal superior e nos de segundo grau de jurisdição, os recursos que versem sobre idêntica controvérsia, até a decisão do recurso representativo da controvérsia.

Capítulo 5

Prática dos Recursos Previdenciários

1. Recurso de apelação

1.1. Recurso de apelação (Desaposentação)

Excelentíssimo Senhor Doutor Juiz Federal da ___ Vara Previdenciária da Subseção Judiciária de ________.

Processo n.:

_______________________ já qualificado nos autos do processo em epígrafe que move em face do INSS, por seu advogado ao final assinado, inconformado com a sentença, vem à presença de Vossa Excelência impetrar:

RECURSO DE APELAÇÃO

Com fundamento nos arts. 513 e 508 do CPC, esperando, após exercido o juízo de admissibilidade, sejam os autos remetidos ao Egrégio Tribunal Regional Federal da ______ª Região de_______.

Informa o recolhimento da guia de preparo e das demais custas em anexo.

Termos em que

Pede deferimento.

(Local, Data)

RAZÕES DE RECURSO

Processo n.: ________________

Recorrente: ________________

Recorrido: ________________

Egrégio Tribunal Federal

Eméritos Julgadores

Relato dos fatos e fundamentos

O apelante ajuizou a presente Ação Ordinária para alcançar a desaposentação e teve o seu pedido indeferido pelo excelentíssimo juízo *ad quo*.

A sentença de fls. _____ julgou improcedente o pedido pelas seguintes razões ______________________

(expor as razões do indeferimento)

A referida sentença não tem foro de procedência, conforme será demonstrado a seguir:

(expor os fatos e fundamentos que colaboram para a sua tese de desaposentação)

Dos pedidos

Diante de todo arcabouço jurídico, o Apelante requer:

— A reforma total da sentença para condenar o INSS a conceder a desaposentação do requerente e também a nova aposentação em conformidade com a tabela estipulada na petição inicial.

— A condenação do INSS ao pagamento da diferença de valores referentes às rendas mensais do benefício atual e da nova aposentadoria desde que foram preenchidos os requisitos legais, com as parcelas vencidas e viscendas corrigidas a juros de mora.

— A condenação nos honorários advocatícios e custas judiciais no valor de 10%.

Termos em que

Pede deferimento.

Local, Data

____

Advogado OAB n.:

Observação: O STF está analisando a questão da desaposentação. Vejamos uma jurisprudência nesse sentido:

O Ministro Dias Toffoli asseverou, ademais, que o fator previdenciário, instituído pela Lei n. 9.876/99, também deveria ser levado em consideração. Esse instituto, num primeiro momento, poderia até ser visto como um ônus para o trabalhador. Entretanto, o fator previdenciário permitiria que o contribuinte gozasse do benefício antes da idade mínima, com a possibilidade, inclusive, de escolher uma data para a aposentadoria, em especial quando entendesse que dali para a frente não conseguiria manter sua média contributiva. Portanto, a ideia de que o fator previdenciário imporia um ônus escorchante seria falsa. Sua instituição no sistema previdenciário brasileiro, na medida em que representaria, no formato em que instituído, instrumento típico do sistema de repartição, afastaria a tese de que a correlação entre as remunerações auferidas durante o período laboral e o benefício concedido implicaria a adoção do regime de capitalização. Por outro lado, a "desaposentação" tornaria imprevisíveis e flexíveis os parâmetros utilizados a título de "expectativa de sobrevida" — elemento do fator previdenciário —, mesmo porque passaria esse elemento a ser manipulado pelo beneficiário da maneira que melhor o atendesse. O objetivo de estimular a aposentadoria tardia, estabelecido na lei que instituíra o citado fator, cairia por terra, pois a "desaposentação" ampliaria o problema das aposentadorias precoces. Igualmente, não haveria violação ao sistema atuarial ao se vedar a "desaposentação". Isso porque, ao contrário do que sustentado nos autos, as estimativas de receita deveriam ser calculadas considerados os dados estatísticos, os elementos atuariais e a população economicamente ativa como um todo. O equilíbrio exigido pela lei não seria, portanto, entre a contribuição do segurado e o financiamento do benefício a ser por ele percebido. Além do mais, o regime previdenciário nacional possuiria, já há algum tempo, feição nitidamente solidária e contributiva, a preponderar o caráter solidário. Por fim, ainda que existisse dúvida quanto à vinculação e ao real sentido do enunciado normativo previsto no art. 18, § 2º, da Lei n. 8.213/91, o qual impediria que se reconhecesse a possibilidade da "desaposentação", na espécie caberia a aplicação da máxima jurídica *in dubio pro legislatore*. Se houvesse, no futuro, efetivas e reais razões fáticas e políticas para a revogação da referida norma, ou mesmo para a instituição e a regulamentação do instituto em comento, o espaço democrático para esses debates haveria de ser o Congresso Nacional. RE 661256/SC, rel. Min. Roberto Barroso, 29.10.2014. (RE-661256)

1.2. Recurso de apelação (revisão por erro material)

Excelentíssimo Senhor Doutor Juiz Federal da ________Vara Previdenciária da Subseção Judiciária de__________________.

Processo n.:

______________________, já qualificado nos autos do processo em epígrafe que move em face do INSS, por seu advogado ao final assinado, inconformado com a sentença, vem à presença de Vossa Excelência impetrar o presente:

RECURSO DE APELAÇÃO

Com fundamento nos arts. 513 e 508 do CPC, esperando, após exercido o juízo de admissibilidade, sejam os autos remetidos ao Egrégio Tribunal Regional Federal da ______ª Região de_______.

Informa o recolhimento da guia de preparo e das demais custas em anexo.

Termos em que

Pede deferimento.

(Local, Data)

RAZÕES DE RECURSO

Processo n.: _________________

Recorrente: _________________

Recorrido: _________________

Egrégio Tribunal Federal

Eméritos Julgadores

Relato dos fatos e fundamentos

O apelante ajuizou a presente Ação Ordinária para alcançar a revisão do benefício previdenciário por erro material e teve o seu pedido indeferido pelo excelentíssimo juízo *ad quo*.

A sentença de fls. ___, julgou improcedente o pedido pelas seguintes razões __________

(expor as razões do indeferimento)

A referida sentença não tem foro de procedência, conforme será demonstrado a seguir: _______

(expor os fatos e fundamentos que colaboram para a sua tese de desaposentação)

Herculano José Ribeiro Júnior, Nazário Nicolau Maia Gonçalves de Faria e Rafael Antônio Queiroz de Faria[33] discorrem:

> O erro material normalmente se verifica na contagem do tempo de contribuição/serviço, no cálculo dos benefícios e nos valores utilizados como base do cálculo do benefícios [...]. Cabe ao interessado postular a revisão desse erro material, provando a averbação do tempo e requerendo a rerratificação do ato administrativo de concessão do benefício [...]. Os demonstrativos de pagamentos, os contracheques ou os extratos bancários devem sempre ser cotejados com a ficha financeira para se verificar a identidade das informações entre esses documentos. Não é raro encontrar uma ficha financeira com valor menor que o demonstrativo de pagamento. Nesse caso, se a ficha financeira for utilizada para informar o processo administrativo de concessão do benefício previdenciário, isso resulta em prejuízo para o beneficiário, passível de ser sanado em razão do erro material.

Dos pedidos

Diante de todo exposto, o Apelante requer:

— A reforma total da sentença para condenar o INSS a conceder a revisão do benefício previdenciário conforme a tabela estipulada na petição inicial para que o valor do benefício seja reajustado e o segurado possa recebê-lo no próximo pagamento.

— A condenação do INSS ao pagamento das diferenças de saldo decorrentes do erro material de acordo com a tabela descrita na petição inicial com as devidas correções monetárias e juros de mora.

— A condenação nos honorários advocatícios e custas judiciais no valor de 10%.

Termos em que

Pede deferimento.

Local, Data

____

Advogado OAB n.:

1.3. Recurso de apelação (aposentadoria por invalidez)

Excelentíssimo Senhor Doutor Juiz Federal da ________Vara Previdenciária da Subseção Judiciária de_________________.

Processo n.:

____________________________, já qualificado nos autos do processo em epígrafe que move em face do INSS, por seu advogado ao final assinado, inconformado com a sentença, vem à presença de Vossa Excelência impetrar o presente:

(33) JUNIOR, Herculano José Ribeiro; FARIA, Nazário Nicolau Maia Gonçalves; COSTA, Rafael Antônio Queiroz. *Revisões de benefícios previdenciários dos servidores públicos*. Curitiba: Juruá, 2013. p. 47-48.

RECURSO DE APELAÇÃO

Com fundamento nos arts. 513 e 508 do CPC, esperando, após exercido o juízo de admissibilidade, sejam os autos remetidos ao Egrégio Tribunal Regional Federal da ______ª Região de_______.

Informa o recolhimento da guia de preparo e das demais custas em anexo.

Termos em que
Pede deferimento.
(Local, Data)

RAZÕES DE RECURSO

Processo n.: ____________________

Recorrente: ____________________

Recorrido: ____________________

Egrégio Tribunal Federal

Eméritos Julgadores

Relato dos fatos e fundamentos

O apelante ajuizou a presente Ação Ordinária para o benefício da aposentadoria por invalidez e teve o seu pedido indeferido pelo excelentíssimo juízo *ad quo.*

A sentença de fls. ___, julgou improcedente o pedido pelas seguintes razões______________________________

(expor as razões do indeferimento)

A referida sentença não tem foro de procedência, conforme será demonstrado a seguir:______

(expor os fatos e fundamentos que colaboram para a sua tese de desaposentação)

Dos pedidos

Diante de todo exposto, o Apelante requer:

— A reforma total da sentença para condenar o INSS a conceder a aposentadoria por invalidez.

— A condenação do INSS ao pagamento das correções monetárias e juros de mora desde a impugnação no INSS do pedido administrativo.

— A condenação nos honorários advocatícios e custas judiciais no valor de 10%.

Termos em que
Pede deferimento.
Local, Data

____

Advogado OAB n.:

1.4. Recurso de apelação (revisão por erro material)

Excelentíssimo Senhor Doutor Juiz Federal da ________Vara Previdenciária da Subseção Judiciária de________________.

Processo n.:

____________________, já qualificado nos autos do processo em epígrafe que move em face do INSS, por seu advogado ao final assinado, inconformado com a sentença, vem à presença de Vossa Excelência impetrar o presente:

RECURSO DE APELAÇÃO

Com fundamento nos arts. 513 e 508 do CPC, esperando, após exercido o juízo de admissibilidade, sejam os autos remetidos ao Egrégio Tribunal Regional Federal da _____ª Região de_______.

Informa o recolhimento da guia de preparo e das demais custas em anexo.

Termos em que

Pede deferimento.

(Local, Data)

RAZÕES DE RECURSO

Processo n.: ________________

Recorrente: ________________

Recorrido: ________________

Egrégio Tribunal Federal

Eméritos Julgadores

Relato dos fatos e fundamentos

O apelante ajuizou a presente Ação Ordinária para alcançar a revisão do benefício previdenciário por erro material e teve o seu pedido indeferido pelo excelentíssimo juízo *ad quo.*

A sentença de fls. _____, julgou improcedente o pedido pelas seguintes razões__________

(expor as razões do indeferimento)

A referida sentença não tem foro de procedência, conforme será demonstrado a seguir: ________

(expor os fatos e fundamentos que colaboram para a sua tese de desaposentação)

Herculano José Ribeiro Júnior, Nazário Nicolau Maia Gonçalves de Faria e Rafael Antônio Queiroz de Faria[34] discorrem:

(34) JUNIOR, Herculano José Ribeiro; FARIA, Nazário Nicolau Maia Gonçalves; COSTA, Rafael Antônio Queiroz. *Revisões de benefícios previdenciários dos servidores públicos.* Curitiba: Juruá, 2013. p. 47-48.

O erro material normalmente se verifica na contagem do tempo de contribuição/serviço, no cálculo dos benefícios e nos valores utilizados como base do cálculo do benefício [...]. Cabe ao interessado postular a revisão desse erro material, provando a averbação do tempo e requerendo a rerratificação do ato administrativo de concessão do benefício [...]. Os demonstrativos de pagamentos, os contracheques ou os extratos bancários devem sempre ser cotejados com a ficha financeira para se verificar a identidade das informações entre esses documentos. Não é raro encontrar uma ficha financeira com valor menor que o demonstrativo de pagamento. Nesse caso, se a ficha financeira for utilizada para informar o processo administrativo de concessão do benefício previdenciário, isso resulta em prejuízo para o beneficiário, passível de ser sanado em razão do erro material.

Dos pedidos

Diante de todo exposto, o Apelante requer:

— A reforma total da sentença para condenar o INSS a conceder a revisão do benefício previdenciário conforme a tabela estipulada na petição inicial para que o valor do benefício seja reajustado e o segurado possa recebê-lo no próximo pagamento.

— A condenação do INSS ao pagamento das diferenças de saldo decorrentes do erro material de acordo com a tabela descrita na petição inicial com as devidas correções monetárias e juros de mora.

— A condenação nos honorários advocatícios e custas judiciais no valor de 10%.

Termos em que

Pede deferimento.

Local, Data

____

Advogado OAB n.:

2. *Agravo de instrumento*

Excelentíssimo Senhor Doutor Desembargador Presidente do Egrégio Tribunal Regional Federal do Estado de ____________________

Processo n.:

____________________, já qualificado nos autos do processo em epígrafe que move em face do INSS, por seu advogado ao final assinado, inconformado com a sentença, vem à presença de Vossa Excelência impetrar o presente:

AGRAVO DE INSTRUMENTO com pedido de Tutela Antecipada

Com fundamento no art. 522 do CPC, em face da decisão que indeferiu o pedido de tutela antecipada para a concessão do BCP-LOAS, requerendo o processamento da presente juntamente com a documentação anexa com o pedido de acolhimento das razões por este Tribunal.

Termos em que

Pede deferimento.

(Local, Data)

RAZÕES DE AGRAVO DE INSTRUMENTO

AGRAVANTE:

AGRAVADO:

Egrégio Tribunal Federal

Eméritos Julgadores

Reconhecemos com estima a qualidade do julgado do juízo de primeiro grau e pedimos vênia para discordar da decisão interlocutória que indeferiu o pedido de tutela antecipada. Seguem as razões do agravo:

Relato dos fatos e fundamentos

(Explicar com fundamentos fáticos e jurídicos a necessidade da tutela antecipada)

Dos pedidos

Diante de todo exposto, o agravante requer:

— O conhecimento do presente agravo e o seu deferimento para conceder a tutela antecipada e autorizar o recebimento do BCP-LOAS.

— A intimação do agravado para querendo, da parte agravada para a devida resposta.

— O provimento do presente agravo para reformar a decisão agravada. O PROVIMENTO do presente agravo para reformar da decisão agravada.

Termos em que

Pede deferimento.

Local, Data

____

Advogado OAB n.:

3. Ação Direta de Inconstitucionalidade

EXCELENTÍSSIMO SENHOR PRESIDENTE DO SUPREMO TRIBUNAL FEDERAL

Ação Direta de Inconstitucionalidade

Texto Inconstitucional: (colacionar a lei do ato normativo).

_______________________ (nome da entidade sindical ou outro legitimado previsto no art. 103 da Constituição), qualificação, vem mui respeitosamente, por seus advogados infra-afirmados, com fundamento no art. 103, IX, da Constituição Federal, e nos arts. 1º, 2º e seguintes da Lei n. 9.868/99, ajuizar a presente:

AÇÃO DIRETA DE INCONSTITUCIONALIDADE

COM PEDIDO LIMINAR

Visando à declaração de inconstitucionalidade formal e material da lei____________________ (consignar a numeração da Lei impugnada), diante da sua total incompatibilidade com o disposto nos artigos __________________ da Constituição Federal e também com a jurisprudência recente deste Tribunal. A matéria previdenciária tratada na lei diverge completamente da Constituição Federal.

DA LEGITIMIDADE ATIVA E DA PERTINÊNCIA TEMÁTICA:

(Adicionar elementos que acertadamente configuram a pertinência temática)

DA VIOLAÇÃO DA CONSTITUIÇÃO FEDERAL

(Mencionar os pontos divergentes entre a lei inconstitucional e a Constituição Federal)

[...]

PEDIDO LIMINAR

(Consignar a urgência na declaração da inconstitucionalidade da lei)

CONSIDERAÇÕES FINAIS

Pelo exposto, fica evidenciado que a Lei _________ é inconstitucional em parte, devendo ser retirada do ordenamento jurídico, para que seja preservada a incolumidade da Constituição.

DO PEDIDO:

De acordo com todos os fundamentos acima expostos:

a) a concessão de medida liminar, suspendendo com eficácia *ex nunc,* declarando inconstitucional a Lei __________

b) a prestação de informações dos requeridos (Presidente da República e Congresso Nacional), no prazo de 5 dias, para fins de aplicação do procedimento previsto no art. 12 da Lei n. 9.868/99.

c) a oitiva do Advogado Geral da União e do Procurador Geral da República, no prazo de 5 dias cada, em atenção ao procedimento previsto no art. 12 da Lei n. 9.868/99.

d) a apreciação definitiva do mérito, julgando-se procedente a ação para declarar, com eficácia *ex tunc,* a inconstitucionalidade da Lei______ em face à afronta do art. 60, § 4º, da Constituição.

Nestes termos

Pede deferimento.

(Local, Data)

____

Advogado

4. *Mandado de injunção*

EXCELENTÍSSIMO SENHOR DOUTOR MINISTRO PRESIDENTE DO SUPREMO TRIBUNAL FEDERAL — STF
Ref. Mandado de Injunção:

___________ (qualificação), residente e domiciliado na Rua_______, vem mui respeitosamente, à presença de Vossa Excelência, por seu advogado que esta subscreve, impetrar MANDADO DE INJUNÇÃO, em face do CONGRESSO NACIONAL, nos termos do art. 5º, LXXI, de nossa Lei fundamental, consoante os motivos de direito a seguir expostos:

I — DOS FATOS:

(Indicar os fatos que determinam a necessidade de criação de lei previdenciária)

II — DO DIREITO:

O art. 5º, LXXI registra:

Art. 5º, LXXI, conceder-se-á mandado de injunção sempre que a falta de norma regulamentadora torne inviável o exercício dos direitos e liberdades constitucionais e das prerrogativas inerentes à nacionalidade, à soberania e à cidadania.

(Colacionar os fundamentos que justificam a criação da lei previdenciária)

III — DO PEDIDO:

Em vista de todo o exposto, requer-se:

a) o recebimento e o regular processamento da presente ação;

b) notificar a impetrada para apresentar as suas informações, julgando-se o presente mandado de injunção;

c) que, ao final, seja julgada procedente ação regulamentando ao art. 37, VII, da Constituição.

d) caso Vossa Excelência assim não entender de direito, pede-se, alternativamente, que dê ciência à impetrada para a adoção das medidas necessárias à regulamentação do disposto em comento, sendo aplicada a respectiva indenização relativa à inércia impetrada.

Requer-se, por derradeiro, que as notificações sejam emitidas em nome do presente advogado_______.

Dá-se a causa do valor de R$ _________, para efeito de custas e alçada tão somente.

Termos em que

Pede deferimento.

(Local, Data)

Advogado

5. Habeas data

EXCELENTÍSSIMO SENHOR DOUTOR JUIZ FEDERAL DA _____VARA FEDERAL DE _______.

___________ (qualificação), residente e domiciliado na Rua_______, vem mui respeitosamente, à presença de Vossa Excelência, por seu advogado que esta subscreve, impetrar *HABEAS DATA,* nos termos do art. 5º, LXXII, de nossa Lei fundamental, em face de _____ (qualificação), consoante os motivos de direito a seguir expostos:

DOS FATOS:

(Colacionar os fatos que justificam a retificação do dado no órgão previdenciário)

DOS FUNDAMENTOS:

O art. 5º, LXII da Constituição consigna:

LXXII — conceder-se-á *habeas data:*

a) para assegurar o conhecimento de informações relativas à pessoa do impetrante, constantes de registros ou bancos de dados de entidades governamentais ou de caráter público;

b) para a retificação de dados, quando não se prefira fazê-lo por processo sigiloso, judicial ou administrativo;

(Colocar todos os fundamentos que justificam a retificação dos dados)

DO PEDIDO:

Diante do exposto, requer:

a) seja notificada a autoridade coatora para, em 10 dias, apresentar as informações que entender pertinentes;

b) requer-se, desde logo, após a prévia oitiva do ilustre representante do Ministério Público, a procedência da presente ação, em todos os seus termos, designando-se data para que seja realizada a prova da retificação dos dados feitos nos assentamentos do impetrante.

c) requer que as notificações sejam realizadas no nome do presente advogado ________.

Dá-se à causa o valor de R$ ______, para efeito de custas e alçada.

Termos em que

Pede deferimento.

(Data, Local)

____

Assinatura — OAB

6. Ação Declaratória de Constitucionalidade

EXCELENTÍSSIMO SENHOR PRESIDENTE DO SUPREMO TRIBUNAL FEDERAL

Ref. Ação declaratória de Constitucionalidade da ____________ (colocar o tema previdenciário que se pretende declarar a constitucionalidade)

______________________ (qualificação), vem perante Vossa Excelência arguir a Constitucionalidade da ____________, pelas razões e fatos que a seguir passa a aduzir:

DA LEGITIMIDADE ATIVA:

(Adicionar os elementos jurídicos que sustentam a legitimação ativa da entidade)

FATOS E FUNDAMENTOS:

(Indicar os fatos e fundamentos que justificam a declaração de constitucionalidade)

DO PEDIDO:

Diante do exposto e considerando o julgado por esta Corte em última instância jurisdicional sobre a matéria, pretende o arguinte a declaração de constitucionalidade do artigo _______.

VALOR DA CAUSA:

Para os efeitos legais Dá-se à causa o valor de R$__________.

Nestes termos

Pede deferimento.

____

Advogado

7. Recurso Especial

EXCELENTÍSSIMO SENHOR DOUTOR PRESIDENTE DO E. TRIBUNAL DE JUSTIÇA DO ________________

Processo: __________

Relator: ____________

Apelante: ____________

Apelado: ____________

Origem: ____________

Comparece o apelante, perante este E. Tribunal, com fulcro no art. 496, inciso VI, do Código de Processo Civil, interpor tempestivamente.

RECURSO ESPECIAL

Relativamente à R. Decisão deste E. Tribunal consubstanciada no acórdão ______, verificando-se o cumprimento dos requisitos de admissibilidade do recurso por infringência ao disposto em lei federal, conforme permissivo do art. 105, inciso III, letra "a", da Constituição Federal.

Requer seja positivo o juízo de admissibilidade do Recurso a fim de que a matéria seja apreciada pelo Superior Tribunal de Justiça e, verificada a infringência, seja reformada a R. Decisão deste Colendo tribunal.

Nestes termos

Pede deferimento.

____

Advogado

AO E. SUPERIOR TRIBUNAL DE JUSTIÇA SENHOR MINISTRO RELATOR________________

(qualificação), ____________ comparece perante este E. Tribunal, através de seu advogado infra-assinado, profissional devidamente inscrito na OAB _________ sob n.: ______, para tempestivamente interpor.

RECURSO ESPECIAL

Com fulcro no art. 105, inciso IV, letra "a", da Constituição Federal, combinado com o art. 496, inciso IV, do Código de Processo Civil, relativamente a R. Decisão do ____________ (Tribunal) contida no Acórdão ___ que não acolheu o recurso de apelação, mantendo íntegra a sentença de primeira instância, sustentando o seguinte:

(colocar os fatos e fundamentos)

O recurso preenche o requisito da tempestividade, pois o V. Acórdão recorrido fora publicado em ______, perfeitamente acordado no prazo legal.

DO PEDIDO

Isto posto, requer:

a) seja recebido e processado o presente Recurso Especial, posto que tempestivo e preenchidos os requisitos de admissibilidade, com o prequestionamento da questão federal efetuada em nível de embargos de declaração de primeira e segunda instância.

Termos em que

Pede deferimento.

____

Advogado OAB

Bibliografia

DALVI, Luciano. *Processo administrativo previdenciário*. São Paulo: LTr, 2015.

KRAVCHYCHYN, Jefferson Luis; KRAVCHYCHYN, Gisele Lemos; CASTRO, Carlos Alberto Pereira de Castro; LAZZARI, João Batista. *Prática processual previdenciária administrativa e judicial*. 5. ed. Rio de Janeiro: Forense, 2014.

SERAU JUNIOR, Marco Aurélio. *Curso de processo judicial previdenciário*. 4. ed. São Paulo: Método, 2014.

TSUTIYA, Augusto Massayuki. *Curso de direito da seguridade social*. 3. ed. São Paulo: Saraiva, 2011.

Consultas em sites:

Receita Federal

Previdência Social

Normas

Constituição Federal

Lei n. 8.213/91

Lei n. 8.212/91

Decreto n. 3.048/99

IN n. 45/10